Ulli Tückmantel

DAS BLEISTIFT-BUCH

Kleine Kulturgeschichte eines unterschätzten Alltagsgegenstands

Ulli Tückmantel

DAS BLEISTIFT-BUCH

Kleine Kulturgeschichte eines unterschätzten Alltagsgegenstands

Bibliografische Information der Deutschen Nationalbibliothek: Die Deutsche Nationalbibliothek verzeichnet diese Publikation in der Deutschen Nationalbibliografie; detaillierte bibliografische Daten sind im Internet über http://dnb.dnb.de abrufbar.

Die automatisierte Analyse des Werkes, um daraus Informationen insbesondere über Muster, Trends und Korrelationen gemäß §44b UrhG („Text und Data Mining") zu gewinnen, ist untersagt.

Verlag: BoD · Books on Demand GmbH, Überseering 33, 22297 Hamburg, bod@bod.de

Druck: Libri Plureos GmbH, Friedensallee 273, 22763 Hamburg

ISBN: 978-3-7693-0558-6

Inhaltsverzeichnis

Vorwort: 175 Millimeter schmutzige Wahrheit

Milliarden Menschen haben mit ihm das Schreiben gelernt und tun es bis heute. Er ist fast überall auf der Welt der erste Stift unserer Schulzeit. Seine durchschnittliche Schreiblänge beträgt das Zwanzigfache jeden Füllers, Kugelschreibers oder Filzstifts. In jedem einzelnen Exemplar stecken bei einer Standardlänge von 175 Millimetern[1] rund 45.000 Worte. Er schreibt selbst unter Wasser, bei jeder Temperatur und noch in komplett vereistem Zustand. Er ist mit uns sogar ins Weltall geflogen. Er schreibt über Kopf, er kann nicht auslaufen und nicht eintrocknen. Er erzwingt keinen bestimmten Schreibwinkel und passt sich jeder Schreibhand an. Er kann jahrelang vergessen in einer Schublade gelegen haben und funktioniert dennoch sofort wieder wie am ersten Tag. Er benötigt keinen Strom, kein WLAN und kein Ladekabel. Seine Striche, und das sollen theoretisch bei einem einzelnen Exemplar der Stärke HB bis zu 56 Kilometer sein[2], sind zugleich lichtbeständiger und leichter vom Papier zu entfernen als die jedes anderen Schreib- oder Malwerkzeugs.

Ursprünglich von England aus, wo er vermutlich zur gleichen Zeit wie William Shakespeare geboren wurde, begleitet der Bleistift (der niemals Blei enthalten hat) seit mehr als 450 Jahren unsere Kultur-, Zivilisations-, Wirtschafts- und Gesellschaftsgeschichte. Erst als lupenreines Industrieprodukt (eine Manufaktur-Anfertigung wäre qualitativ schlechter) entfaltete er seine volle Nutzbarkeit und gehört unter den Alltagsgegenständen zu den wenigen Produkten, die trotz aller Epochen- und Paradigmen-Wechsel und trotz allen technischen Fortschritts niemals außer Gebrauch gegangen sind. Der Bleistift ist billig, er ist nachhaltig, er ist praktisch immer und überall verfügbar.

Im Auftrag des Nürnberger Traditionsherstellers Staedler fand ein Umfrageinstitut 2020 heraus, dass mehr als 94 Prozent der repräsentativ Befragten auch heute noch Bleistifte nutzen, *„62 Prozent sogar regelmäßig bis sehr häufig. Jüngere Menschen (18 – 34 Jahre) setzen den Bleistift* *dabei häufiger ein als Ältere (50 – 69 Jahre) und Personen mit höherem Bildungsgrad mehr als Personen mit niedriger Bildung"* [3]. Für schnelle Notizen, etwa am Telefon, sei der Bleistift besonders beliebt. Mehr als 71 Prozent der befragten Bleistiftnutzer:innen hätten angegeben, ihn dafür zu verwenden (Anm. des Verfassers: Erstaunlich im Handy-Zeitalter). Und immerhin rund die Hälfte schreibe ihre Einkaufszettel damit. Am zweithäufigsten werde der Bleistift, der ja praktisch auf jedem Untergrund schreibt, für handwerkliche Tätigkeiten genutzt (61,6 Prozent), *„etwa um Bohrlöcher an der Wand vorzuzeichnen oder andere Markierungen auf den unterschiedlichsten Materialien anzubringen".* Erst an dritter Stelle rangiere bei mehr als 60 Prozent der Bleistiftnutzer:innen der Einsatz zum Zeichnen und Malen.

Was in der Pressemitteilung zur Umfrage aber besonders auffällt, ist folgendes Ergebnis: *„Das Schöne am Bleistift: ändert man seine Meinung, sind Bleistiftmarkierungen – egal ob auf Papier oder anderer Stelle - mit einem Radierer im Handumdrehen wieder weggezaubert. Fast 80 Prozent der Befragten sehen hier den größten Vorteil des Bleistifts. Dieser ist daher auch die erste Wahl, wenn etwas nur vorläufig niedergeschrieben wird oder mit großer Wahrscheinlichkeit nochmals Korrekturen zu erwarten sind."* [4] Typisch dafür seien zum Beispiel Einträge im Terminkalender, Rätsel, Dienstpläne oder Rechenaufgaben. Erst danach hätten die Befragten als weitere Vorteile des Bleistiftes mit großem Abstand unter anderem das angenehme Schreibgefühl (12,4 Prozent), die ideale Eignung zum Zeichnen und Skizzieren (7 Prozent), die variable Strichstärke (5,7 Prozent) und die lange Nutzbarkeit (4 Prozent) angegeben.

Den bei Nutzerinnen und Nutzern besonders beliebten Vorzug des grundsätzlich Vorläufigen und wieder Ausradierbaren hat Henry Petroski, der Autor der besten und kenntnisreichsten (technischen) Geschichte des Bleistifts, allerdings im Verdacht, für die an Vergessen grenzende Missachtung des Bleistifts als Universalwerkzeug des Geistes verantwortlich zu sein: *„Ein Blick in das Register irgendeines Buches über Redensarten belegt, dass auf Dutzende von Redensarten, die die Feder preisen, allenfalls* *eine kommt, die den Bleistift überhaupt nur erwähnt."* [5] Der Bleistift sei das Gerät zum Herumkritzeln. Er stehe für Denken und Kreativität und sei als Kinderspielzeug gleichzeitig ein Symbol für Spontanität und Unreife. Das Graphit des Bleistifts sei das kurzlebige Ausdrucksmittel der Denker, Planer, Zeichner, Architekten und Ingenieure, das Medium, das ausradiert, überarbeitet, verschmiert, unleserlich gemacht werde, verloren gehe – oder mit Tinte überschrieben werde.

Besonders der Tinte neidet Petroski ihre glanzvolle Vorrangstellung: *„Tinte dagegen, ob in einem Buch oder auf Plänen oder unter einem Vertrag, bedeutet Endgültigkeit und tritt an die Stelle von Bleistift, Entwürfen und Skizzen."* [6] Wenn frühe Bleistiftentwürfe für Sammler interessant seien, liege das oft nur an ihrer Beziehung zum bleibenden, erfolgreichen Endprodukt, das mit Tinte geschrieben oder gezeichnet sei. Und dann schreibt Petroski zwei Sätze, die man in Marmor meißeln möchte:

„Tinte ist die Schminke, die Ideen sich auflegen,
wenn sie an die Öffentlichkeit treten. Graphit ist ihre
schmutzige Wahrheit." [7]

Da ist viel Wahres dran. Mehr noch: Es enthüllt den wahren, den eigentlich kulturell wertvollen Kern des Wunderwerkzeugs Bleistift – und der ist trotz des ausbleibenden Applauses, der der Tinte neidlos gegönnt sei, viel bedeutender als Petroski aus der Sicht eines Ingenieurs denkt. Denn Schreiben (insbesondere: richtiges!) lernt man nicht durch Lesen, sondern ausschließlich durch Schreiben, und in unserer Kultur ist es Schrift (zumindest derzeit noch), die das Denken und Sprechen strukturiert. Oder wie es der Kieler Notizbuchhersteller Leuchtturm auf den Papiermanschetten seiner Kladden unter dem Werbeslogan „Denken mit der Hand" sehr treffend formuliert: *„Schreiben mit der Hand ist Denken auf Papier. Aus Gedanken werden Worte, Sätze, Bilder. Erinnerungen werden zu*

9

Geschichten. Idee verwandeln sich in Projekte. Aus Notizen entsteht Durchblick. Wir schreiben und verstehen, vertiefen, sehen, denken – mit der Hand."[8] Das mag sprachwissenschaftlich nicht ganz sauber sein, aber im Grundsatz erleben wir alle unser eigenes Schreiben (wenn es glückt) genau so, und für dieses Erleben und Erlernen gibt es – und es wird auch nie eines geben – kein besseres Werkzeug als den Bleistift.

In Deutschland unerlässlich für die Segnung als klassisches Kulturgut: Goethe war ein Bleistift-Fan! Weil auch bei einer Segnung doppelt besser hält: Thomas Mann machte ihn zu einem der Schlüsselsymbole seines „Zauberbergs". Weil doppelte Segnungen natürlich links-literarisch belesene Kritiker:innen auf den Plan rufen: Heinrich Heines letzte Worte sollen „Papier – Bleistift…" gewesen sein. Selbst noch für Fans von Paulo Coelho (Literaturkritik: „Schwachsinnsschwurbler", „König des Esoterikschunds", „Einzeller der Erbauungsliteratur"[9]) gibt es eine Coelho-typische „Geschichte vom Bleistift", die sich bei Hospizen und kirchlichen Einrichtungen großer Beliebtheit erfreut, die um die Erlösungsbedürftigkeit des Menschen wissen und als Hirntod-Experten ja ganz nah bei Coehlo sind[10].

Die Hobbymaler:innen wird überzeugen: Vincent van Gogh schwor auf Bleistifte von Faber-Castell. *„Sie sind sehr weich und von besserer Qualität als die Zimmermannsstifte, geben ein famoses Schwarz und man arbeitet damit sehr angenehm bei großen Studien."*[11] Dass Bismarck sich mit ihnen die Pfeife stopfte (und auf ihnen herumkaute), spielt heute dagegen wohl keine Rolle mehr. Breitenwirksameres Interesse dürfte Reinhard Meys etwas dunkle Ballade „An meinen Bleistift"[12] entfalten (2020, Album „Das Haus an der Ampel"). Er besingt darin die „dunkle Seele" des Stifts, der der „Gefährte meiner Einsamkeit" sei, dessen graue Graphitfährte sich durch seine Lebenszeit ziehe, und seinen (sorry, Herr Mey: vermeintlichen) Duft von Zedernholz. Zu Reinhard Meys großen und von mir aufrichtig bewunderten Leistungen gehört es, ein Wort wie „Luftaufsichtsbaracke" ohne Ruckeln des Reims in einem Songtext untergebracht zu haben. In der Bleistift-Ballade gelingt es ihm sogar der Zeilenbeginn „Mein grün-weiß-längs gestreifter Freund".

Dieser Hinweis könnte Bleistift-Aficionados unweigerlich zu der Frage führen, ob der Musik-Millionär Mey sich wirklich mit den Schwan-Stabilo-Bleistiftmodellen „Greengraph 6004" oder dem noch billigeren Schwan-Stabilo-Schulstift „Trio" begnügt. Mit etwas Farbenblindheit könnte er es immerhin zum Modell „Othello" und dessen blass-grünen Längsstreifen bringen; die dünnen Kantenstreifen sind seit 1929 ein Wiedererkennungs-merkmal der Stifte aus der damaligen Schwan-Bleistift-Fabrik. Aber diese Frage beantwortet derzeit nicht einmal das Weblog *„Lexikaliker. Bleistifte & die Welt drumherum"* [13] des Rüsselsheimer Diplom-Ingenieurs Gunther Schmidt. Und der Lexikaliker weiß alles (wirklich ALLES) über Bleistifte.

Kurz & gut: Der Bleistift ist nicht nur universell im Hinblick auf seine Anwendbarkeit, er ist es auch im Hinblick auf seine Anwender:innen. Er nützt allen Zwecken sowie jeder und jedem. 2015 wurde er nach dem antisemitischen Anschlag von Paris und der Ermordung der Karikaturisten des Satire-Magazins „Charlie Hebdo" weltweit noch einmal zum Symbol der Freiheit: *„Auf Kundgebungen weltweit stecken Menschen sich ihn in die Haare, halten Demonstranten aufblasbare Riesen-Bleistifte in die Höhe. Das Festkomitee des Kölner Karnevals hat alle Jecken dazu aufge-rufen, sich kleine Stifte an die Kostüme zu heften."* [14] Und für einen histo-rischen Moment war die Fackel der Freiheit keine Flamme, sondern das Leuchten von Geist und Graphit in der Dunkelheit.

Diese Fackel werden wir noch dringend brauchen.

Aber eigentlich beginnt die ganze Geschichte allen Ernstes mit bayeri-schen Bratwürsten und englischen Schafen.

Ulli Tückmantel
Mai 2025

Geboren im Land der Schafe und der Bratwurst

Eine kleine Herde Herdwick-Schafe unterwegs im Lake District. Foto: David Jones[15]

Der Lake District im Nordwesten Englands liegt in der Grafschaft Cumbria an der Grenze zu Schottland und der irischen See. In diesem knapp 2300 Quadratkilometer kleinen Nationalpark befinden sich die höchsten Berge Großbritanniens und seine tiefsten Binnengewässer. Insgesamt sind es mehr als 1000 Seen, teils gespeist von Dutzenden spektakulärer Wasserfälle. Es ist die regenreichste Region des Vereinigten Königreichs, und irgendwo in dieser wirklich atemberaubend wilden Landschaft nistet das einzige Steinadlerpaar Englands. Es würde wohl niemanden wundern, dort auf dem Honister Pass zwischen den Tälern Borrowdale und Buttermere einem Trupp verschlagener Ork-Spione zu begegnen. Seit 2017 hat der Lake District einen Schutzstatus als UNESCO-Welterbe, der ebenfalls dort verlaufende Hadrianswall ist ohnehin Weltkulturerbe.

Bei jedem Bleistifthersteller und Dutzenden von Wikipedia-Einträgen können Sie nachlesen, dass die Geschichte des modernen Bleistifts genau dort im Lake District mit der Entdeckung eines riesigen Graphit-

Vorkommens bei dem kleinen Weiler Seathwaite in Borrowdale beginnt. Das ist nicht falsch, aber etwas komplizierter (und lustiger) ist die Geschichte schon. Immerhin: Wie der Champagner nur aus der Champagne und der Parma-Schinken nur aus Parma stammen darf, so hat auch diese bei Touristen äußerst beliebte Hobbit-Gegend seit 2011 ein nach EU-Recht geschütztes Regionalprodukt. Nur ist das nicht etwa der Bleistift aus echtem Borrowdale-Graphit, das hier wohl ab 1540 abgebaut und später im nahen Keswick zu den Vorläufern des heutigen Bleistifts verarbeitet wurde, sondern die - Achtung, festhalten! - „traditionelle Cumberland Bratwurstschnecke" aus Schweinefleisch.[16]

Da staunt man. Vor allem, weil der komplette Lake-District bereits seit Jahrhunderten keineswegs von Schweinen, sondern von Schafen bevölkert wird. Das Herdwick-Schaf ist klein, genügsam, wetterfest und „eine der widerstandsfähigsten und robustesten britischen Schafrassen", weiß das Portal Schafe-halten.de.[17] Warum jemand ausgerechnet im Lake District eher empfindliche Tiere wie Schweine zu einer regelrechten Monster-Mahlzeit verarbeiten sollte, erschließt sich erst einmal nicht. In ausgerolltem Zustand bringt es die Cumberland-Bratwurstschnecke, die komplett eine Pfanne ausfüllt, auf stolze 50 Zentimeter Länge, und im Gegensatz zur deutschen Bäckerei-Frikadelle enthält ihr Brät einen Fleischanteil von bis zu 85 Prozent (landestypisch unter anderem mit Minze gewürzt). Wie kam dieser kalorienstrotzende Schweinefleisch-Kraftriegel vor etwas mehr als 400 Jahren in diese Gegend? Die unpatriotische, aber einfache Erklärung dafür lautet, nachzulesen zum Beispiel auf der Internetseite der Herdy Company[18] (zu ihr später mehr): *„Nebenbei bemerkt hat Cumbria eines der größten Exportgüter der Grafschaft von deutschen Bergleuten erhalten: die Cumberland Sausage!"*

Das mag abseitig klingen, aber tatsächlich lag der Graphit-Abbau im 16. und 17. Jahrhundert zunächst in den Händen der einstmals mächtigen Augsburger Kaufmannsfamilie Hoechstetter, deren letzter Patriarch 1534 schändlich im Augsburger Schuldturm starb.[19] Sein Enkel Daniel[20] allerdings versuchte sich nach kaufmännischer Ausbildung erfolgreich im

Bergbau. 1564 führte er im Auftrag der englischen Königin Elisabeth I. Probegrabungen in England und Wales durch. Er erhielt einen Patentbrief zur Errichtung von Kupferbergwerken im Lake District. An der 1568 gegründeten „Society of Mines Royal" hielt Hoechstetter 45 Prozent der Anteile. 1572 verkaufte Daniel Hoechstetter seinen Augsburger Besitz und übersiedelte endgültig nach Keswick. Es gab mehrere Minen, eine Schmelzhütte und ein Hammerwerk. Mit Hoechstetter kamen jede Menge bayerische, Kärntner und Tiroler Bergleute und Kupferschmiede in die Region – und mit ihnen wohl auch die Vorliebe für bayerische Würste. Nach Hoechstetters Tod 1581 übernahmen seine Söhne das Bergwerks-Geschäft und damit auch den Graphit-Abbau in Borrowdale. Ab 1607 waren die entsprechenden Bergbaurechte an die Brüder Hoechstetter verpachtet.[21] 1613 verkaufte ihnen der ewig klamme König Jakob I. (auf ihn geht die St.-James-Bibel-Übersetzung zurück) das Land in Borrowdale einschließlich der Minen.

Aus heutiger Sicht und mit dem Wissen, dass Borrowdale nicht nur Englands einziges, sondern das weltweit vermutlich reinste Graphit-Vorkommen überhaupt war, noch dazu in einer extremen Fund-Dichte in einem sehr überschaubaren Gebiet, muten zwei Fakten vollkommen absurd an:

1.) Niemand wusste wirklich, was das schwarze, schmierige Zeug überhaupt war, das da unter den Namen Wed, Plumpago, „Schwarzblei" oder Bleiganz (Galenit) gehandelt wurde und schnell eine erstaunliche Anwendungskarriere machte: In der Waffentechnik war es bald das Top-Material für Gussformen von Kanonenkugeln, was es ab dem 17. Jahrhundert zu einer strategischen und eifersüchtig gehüteten Ressource machte. Von Anfang an wurde die Mine in Borrowdale nur sporadisch betrieben, um den Marktpreis hochzuhalten. In der Denkmal-Beschreibung des bereits 1891 komplett erschöpften Vorkommens heißt es:

„Die Graphitmine in Borrowdale gewann mit der steigenden Nachfrage an Bedeutung, und der Preis für hochwertiges Graphit stieg von 18 Pfund pro Tonne im Jahr 1646 auf 3920 Pfund im Jahr 1804. Dieser Preisanstieg führte zu erheblichen Problemen mit Diebstahl, so dass 1752 ein

Parlamentsgesetz verabschiedet wurde, das das unrechtmäßige Betreten einer Graphitmine unter Strafe stellte. Um 1800 begann man, Wachhäuser über den Eingängen der Minen zu errichten, und der Zugang zur Sohle oder zum Schacht erfolgte durch eine Falltür im Boden des Wachhauses. Die Graphit-Abrichter arbeiteten im Wachhaus, das von einem Aufseher mit zwei geladenen Donnerbüchsen bewacht wurde, und alle Bergleute wurden nach der Arbeit durchsucht. Ab dem frühen 17. Jahrhundert wurde das Bergwerk in Abständen von mehreren Jahren bewusst nur für kurze Zeit betrieben, um den hohen Preis des Materials, für das es eine Monopolstellung besaß, zu halten. " [22]

Erst 1779 gelang dem deutschen Apotheker und Chemiker Carl Wilhelm Scheele (1742-1786) der Nachweis, dass es sich bei Graphit[23] um reinen Kohlenstoff handelt, was die breite Anwendungspalette erklärt. Von den Minen, die einst Weltruhm besaßen, sind heute nur noch Ruinen zu sehen.

2.) Parallel zum Graphit-Abbau in Borrowdale entwickelte sich im benachbarten Keswick ab 1558 eine Manufaktur-Herstellung von „Bleistiften", die ihre eher mäßigen Stifte mit allen möglichen und unmöglichen Stoffen, aber nicht mit Graphit herstellte - und wohl zunächst auch nicht auf die Idee kam. Einer der ersten Hinweise einer frühen englischen Graphit-Verwendung zum Zeichnen findet sich auf einer Karte, die Laurence Nowell (1530-1570) für den Schatzkanzler Königin Elisabeths um das Jahr 1565 anfertigte.[24] Im 17. und 18. Jahrhundert entstehen in England dann „Plumpago"-Zeichnungen[25] mit Graphit. Und irgendwann werden aus dem einzigartigen Borrowdale-Graphit dann auch tatsächlich Bleistifte hergestellt, die auf Londons Straßen verkauft werden und schnell in Europa Berühmtheit erlangen. In und um Keswick entstehen mehr als zwei Dutzend Bleistift-Manufakturen, aber es dauert tatsächlich bis 1831, bis die erste regelrechte Bleistiftfabrik in Keswick eröffnet.

Das Nachfolgeunternehmen dieser ersten Bleistiftfabrik, die „Derwent Cumberland Pencil Company", gibt es (im Eigentum eines US-Konzerns) bis heute. Seit 2001 betreibt Derwent in Keswick auch ein Bleistift-Museum.[26] Allerdings erzählt keiner die Geschichte von Borrowdale und dem

Graphit so schön wie die „Herdy Company"[27] des Designer:innen-Ehepaars Diane and Spencer Hannah, die weder mit Graphit noch mit Bleistiften zu tun haben - sondern mit den Herdwick-Schafen.

2007 gründete das Paar mit dem Entwurf eines sehr niedlich und schlicht gezeichneten Comic-Schafs sein Unternehmen. Neben seiner guten Angepasstheit an die Gegend (siehe oben) hat das traditionelle Herdwick-Schaf zwei sehr besondere Eigenschaften: *„Charakteristisch für die englische Rasse ist ihr Lächeln. Ihr Gesicht und ihre Ohren sind weiß, während ihre Beine die Farbe von Raureif haben und borstige Haare tragen. Die Tiere erfreuen sich dank ihres freundlichen Aussehens bei Züchter:innen großer Beliebtheit."* [28] Die zweite Eigenschaft: *„Herdwick-Schafe sind, im Gegensatz zu vielen anderen Rassen, keine Herdentiere, sondern Individualisten, die als sehr genügsam und freundlich gelten."* [29] Und sehr gern (also immer) mal Ausflüge abseits der Herde machen.

Daher ist es eigentlich wenig erstaunlich, dass es vor allen anderen die Schäfer:innen im Borrowdale-Tal waren, die eine besondere Eigenschaft des Graphits nutzten, die Bleistifte bis heute für Textilien nicht ungefährlich macht. Das Graphit haftet ausgezeichnet auf Wolle und Baumwolle, und es lässt sich mit Wasser allein (die Region hat mehr als reine 150 Regentage)[30] nicht gut entfernen. Graphit war somit das ideale Material, um die freundlichen, aber individualistischen und daher etwas verstreut im Lake District umherlaufenden Schafe zu markieren. Und so wurde der berühmteste Bleistift-Graphit der Welt tatsächlich zuerst zum „Beschriften" von Schafen genutzt.

Zunächst wurde das Graphit wohl direkt in die Hand genommen und zu dicken Stiften gebrochen, später mit Tuch oder Seil umwickelt (weil es fettet und schmiert). Der Kohlenstoff Graphit ist sehr weich, da er aus sehr schwach gebundenen Atomschichten besteht. Das „Schreiben" mit purem Graphit ist tatsächlich eher ein Abrieb winziger Flocken. Das Material lässt sich nicht nur maschinell bearbeiten, sondern auch sehr einfach mit einem Messer schneiden und anspitzen.

Obwohl Diane and Spencer Hannah längst international operierende Umsatz-Millionäre sind, und das Herdy-Schaf auf wirklich unzähligen Produkten prangt (viele davon natürlich aus Wolle der Herdwick-Schafe), betreiben sie vor allem ein lokal tief verwurzeltes Geschäft, das auf ungemein charmante Weise für den Tourismus und heimische Produkte aus dem Lake District wirbt.

Ein einziges Produkt führt der Herdy-Onlineshop[31] erstaunlicherweise nicht: einen Bleistift.

Der lange Weg zu #2

Bleistift-Zeichnung des ältesten deutschen Graphit-Bleistifts: Der Stift wurde in einem schwäbischen Dachgebälk entdeckt, wo er im 17. Jahrhundert von einem Zimmermann vergessen wurde (heute im Besitz von Faber-Castell).

Die im voranstehenden Kapitel geschilderte Situation, dass jemand mit völlig unzulänglichem Material miese „Bleistifte" herstellt, während gleich nebenan ein Graphit-Vorkommen entdeckt und zunächst lediglich zum Beschriften von Schafen genutzt wird, fand ich ziemlich lustig. Zunächst. Vor meinem geistigen Auge lief kurz ein entsprechender Monty-Python-Film dazu ab. Ihre Lustigkeit entfaltet diese Vorstellung (Schrott-Stift-Macher hier, clevere Schafebeschrifter dort) jedoch ausschließlich bei einer Betrachtung vom Ende der Entwicklung her, also in Kenntnis des Universalschreibwerkzeugs „Bleistift" vom Typ Castell 9000 mit den Maßen 175 x 7 x 7 Millimeter.

Dass die Entwicklung vom Schafebeschriften mit grobem Graphit hin zum 1905 markteingeführten Castell 9000 keine lineare Entwicklung gewesen sein kann, wusste ich schon vor der Beschäftigung mit der technischen Geschichte des Bleistifts. Aber nicht, dass ich auf der Suche nach Beschreibungen und Abbildungen von Bleistiften des 17. und 18. Jahrhunderts auf eine mir unerklärliche, gigantische Lücke von fast 200 Jahren stoßen würde. Alles, was für diesen Leerraum immer und immer wieder gezeigt wird, ist tatsächlich ein Zimmermanns-Bleistift aus dem 17. Jahrhundert, der in einem schwäbischen Bauernhaus auf einem Dachboden vergessen wurde und sich heute in der Sammlung von Faber-Castell befindet (siehe Zeichnung am Kapitelbeginn). Wie kann das sein? Wieso arbeitete offenbar niemand daran, aus dem rohen Graphit endlich einen handhabbaren Schreibstoff zu machen?

Der erste behördlich bekannte Bleistiftmacher war Friedrich Staedler (1636-1688), dem der Rat der Stadt Nürnberg am 28. Februar 1662 allerdings die Genehmigung verweigerte (!)[32], zugleich als „Bleiweißschneider" (Graphit-Bearbeiter) wie auch als „Steftmacher" tätig zu sein. Das Recht, das Graphit in das Holz einzufügen, beanspruchten die Nürnberger Schreiner für sich. Staedler, offenbar ein notorischer Unruhestifter, ignorierte das Verbot, senkte den Verbrauch des teuren britischen Graphits in seinen Stiften durch die Beimengung von Schwefel – und dann passierte in der Firmengeschichte offenbar lange nicht viel. Und das gilt für das gesamte Gewerbe der Bleistiftmacherei, das zwar stetig wuchs, aber bis zum Ende des 18. Jahrhunderts fast weder handfeste Spuren in Form von Stiften noch umfangreichere literarische Erwähnungen hinterließ.

Eine Erklärung auf Umwegen lieferte der amerikanische Literatur- und Sprachwissenschaftler Dennis Baron im Jahr 2000 in dem Aufsatz *„From Pencils to Pixels: The Stages of Literacy Technology"* [33] mit seiner Beschreibung, dass jede Kommunikationstechnologie – als Beispiele führt er dies an der Schrift selbst, dem Bleistift, dem Telefon und dem Computer aus – drei Entwicklungsstufen durchlaufe: Zunächst seien alle neuen Technologien auf eine kleine Bevölkerungsgruppe beschränkt, bis die Technik billiger werde. Zweitens verhalte sich die Öffentlichkeit gegenüber diesen neuen Technologien so lange zögerlich, bis sie sich als vertrauenswürdig erwiesen hätten. Und drittens beeinflusse eine immer leichter zugängliche Technologie die Art, wie die Menschen kommunizierten, ebenso wie die vorhandene ältere Technologie. Dies bedeute auch, dass Menschen die Technologie an ihr Leben anpassen und sie oft für andere Zwecke als die ursprüngliche Absicht verwendeten:

„Meine Behauptung in diesem Aufsatz ist bescheiden: Der Computer ist einfach der neueste Schritt in einer langen Reihe von Schreibtechnologien. In vielerlei Hinsicht verläuft seine Entwicklung parallel zu der des Bleistifts, daher mein Titel, auch wenn der Computer komplexer und zweifellos teurer zu sein scheint. Die Authentizität der Bleistiftschrift wird immer noch häufig in Frage gestellt: Wir ziehen es vor, Unterschriften und andere dauerhafte oder bestätigende Vermerke mit Tinte zu schreiben. Mir ist zwar nicht bekannt, dass sich jemand gegen die Verwendung von Bleistiften ausgesprochen hat, als sie zum Schreiben eingesetzt wurden, aber andere Alphabetisierungstechnologien, einschließlich des Schreibens selbst, wurden anfangs sowohl mit Misstrauen als auch mit Begeisterung aufgenommen." [34]

Mit anderen Worten und sehr verkürzt: Die Überlieferungslücken zum Bleistift in der Geschichte des Schreibens und der Schreibwerkzeuge ergeben sofort Sinn, wenn der Bleistift entgegen seiner heutigen Hauptnutzung primär gar nicht als Schreibgerät gedacht und entwickelt wurde, sondern er in diese Funktion erst als eine von vielen Rollen hineinrutschte. Er war vor allem und primär wohl schon am Anfang das, wofür ihn die Umfrage-Teilnehmer:innen aus der im Vorwort zitierten Erhebung von Staedler bis heute am liebsten verwenden: eine Art Schweizer Taschenmesser der schnellen und revidierbaren Alltagsmarkierung vom Sodoku-Heft bis zur Bohrloch-Anzeichnung für den Dübel.

Diese lediglich Nebenrolle als Werkzeug der Schreibtechnologie dürfte ihn zugleich davor bewahrt haben, wie andere Haupt-Schreibwerkzeuge abgelöst und heute außer in Liebhaber:innen-Mengen nicht mehr hergestellt zu werden, wie Peter Stein in seiner Geschichte des Schreibens und Lesens „Schriftkultur" eindrucksvoll ausführt:

„Typisch für den Prozess der Technisierung der Schreibgeräte seit dem 19. Jh. ist, dass jeweils in dem Moment, in dem eine innovative Lösung technisch ausgereift war, schon die nächste Innovation begann. Als die Stahlfeder die Gänsefeder überholt hatte, kam der Füllfederhalter auf. Als dieser den Federhalter überholte, kam der Kugelschreiber auf (mit ersten Patenten zwischen 1888 und 1910). Als dieser nach 1945 den Füller zu verdrängen begann, kamen ab den 1960er Jahren die aus Fernost stammenden Filzstifte, ab den 1970er Jahren der Rollerball und ab den 1990 er Jahren die Inkies und Fineliner auf. Handschriftliches Schreiben wurde insgesamt immer bequemer, zugleich aber auch immer stärker an technische Instrumente gebunden, sodass ein fließender Übergang zum maschinellen Schreiben entstand. Doch auch hier fand ein permanenter Innovationsprozess statt. Er begann mit der Erfindung der Schreibmaschine sowie den verschiedenen Formen des telegraphischen Schreibens und dauert bis zur digitalen Schriftproduktion in der Gegenwart an."[35]

Dass das reine Schreiben bei der gezielten Entwicklung von dann industriell hergestellten Bleistiften nach 1795 nicht im Vordergrund gestanden haben kann, zeigen die Produkt-Innovationen, auf die die Hersteller sich im 19. Jahrhundert konzentrierten. Als Lothar von Faber (1817-1896) in vierter Generation das Geschäft übernahm (und revolutionierte), schuf er durch den Aufdruck „A. W. Faber" nicht nur den ersten Markenbleistift, sondern legte Normen für Stiftlänge, Minenstärke und vor allem Härtegrade fest, denen fast alle europäischen Hersteller weitgehend folgten. Johann Sebastian Staedtler (1800-1872) stellte 1834 erstmals rote Farbstifte her, 1844 kamen weitere „Buntstifte" im heutigen Sinne hinzu – für bloßes Schreiben waren jedoch weder 16 oder noch mehr verschiedene Härtegrade sowie bunte Farben überhaupt nötig.

Natürlich profitierten die europäischen Bleistifthersteller ab dem ausgehenden 18. Jahrhundert von einer massiven Verschriftlichungswelle des politischen, sozialen und wirtschaftlichen Lebens, die wesentlich auf drei Säulen ruhte: Durchsetzung einer allgemeinen Schulpflicht, Ausbau der staatlichen Organisation zu einer bürokratischen Beamten-Verwaltung und von zunehmender Industrialisierung begünstige Massenalphabetisierung. Vor allem letztere, so Stein, war alles andere als ein Spaß: *„Die Massen-alphabetisierung des 19. Jh. ist nicht als eine gesteigerte Fortsetzung des jahrhundertealten (Selbst-)Alphabetisierungsprozesses zu betrachten, sondern ein massiver Umbruch gewesen. Sie war keine fällige bzw. stark erwünschte Wohltat für eine bildungswillige Bevölkerung, sondern eine mit erheblichen Zwangsmaßnahmen von oben durchgesetzte staatliche Veranstaltung. (...) Dabei wurde billigend in Kauf genommen, dass dieser Fortschritt – den man auch als eine Form innerstaatlicher Kolonisierung der Unterschichten bezeichnen kann – bei mehr als der Hälfte der Be-troffenen mit materiell und psychisch konfliktreichen Belastungen (päda-gogischer Drill, hochsprachliche Sozialisation, Disqualifizierung mündlich geprägter Kulturmuster usw.) bezahlt werden musste."* [36]

Bleistifte waren auf allen drei Feldern (Schule, Staat, Industrie) im 19. Jahrhundert nie die hauptsächlichen Schreibwerkzeuge. Der damals immer ausgeprägter vom Stehpult und vom Schreibtisch aus mit Tinte herrschende Staat benötigte vor allem ein Ersatzprodukt für tierische Schreibfedern: *„In Deutschland wurden noch 1833 über 50 Millionen Gänsefedern benötigt, auf deren Produktion sich die Landwirtschaft vor allem in Holland, im östlichen Deutschland, dem Gebiet des heutigen Polen, Ungarn und Russland spezialisierte. Zu Martini (11. November) begann traditionell die Zeit des Gänseschlachtens und damit der Nachschub von Schreibfedern. Und doch wurden die Engpässe immer größer."* [37] Die Lösung dafür war nicht der Bleistift, sondern die Stahlfeder.

Die Produktpalletten der dominierenden Bleistifthersteller zeigen im 19. und frühen 20. Jahrhundert, wie diese sich immer weiter auf neue Büroaufgaben von Staat und Industrie abseits der Tinten-Schreibsysteme und später im Umfeld der Schreibmaschine zu spezialisieren versuchten, während sie gleichzeitig unter dem von Stein beschriebenen Innovationsdruck standen. Technische und künstlerische Zeichenaufgaben waren ebenso wie Kopierstifte und später spezielle Stenografie-Stifte beliebte Spezialisierungsversuche. Aber selbst noch in der Mitte des 19. Jahrhunderts war es eine Seltenheit, wenn die damaligen Bleistifte die Zeit ihrer Benutzung überlebten. Eine solche Ausnahme ist ein angeblich von US-Präsident Abraham Lincoln (1809-1865) in der Woche vor seiner Ermordung benutzter Bleistift, der 2014 in den USA für 11.875 Dollar versteigert wurde.

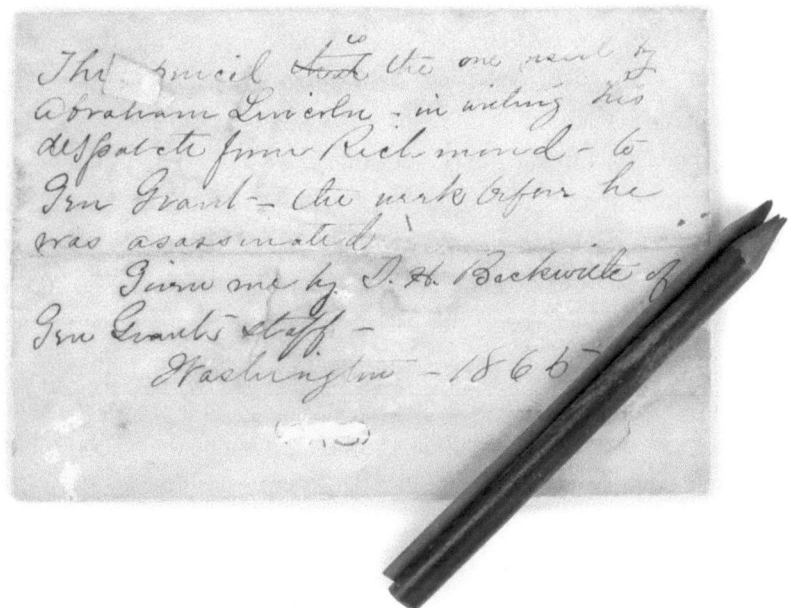

Mit diesem Bleistift (offenbar auseinandergebrochen) soll Lincoln am 7. April 1865 das entscheidende Telegramm an General Ulysses S. Grant vorformuliert haben, den Druck auf die Südstaaten-Armee Robert E. Lees zu erhöhen und so seine Kapitulation wenige Tage später zu erzwingen[38].

Im System Schule dominierten für das Erlernen von Schreiben und Rechnen zunächst Griffel und Schiefertafel, weshalb Faber sein Zweigwerk in Geroldsgrün anfangs als Schiefertafelfabrik eröffnete (1863) und später auf die Herstellung von Rechenstäben umrüstete. Griffel und Tafel, zuletzt in einer Kunststoff-Variante, wurden in Deutschland noch bis in die 1970er Jahre im Unterricht eingesetzt[39]. Der Bleistift diente während der weiteren Schreiblernphase nach dem Griffel hauptsächlich als Übergangswerkzeug zum Füller. In Deutschland und den meisten europäischen Ländern ist es strikt verboten, bei Prüfungen für höhere Bildungsabschlüsse wie das Abitur oder Berufsausbildungsabschlüsse einen Bleistift zu benutzen. Im amerikanischen Bildungssystem hat der Bleistift – und zwar der Minenstärke „#2" (was in Europa etwa „HB" entspricht) – eine ganz andere symbolische Bedeutung.

Bis zum März 2024 war der Bleistift #2 über Jahrzehnte das einzige zugelassene Schreibwerkzeug für den 1926 eingeführten SAT-Test. Weil die Highschool-Ausbildung in den einzelnen Bundesstaaten von sehr unterschiedlicher Qualität ist, entscheidet dieser Test über den Zugang zur höheren Bildung des Collage- und Universitäts-Systems. Im „Scholastic Assessment Test"[40] werden die Bereiche Mathematik, kritisches Lesen und Schreiben (nicht bloß Rechtschreibung) geprüft. Zusätzlich gibt es 20 verschiedene „SAT Subject Tests" mit fachspezifischen Modulen, von denen drei je nach Anforderung der Hochschule ausgewählt werden können. Für die Abschnitte „Critical Reading" und „Mathematics" sind jeweils 70 Minuten vorgesehen, überwiegend handelt es sich um Multiple-Choice-Fragen. Im Abschnitt „Writing" ist in 60 Minuten ein Essay zu schreiben, dazu sind Fehler in Text-Teilen zu erkennen und zu korrigieren, teils im Kontext zu verbessern.

Dem gemeinnützigen Collage Board, das den Test durchführt und überwacht, haben sich rund 6000 Hochschulen und Bildungseinrichtungen angeschlossen. Für den Test gibt es sechs Prüfungstermin pro Jahr. Er dauert mindestens 3,5 Stunden, die Teilnahme kostet 51 Dollar. Für alle, die an der Ost- oder Westküste studieren wollen, führt am SAT-Test im Prinzip kein Weg vorbei. 1959 ist der ACT-Test[41] (American College Test) als Alternative etabliert worden, der seine größte Verbreitung an Colleges im mittleren Westen der USA hat. Aufgrund der umfangreichen Multiple-Choice-Anteile des Tests wurde früh damit begonnen, diese Teile maschinell auszuwerten. Da die Maschinen am besten den mittelstarken Grauton von HB-Bleistiften lesen können, war ihre Benutzung bisher US-weit vorgeschrieben. Während der SAT nun digital abgelegt wird, bleibt es für den ACT vorerst beim Bleistift #2.

Der #2-Bleistift ist im US-Bildungssystem *DAS* Symbol für den Zugang zu höherer Bildung, da mit ihm allein den SAT-Test jährlich rund 2 Millionen US-Amerikaner:innen absolvieren. Das macht #2 in der US-Kultur zur Chiffre für den Aufstieg durch Bildung und den Willen, es zu schaffen. Er ist das Schreibzeug des amerikanischen Geistes und tief in der amerikanischen Folklore verwurzelt. Da #2 auch *DER* amerikanische Schulbleistift schlechthin ist, haben die meisten Amerikaner:innen mit ihm zum ersten Mal ihren Namen geschrieben und das Rechnen erlernt. In amerikanischen Augen ist #2 immer gelb, sechskantig und verfügt über einen Radiergummi am Kopfende. Er ist die Ikone von Einfachheit, Kreativität und Leistung. Seine Auftritte in Spielfilmen, Serien und TV-Shows kann man kaum zählen.

Ausschnitt eines Titelblatts von Norman Rockwell (1894-1978) mit dem Gemälde „Soda Jerk"[42]: Eine Ikone der Pop-Kultur trägt eine Ikone – den Bleistift hinter dem Ohr.

Es gibt keine verlässlichen Quellen darüber, wann es dem Bleistift gelang, als erstes Schreibwerkzeug der Welt eine über viele Jahrzehnte während Modewelle seiner öffentlichen Präsentation auszulösen, aber sie erfasste etliche Berufsgruppen von Handwerkern und Händlern über Servicekräfte bis zu Büroangestellten, und zwar überall in der westlichen Welt. Es wurde irgendwann Mode, den Bleistift hinter dem Ohr zu tragen. Eine frühe Erwähnung findet sich in Edgar Allen Poes Erzählung *„Der Massenmensch"*[43] von 1840. Poes Ich-Erzähler, der den Sozialtypus des Flaneurs in der europäischen Literatur etabliert, beobachtet den Strom der Menschen vor einem Londoner Kaffeehausfenster. Die älteren höheren Angestellten beschreibt Poe unter anderem so: *„Sie hatten alle einigermaßen kahle Köpfe, von denen die rechten Ohren, seit langem an Bleistifthalten gewöhnt, die seltsame Angewohnheit hatten, steil abzustehen."* Diese Mode überdauerte transkontinental mehr als ein Jahrhundert und schlug weit in die Alltagskultur durch.

Norman Rockwell, der die amerikanische Folklore so bebildert hat, wie sich das mittelständisch-weiße Amerika selbst am liebsten sah, hat nicht nur die berühmte Soda-Kellnerin mit einem Bleistift hinter dem Ohr gemalt. Bei den ab 1958 von Peyo (Pierre Culliford, 1928–1992) in Belgien gemalten Comicfiguren „Die Schlümpfe" (Original: Les Schtroumpfs) gibt es einen „Schtroumpf Bricoleur"[44] (Handwerker-Schlumpf), der so ziemlich alles reparieren und bauen kann, und dabei immer einen Bleistift hinter dem Ohr trägt.

Auf einer US-Fanseite von Bleistift-Enthusiasten berichtete ein pakistanischer Hersteller und Sammler folgende Anekdote: Noch bevor die „unterentwickelten" Länder zu „Entwicklungsländern" geworden seien, habe ein kleines Land in Afrika bei dem deutschen Hersteller Lyra eine Bestellung für Bleistifte aufgegeben, die besonders billig hätten sein müssen: *„Und um dies zu erreichen, verlangten sie nicht einmal, dass die Bleistifte Minen enthalten. Es stellte sich heraus, dass sie nur für Leute gedacht waren, die diese Stifte als Statussymbol hinter dem Ohr tragen wollten, um den Eindruck zu erwecken, dass sie schreiben konnten."*[45]

Um keinen Zweifel aufkommen zu lassen: Ich glaube kein Wort von dieser durch und durch rassistischen Verleumdung. Ihr Funktionieren als diffamierender Witz basiert darauf, zwei wesentliche Elemente der Ikonographie des Bleistifts zu verbinden: Seine Symbolkraft als Werkzeug der Bildung und der beruflichen Problemlösung, der Kreativität, des Fleißes und der Leistungsbereitschaft, wenn er hinter dem Ohr getragen wird. Im rassistischen Witz täuschen schwarze Afrikaner:innen diese Werte angeblich vor, indem sie das Symbol fälschen und mit einer hohlen, unbrauchbaren leeren Bleistifthülle hochstaplerisch so tun „als ob".

Damit diffamiert der rassistische Witz auch die Fortschritte des globalen Südens bei der Alphabetisierung und Teilhabe an guter Bildung, für die der Bleistift als günstigstes Universalwerkzeug selbstverständlich eine wichtige Rolle gespielt hat und weiterspielt – unter anderem, weil 2020 weltweit immer noch 25 Prozent der Grundschulen ohne Strom-, Trinkwasser- und sanitäre Grundversorgung waren und 50 Prozent ohne Computer und Internetzugang[46]. Zwar ist das Agenda-2030-Bildungsziel – alle Mädchen und Jungen sollen eine kostenlose, gerechte und hochwertige Grund- und Sekundarbildung abschließen, alle Jugendlichen und ein großer Anteil der Erwachsenen sollen Lese-, Schreib- und Rechenkenntnisse erlangen – in der verbleibenden Zeit nicht mehr erreichbar. Aber die erreichten Fortschritte der vergangenen Jahre sind beeindruckend: Im Jahr 2022 konnten weltweit etwa 90 Prozent der Männer und fast 84 Prozent der Frauen lesen und schreiben[47]. Das entspricht seit dem Jahr 2000 einem Anstieg bei Männern um 4, bei Frauen um fast 9 Prozent. Allerdings: *„Die niedrigste Alphabetisierungsrate wies 2022 die Region Subsahara-Afrika auf – rund ein Drittel der Menschen ab 15 Jahren in dieser Region kann nicht lesen und schreiben."*[48] In den meisten Regionen der Welt hat sich die Lage in den vergangenen 20 Jahren jedoch stark verbessert und war in der Geschichte der Menschheit niemals so gut wie heute.

In einem einzigen afrikanischen Land, der Republik Südafrika, wird der Bleistift allerdings niemals ein Symbol für Bildung und Wohlstand werden, sondern für immer mit der Menschenverachtung der „Apartheid" verbunden sein. Der „Bleistifttest" war eine offizielle Methode, um festzustellen, ob eine Person „afrotexturiertes" Haar hat, also nicht als „weiß" einzustufen ist. Bei der dem Test, der bis zum Ende der Apartheid 1994 durchgeführt wurde, wird ein Bleistift durch das Haar der zu testenden Person geschoben. Wie leicht er herauskommt, entscheidet darüber, ob die Person den Test „bestanden" (sehr leicht = weiß) oder „nicht bestanden" (nicht leicht = „farbig") hat. Bleistifte sind als Teil des südafrikanischen Kulturerbes dort ein zutiefst verhasstes Symbol für Rassismus.[49]

Exkurs: Das Durcheinander der Härtegrade

Die Härtegrade von Bleistiften sind kurioserweise eines der wenigen Maßsysteme, für das es bis heute keine Normierung gibt. Ich folge hier und im gesamten Buch grundsätzlich der Einteilung von Faber-Castell[50]. Die Buchstaben stehen englisch für **H = Hard, F = Firm, HB = Hard Black** und **B = Black**. Andere Hersteller verwenden bis zu 20 Härtegrade.

Härtegrad-Bezeichnung		Mine	Anwendung
Faber-Castell	USA		
6H	-	Besonders extra hart	Ideal für techni-
5H	-	Extra extra hart	sches Zeichnen,
4H	-	Extra hart	z.B. für feine
3H	-	Sehr hart	Pläne
2H	#4	Härter	
H	#3	Hart	
F	# 2 1/2	Mittelweich und mittelschwarz	Ideal zum
HB	#2	Zum Zeichnen und Schreiben	Schreiben
B	#1	Weich und schwarz	
2B	-	Sehr weich und schwarz	
3B	-	Sehr weich und sehr schwarz,	Ideal für künst-
4B	-	für malerische Tonwirkung und große Tiefe	lerisches, maleri-sches Zeichnen
5B	-	Extra weich und sehr schwarz	
6B	-	Extra weich, sehr tiefschwarz.	
7B	-	Größte tuscheartige Tiefenwir-	
8B	-	kung	

Der Franzose Nicolas-Jacques Conté (1755–1805) ließ sich 1795 als Erster das Verfahren patentieren, moderne Bleistifte ohne englisches Graphit herzustellen. Das von Joseph Hardtmuth (1758-1816) bereits 1790 gegründete Unternehmen reklamiert, der Wiener Hardtmuth habe bereits vor Conté Graphitstaub mit Ton und Wasser zu einer brennbaren Mine verarbeitet, deren Härtegrad er habe festlegen können. Sein Patent stammt allerdings erst von 1802. Conté entdeckte die Härtegrade unabhängig von Hardtmuth und unterteilte sie sehr simpel nach Ziffern von 1 bis 4. Dieses Ziffern-System wurde in den USA im Laufe des 19. Jahrhunderts übernommen.

Der Enkel von Hardtmuth startete 1888 die Herstellung eines Bleistifts, der unter dem Namen „Koh-I-Noor 1500" (benannt nach einem berühmten Diamanten) eine Weltkarriere machte. Es war der erste leuchtend gelbe Graphit-Bleistift, der Gelb damit zu „der" Bleistiftfarbe machte. Der Stift wurde in 17 verschiedenen Härtegraden angeboten. Dazu behauptete das Unternehmen, das die Härtegrad-Erfindung ohnehin für sich reklamierte, die Bezeichnungen H, B und F leiteten sich in Wahrheit von H für Hardtmuth, B für Budweis (Firmensitz) und F für Franz (Vorname des Enkels) ab[51]. Außer zu Verwirrung führte das zu nichts.

Grundsätzlich gilt: Je mehr Graphit die Mine enthält, desto dunkler und weicher ist sie (B-Stifte). Je höher der Ton- bzw. Lehmanteil der Mine, desto härter und blasser ist sie (H-Stifte).

Da es aber keine Norm gibt, ist international „HB" noch lange nicht gleich „HB": In Japan ist HB eher weich, in Europa mittel und in den USA hart[52]. Schreiben Sie also mit einem deutschen Faber-Castell 9000 HB, so wird sich das immer etwas weicher Anfühlen als das Schreiben mit einem amerikanischen Dixon Ticonderoga #2. Die Unterschiede sind graduell, aber ein Ticonderoga wird bei gleichem Handdruck immer etwas blasser als ein deutscher Staedler Noris HB sein, und dieser wiederum etwas blasser als ein japanischer Tombow 8900 HB.

Das sind alles gute Bleistifte, es ist nicht die eine Mine „richtiges" HB und die andere falsches. Es ist das Qualitätsmerkmal sehr guter Bleistifte, einen eigenen und bisweilen ausgeprägten Charakter zu haben – was ja auch erklärt, wieso die miteinander konkurrierenden Hersteller sich nicht auf eine echte Norm statt der Annäherungswerte einigen können.

Fun Fact: Der „Koh-I-Noor 1500" von Hardtmuth war international so erfolgreich, dass er auf Dauer sogar Faber-Castell unter Druck setzte[53]. Ab 1898 wurde daher bei Faber-Castell mit massivem Aufwand eine neue Graphitmine von „außergewöhnlicher Feinheit" entwickelt. Der neue Stift wurde in 16 Härtegraden produziert, eine neue „leuchtend grüne" Farbe sollte ihn deutlich von dem gelben „Koh-I-Noor" unterscheiden. Alexander Graf von Faber-Castell kam auf die Idee, dem Bleistift den Namen seines eigenen Adelsgeschlechts zu verleihen, womit er ab 1905 als „Castell 9000" produziert und „mit reichem Echtgoldstempel geschmückt" vermarktet wurde.

Um das grüne „Castell"-Sortiment „in der auffälligsten Weise" weltweit bekannt zu machen, sei ein Werbemotiv entworfen worden, das auf die jahrhundertelange Geschichte der hochadeligen Familie „Castell" verweise, heißt es in der Firmengeschichte: *„Zwei Ritter kämpfen am Fuße eines Burgberges gegeneinander, doch statt Lanzen tragen sie Bleistifte – der Unterlegene einen gelben und der Sieger natürlich einen leuchtend grünen!"*[54]

Und so kam es tatsächlich. 1914 betrieb noch Hardtmuth die größte Bleistiftfabrik der Welt; zeitweise kamen aus Budweis 15 Prozent der weltweit hergestellten Bleistifte. Sowohl den Koh-I-Noor 1500 als auch den Castell 9000 gibt es bis heute. Nur hatte das Hardtmuth-Unternehmen das Pech, nach zwei Weltkriegen in der kommunistischen Tschechoslowakei verstaatlicht zu werden. In den 90er Jahren wurde die Firma wieder privatisiert, schloss aber nicht mehr zur Weltspitze auf. Der für dieses Buch getestete Koh-I-Noor 1500 2B aus aktueller Produktion gehörte zu den am schlechtesten verarbeiteten Stiften, wogegen der aktuelle Castell 9000 auch nach 120 Jahren noch immer ein Top-Produkt ist.

Wer möchte einen Stift?

Die Mutter aller Gratis-Stifte: Der Ikea-Bleistift. International heißen die Mini-Bleistifte „Golf pencil" nach ihrem häufigsten Einsatzort. Im Einzelhandel kosten Stifte im halben Normalformat ca. 10 Cent/St.

Als Steve Jobs (1955-2011) am 9. Januar 2007 das erste iPhone präsentierte, redete der Apple-CEO wie üblich viel charismatischen Unfug. Um die Bedienung des tastenfreien Multi-Touch-Screens mit Fingergesten zu preisen, stellte Jobs eine Frage, die er sich auch gleich selbst beantwortete: *„Wer möchte einen Stift? Sie müssen ihn nehmen und wieder weglegen, und Sie verlieren ihn. Igitt! Niemand will einen Stift."* [55]

Sehr lustig. Die Wahrheit lautet: Jeder möchte einen Stift, aber nicht zu einem Apothekenpreis von Apple (4 Jahre nach Jobs' Tod trotzdem eingeführt), sondern natürlich einen kostenlosen von Ikea. Wer mit dem Småland aufgewachsen ist, aber noch nie einen der 8,5 Zentimeter kleinen Bleistifte aus dem Möbelhaus hat mitgehen lassen, werfe den ersten Inbus-Schlüssel ins Bällchenbad.

Das ist übrigens eine der Hauptfragen deutscher Ikea-Kundinnen und -Kunden: Darf man die kleinen Bleistifte (was jede:r tut) wirklich einfach einstecken? 2018 behauptete ein Wirtschaftsmagazin, in Deutschland sei „der Diebstahl von Ikea-Bleistiften die sozial akzeptierteste Form der

Straftat"[56]. Alle Jahre wieder taucht das Thema im medialen Sommerloch auf. „Darf man die kleinen Ikea-Stifte wirklich einfach so mitnehmen?", fragte sich 2021 anlasslos T-Online[57]. Ohne neue Erkenntnis unkte im Sommerloch 2024, kurz vor Ikeas 50. Geburtstag (in Deutschland), die Regionalzeitung WAZ hinterher: „Ikea: Gilt DAS schon als Diebstahl? Kunden werden hellhörig"[58]. Ikeas Pressesprecher geben dann regelmäßig Entwarnung, die Bleistifte seien zur direkten Verwendung und ausdrücklich auch (in kleinen Mengen) zur Mitnahme gedacht[59], wogegen Ikea selbst sie an der Kasse weder einsammele noch wiederverwende.

Immer mal wieder gibt es Ankündigungen und Vermutungen, seine Tage könnten gezählt sein, mal als Statement einer einzelnen Landes-Finanzchefin von Ikea[60], mal in einem Nachbarland als vermuteter Aprilscherz[61]. Gefühlt bietet Ikea ihn in den deutschen Filialen tatsächlich seltener an. Im Frühjahr 2025 gab es ihn in Dortmund (wo das Foto am Kapitel-Eingang entstand) nur noch in der Abteilung Küchenplanung. Überall sonst hatten Planungs-Bildschirme an den Info-Points übernommen. Dort hängen weiter die Papier-Maßbänder, Bleistift-Boxen sind jedoch wohl nicht mehr vorgesehen; auf Dauer dürften seine Tage als ikonisches Symbol des schwedischen Möbel-und-auch-alles-andere-Konzerns vielleicht wirklich gezählt sein. Das halbe Format des Ikea-Bleistifts erfreut sich erwähnenswerter Beliebtheit als Kunden-Giveaway allenfalls noch in Hotels.

Ist ein Bleistift schon im Grundsatz kein glamouröses Schreibwerkzeug, so ist der Ikea-Bleistift wahrscheinlich einer der billigsten (und qualitativ am schlechtesten verarbeiteten) Werbeartikel weltweit. Mal sitzt die Mine nicht mittig, mal bricht er beim ersten Schreibversuch ab, der Farbauftrag ist ungewöhnlich blass. Ikea hält sich bedeckt, was Menge, Kosten und Produktion der verschenkten Stifte angeht. Im Gegensatz zu seinen jährlich weltweit verbreiteten Einweg-Inbusschlüsseln (rund 50 Millionen Stück[62]) gibt es zu den Bleistiften lediglich eine Zahl für den kanadischen Markt aus dem Jahr 2010 (5,2 Millionen Stück für landesweit 11 Märkte)[63]. Das erscheint viel **gegenüber** den im Jahr 2001 in Deutschland laut

Wikipedia ausgegebenen 3,4 Millionen Bleistiften; weltweit sollen es seit 1983 rund 120 Millionen Kunden-Bleistifte gewesen sein[64]. Eine Erklärung für den erhöhten kanadischen Stifteverbrauch könnte sein: Der Ikea-Bleistift entspricht exakt dem, was auf englischsprachigen Golfplätzen als „Golf pencil" zum Ausfüllen der Scorecards genutzt wird. In Kanada spielen 17 Prozent der Bevölkerung Golf, in Deutschland liegt der Anteil der Golfer:innen an der Gesamtbevölkerung bei 0,66 Prozent[65].

In Summe machen die Stifte jedenfalls eine Menge Holzverbrauch für keinen sehr nachhaltigen Nutzen aus. In den Geschäfts- und Nachhaltigkeitsberichten des Konzerns taucht der Wegwerfartikel interessanterweise nicht auf; er würde dort wohl keine gute Figur machen. Seiner Beliebtheit tut das (noch) keinen Abbruch. Schon 2006 bekannte in einer TV-Beilage der Zeitschrift „Stern" die Schriftstellerin und Literaturkritikerin Elke Heidenreich: *„Ich klaue bei Ikea diese kleinen Bleistifte, die finde ich so herrlich. Wenn ich zu Ikea gehe, nehme ich nicht nur einen, sondern immer fünf, und damit schreibe ich. Die hab ich neben dem Bett, neben dem Schreibtisch und in allen Taschen."* [66]

Am Schülerforschungszentrum Berchtesgadener Land rechnete im MINT-Bereich 2020 ein Schüler aus, dass man mit einem Ikea-Bleistift bei größtmöglicher Ausnutzung des Stifts eine maximale Länge der Zeichenlinie von 1330 Metern erreichen kann[67]. Im englischen nationalen Gesundheitsservice machte der billige Wegwerf-Stift eine Karriere im OP[68].

Seinen wohl (bislang) absurdesten Auftritt hatte er 2013 in einem französischen Bestseller-Roman mit dem Titel „Die unglaubliche Reise des Fakirs, der in einem Ikea-Schrank feststeckte"[69]. Die „Handlung": Ein betrügerischer indischer Fakir reist nach Paris, um bei Ikea ein Nagelbett zu kaufen, landet in einem Schrank, trifft illegale Migranten in England, wird nach Spanien abgeschoben und verirrt sich in den Schrankkoffer einer französischen Schauspielerin. In dem schreibt er dann mit dem Ikea-Bleistift einen Roman auf ein Hemd (!); am Ende bekommen er und eine reizende Ikea-Kundin sich. Auf die Schilderung des Schreibvorgangs verwendet der Autor Romain Puértolas dreieinhalb Buchzeilen:

„Also zog Ayarajmushee sein Hemd aus, nahm seinen Ikea-Bleistift zur Hand und machte sich daran, im Dunkeln die Geschichte aufzuschreiben, die er sich ausdachte." [70]

Es folgen dann 12 Seiten der ausgedacht mit dem Ikea-Bleistift geschriebenen Fake-Fakir-Odyssee als Bollywood-Heldenerzählung – alles auf ein Hemd gekritzelt, alles mit einem Ikea-Bleistift ohne Anspitzer, alles in einem Schrankkoffer. Bei den öffentlichen Präsentationen des Buchs trat Romain Puértolas in einem vollgekritzelten Hemd auf. Der „Spiegel", der es sich offenbar einmal nicht mit dem Bestseller-Publikum verscherzen wollte, urteilte, der Autor müsse eines Tages eine Montageanleitung für Bestseller gefunden und sich unverzüglich ans Werk gemacht haben: „Anders will man sich das gar nicht vorstellen."[71] Außer in arg um Symbolik bemühten Nachwuchs-Texten (McDonald's Neumünster, Ikea-Bleistift, tiefsinnige Gedanken zu kalten Pommes), für die man dann den ehrenvollen „Neue Prosa Schleswig-Holstein"-Preis bekommt[72], ist der Ikea-Bleistift schlicht kein besonders gut geeigneter Gegenstand für Schreibphantasien – weil man mit einem 8,5-Zentimeter-Bleistift einfach nicht besonders gut schreiben kann, zumindest nicht mehr als einen Einkaufszettel.

Ergonomisch betrachtet sind selbst holzgefasste Standard-Bleistifte zum Schreiben eine mittelschwere Katastrophe. Sie sind mit einem Regel-Durchmesser von nur 7 bis 8 Millimetern viel zu dünn, um bei langem Schreiben (und einer problematisch erlernten Handhaltung) nicht zu Schreibkrämpfen und/oder Schmerzen in der Hand und im Arm zu führen, nicht selten auch zu einer insgesamt falschen Körperhaltung. Aus gutem Grund klagten die Mönche in den klösterlichen Skriptorien des Mittelalters: *„O glücklicher Leser, wasche deine Hände und fasse das Buch so an, drehe die Blätter sanft, halte die Finger weit ab von den Buchstaben. Der, der nicht weiß zu schreiben, glaubt nicht, dass dies eine Arbeit sei. O wie schwer ist das Schreiben: Es trübt die Augen, quetscht die Nieren und bringt zugleich allen Gliedern Qual. Drei Finger schreiben, der ganze Körper leidet."* [73]

Schreiber in einem Skriptorium (Miracles de Notre Dame, fol. 19; nach 1456)[74]

Das liest sich lustig, war es aber nicht. Die Mönche schrieben eine nor-mierte Schrift aus Kleinbuchstaben (Minuskeln), die sich an frühere römi-sche Schriften anlehnte. Die Minuskel-Schrift war nicht wie eine Hand-schrift zu schreiben, sondern eigentlich wurden die einzelnen Buchstaben „gemalt". Mit problematischer Tinte auf Pergament (also Tierhaut), die ungleich schwerer zu beschriften ist als Papier. Und geschrieben wurde bevorzugt mit Federkielen von Gänsen oder Schwänen. Die Federkiele mussten ständig mit (meist minderwertigen) Messern neu geschnitten, alte Tinte ausgekratzt und die Spitzen neu gespitzt werden. Der Federkiel lag auch nirgendwo auf der Hand richtig auf. Hielt man körperlich sehr ungünstige Schreibwinkel nicht ein, wurde es nichts mit den gleichmäßi-gen Buchstaben.

Das moderne Problem daran: Das durch das Schreiben mit Federkielen hervorgerufene Leiden setzte sich 1000 Jahre später mit den Bleistiften fort, weil die Hersteller versuchten, sich in etwa an der ungünstigen Dicke der Federn zu orientieren – so waren es Menschen, die mit der Hand schrieben (und eine andere Möglichkeit gab es bis zur Erfindung der Schreibmaschine nicht), schließlich gewohnt. Liegt ein zu dünner Stift zusätzlich nicht gut oberhalb des Daumengelenks auf der Handkehle auf (weil er zu kurz ist), wird damit niemand lange schreiben wollen oder können. Für was also auch immer der Ikea-Bleistift genutzt wird – schriftstellerisches Schreiben wird es in der Regel nicht sein.

Literarisch ist Romain Puértolas' Ikea-Bleistift der lustig-unterhaltsame Comic-Widergänger der düsteren Bleistift-Ruine in Knut Hamsuns Roman „Hunger". Der Text aus dem Jahr 1890 gilt teils heute noch in der Literaturgeschichte als erster großer Auftritt des Romans der Moderne und hat nahezu allen wichtigen Schriftsteller (tatsächlich vor allem die männlichen) bis in die 1920er Jahre hinein beeinflusst. Hamsun (1859-1952, Nobelpreis für Literatur 1920) schildert in seinem Erstlingsroman den körperlichen und geistigen Verfall eines namenlosen, scheiternden Möchtegern-Journalisten und -Schriftstellers Ende des 19. Jahrhunderts im heutigen Oslo aus der Ich-Erzähler-Perspektive. Getrieben von der Idee, mit dem Verkauf von Feuilletons aus seiner bedrohlichen Not herauskommen zu können, bringt sich der Protagonist mit Größenwahnsinn, Scham, Depression, Selbstekel, Fremdenhass, Stolz und Starrsinn in einen Strudel aus Hunger, Obdachlosigkeit und Verelendung.

Auf einem der Tiefpunkte erschwindelt er sich bei einem Metzger einen Knochen für einen Hund, den er gar nicht hat. Es hängt noch Fleisch daran; beglückt verlässt er die Metzgerei:

„Ich schlich mich so tief als möglich in den Schmiedgang und blieb vor einem verfallenen Tor in einem Hinterhof stehen. Von keiner Seite war ein Licht zu sehen, es war wundervoll dunkel rings um mich; ich begann an dem Knochen zu nagen.

Er schmeckte nach nichts; ein erstickender Geruch von altem Blut stieg von ihm auf, und ich musste mich sofort erbrechen. Ich versuchte es wieder. Wenn ich es nur bei mir behalten könnte, würde es wohl seine

Wirkung tun; es galt, den Magen zu beruhigen. Ich erbrach mich wieder. Ich wurde zornig, biss heftig in das Fleisch, zerrte ein Stückchen ab und würgte es mit Gewalt hinunter. Und es nützte doch nichts; sobald die kleinen Fleischbrocken im Magen warm geworden waren, kamen sie wieder herauf. Wahnsinnig ballte ich die Hände, war vor Hilflosigkeit dem Weinen nahe und nagte wie ein Besessener; ich weinte, dass der Knochen nass und schmutzig wurde von den Tränen, erbrach mich, fluchte und nagte wieder, weinte, als wollte mir das Herz brechen, und übergab mich abermals. Ich wünschte mit lauter Stimme alle Mächte der Welt zur Hölle." [75]

Das hatte bis dahin noch nie jemand so geschildert. Hamsun schrieb teils aus biografischer Erfahrung. Schriftsteller und Literaturkritiker wie Alfred Polgar (1873-1955) lobten bei der Verleihung des Nobelpreises an Hamsun noch voller Bewunderung: *„Alle, die am Leben kranken, lieben Hamsun, den Dichter der Traurigen, der Wehrlosen und Überempfindlichen, der ohnmächtigen Schwärmer und ohnmächtigen Verzweifler, der Willensskrupel und der Einsamen, der Frauen und der Juden."* [76] Polgar, der 1933 erst nach Prag, dann über die Schweiz nach Frankreich und schließlich mit Hilfe des „Emergency Rescue Committee" über die Pyrenäen nach Spanien und via Lissabon in die USA floh, musste entsetzt miterleben, wie Hamsun immer offener als Rassist, Antisemit und Hitler-Verehrer auftrat, gegen Jüdinnen und Juden hetzte, seine Heimat Norwegen an die Nazis verriet und schließlich seine Nobelpreis-Medaille an Joseph Goebbels verschenkte.

Die einzig zutreffende Zusammenfassung von Hamsuns „Hunger" in der Überschrift einer Besprechung des Deutschlandradios anlässlich der deutschen Neuübersetzung von 2023 − „Männlich, beleidigt und voller Hass"[77] − konnte man 1920 vielleicht nicht derart klarsichtig erkennen, weil der Faschismus gerade erst von solchen Charakteren wie Hamsun geschaffen wurde. Ohne jeden Zweifel ist „Hunger" ein für die damalige Zeit glänzend geschriebenes Buch. Aber ebenfalls ohne jeden Zweifel ist es eindeutig ein proto-faschistisches Buch.

Im ersten Abschnitt des Buchs schildert Hamsuns namenloser Ich-Er-zähler, wie er erst seine Anzugweste zum Pfandleiher bringt, um dann nach absurd überheblichen, regelrecht hochstaplerischen Auftritten ge-genüber einem Bettler und einer Lebensmittelverkäuferin festzustellen, dass er im Park nicht mit dem Verfassen eines Artikels beginnen kann, weil er seinen Bleistift in der Weste vergessen hat, die nun beim Pfandlei-her liegt. Auf dem Rückweg belästigt er eine ihm unbekannte, aber sofort idealisierte Frau, vor deren Blicken er schließlich flieht – in den nächsten irrenhausartigen Auftritt seines angstgetriebenen Größenwahnsinns:

„Endlich rettete ich mich in eine Seitenstraße, von wo ich den Weg zum Pilestraede hinunter nahm, um meinen Bleistift zu holen. Es machte mir keine Mühe, ihn zurückzuerhalten. Der Mann brachte mir die Weste selbst und bat mich, gleich alle Taschen zu untersuchen; ich fand auch ein paar Pfandscheine, die ich zu mir steckte, und dankte dem freundlichen Mann für sein Entgegenkommen. Er nahm mich mehr und mehr für sich ein, es war mir im selben Augenblick sehr darum zu tun, diesem Menschen einen besonders guten Eindruck von mir zu geben. Ich wandte mich zur Türe und kehrte wieder zum Ladentisch zurück, als hätte ich etwas vergessen; ich glaubte ihm eine Erklärung schuldig zu sein, eine Auskunft, und ich begann zu summen, um ihn aufmerksam zu machen. Dann nahm ich den Bleistift in die Hand und hielt ihn in die Luft.

Es könne mir nicht einfallen, sagte ich, weite Wege wegen irgendeines beliebigen Bleistiftes zu gehen; mit diesem hier aber sei es eine andere Sache, eine eigene Sache. So gering er auch aussah, hatte dieser Bleistift-stumpf mich schlechthin zu dem gemacht, was ich in der Welt war, hatte mich sozusagen auf meinem Platz im Leben gestellt …

Mehr sagte ich nicht. Der Mann kam ganz nahe zum Ladentisch her.

Soso? meinte er und sah mich neugierig an.

Mit diesem Bleistift, fuhr ich kaltblütig fort, habe ich meine Abhandlung in drei Bänden über die philosophische Erkenntnis geschrieben. Ob er nicht davon reden gehört habe?

Und dem Mann schien es wirklich, dass er den Namen, den Titel gehört habe.

Ja, sagte ich, das sei von mir, das! Da dürfe es ihn schließlich nicht wundern, wenn ich dieses kleine Ende von einem Bleistift zurückhaben wolle. Es habe allzu großen Wert für mich, es sei mir beinahe wie ein kleiner Mensch, übrigens sei ich ihm für sein Wohlwollen aufrichtig dankbar, und ich wolle mich seiner dafür erinnern – doch, doch, ich wolle mich wirklich dafür seiner erinnern; ein Mann ein Wort, so sei ich, und er verdiene es. Lebwohl.

Ich ging mit einer Haltung zur Türe, als könnte ich ihn in einer hohen Stellung unterbringen. Der freundliche Pfandleiher verbeugte sich zweimal vor mir, als ich mich entfernte, und ich wandte mich noch einmal um und sagte Lebwohl.

Auf der Treppe begegnete ich einer Frau, die eine Reisetasche in der Hand trug. Sie drückte sich ängstlich zur Seite, um mir Platz zu machen, weil ich mich so aufblies, und ich griff unwillkürlich in die Tasche, wollte ihr etwas geben, als ich nichts fand, wurde ich herabgestimmt, und ich ging mit gesenktem Kopf an ihr vorbei. Kurz darauf hörte ich, dass auch sie an die Bude klopfte; es war ein Drahtgitter an der Tür, ich erkannte sogleich den klirrenden Laut wieder, den es von sich gab, wenn eines Menschen Knöchel es berührte." [78]

Es mutet absurd-tragisch an, dass Kurt Tucholsky, der bereits 1929 ins schwedische Exil ging und sich dort 1935 das Leben nahm, noch 1928 in einer Gegenüberstellung „Kurt Tucholsky hasst / liebt" auf der „Lieben"-Seite aufführte: „Knut Hamsun" und „schön gespitzte Bleistifte"[79].

Das Ende von Romain Puértolas' durchgedrehtem Roman vom betrügerischen Fakir, der sich mit dem Ikea-Bleistift in ein neues Leben schreibt, mutet weitaus freundlicher an als Hamsuns rechte Rache-Hölle. Ayarajmushee hat den Ikea-Bleistift längst vergessen, als er mit seiner geliebten Marie von Montmartre zur Hochzeit im Hindu-Tempel fährt.

Hamsuns namenloser Ich-Erzähler heuert am Ende auf einem Schiff an, das ins britische Leeds fährt. Eine Stadt, die gar keinen Hafen hat. „Es wäre schön, sagen zu können, dass er unterwegs verschollen gegangen ist", endet die Besprechung des Deutschlandradios: „Leider ist er immer noch unter uns: männlich, beleidigt, voll stiller Wut auf alles unwerte Fremde. Immerhin: Gut erzählen kann er. Wie viel das wert ist, müssen die Leserinnen und Leser selbst entscheiden."[80]

Der Bleistift und die „Unsichtbare Hand"

Wirtschafts-Nobelpreisträger Milton Friedman, Gang-Boss der Chicago School of Economics, erklärte den Bleistift 1980 in einer TV-Serie zum Beispiel-Produkt der freien vom Staat nicht regulierten Marktwirtschaft. Seine Theorien waren die Basis der marktradikalen „Reaganomics" (1981 bis 1989) in den USA und des „Thatcherismus" (1979 bis 1990) in Großbritannien.

In der Geschichte der Menschheit beruhten bisher alle Zivilisationen auf der Idee, das Recht des Stärkeren durch die Stärke des Rechts zu ersetzen. In der US-Hauptstadt des Verbrechens blühte während des 20. Jahrhunderts die neoliberale Idee des genauen Gegenteils: Den Berufsverbrecher Alphonse Gabriel „Al" Capone (1899-1947) und den Wirtschafts-Nobelpreisträger Milton Friedman (1912-2006) sowie ihre Chicagoer Gangs einte die Überzeugung, der Staat halte sich am besten aus allem raus; der Markt regele das alles selbst, übrigens auch den Drogenhandel[81]. Während der eleganter Angezogene der beiden dort landete, wo er hingehörte (Steuerfahndung, Knast), richtete der andere mit dem

Propagieren eines entfesselten neoliberalen Kapitalismus (am besten ganz ohne Steuer- und Sozialsysteme) in den Nachkriegsgesellschaften der Industrienationen während der 1980er und 90er Jahre maximalen Schaden an: Aus Gräben der Ungleichheit zwischen Arm und Reich wurden unüberbrückbare Schluchten der Spaltung, aus Umweltproblemen die Drohung einer irreversiblen Katastrophe von planetarem Ausmaß, und aus dem Erfolgsmodell der westlich sozialpartnerschaftlich geprägten Demokratien ein abhängiger Absatzmarkt für die autoritären Ökonomien Asiens, bedroht von faschistischen Regimen. Inzwischen wollen selbst hartleibige Neoliberale vorsichtshalber öffentlich keine Neoliberalen mehr sein[82].

1980, vier Jahre nach seinem Nobelpreis und auf dem Höhepunkt seiner Popularität bei rechts-konservativen Parteien und Völkermördern, legte Friedman in einer Sendereihe des Public Broadcasting Service (PBS; sowas wie das öffentlich-rechtliche TV der USA) mit dem Titel „Frei zu wählen" dar, keine Einzelperson auf der Welt könne einen Bleistift herstellen – was diesen zum Symbol für die Wirkmächtigkeit des freien, unregulierten kapitalistischen Marktes mache:

„Schauen Sie sich diesen Bleistift an. Es gibt keinen einzigen Menschen auf der Welt, der diesen Bleistift herstellen könnte. Bemerkenswerte Aussage? Überhaupt nicht. Das Holz, aus dem er gemacht ist, stammt nach allem, was ich weiß, von einem Baum, der im Bundesstaat Washington gefällt wurde. Um diesen Baum zu fällen, brauchte es eine Säge. Um die Säge herzustellen, brauchte man Stahl. Um Stahl herzustellen, brauchte man Eisenerz. Dieses schwarze Zentrum – wir nennen es Blei, aber es ist in Wirklichkeit Graphit, komprimierter Graphit – ich bin mir nicht sicher, woher es kommt, aber ich glaube, es stammt aus einigen Minen in Südamerika. Dieser rote Deckel hier, dieser Radiergummi, ein bisschen Gummi, stammt wahrscheinlich aus Malaya, wo der Gummibaum nicht einmal heimisch ist! Es wurde von einigen Geschäftsleuten mit Hilfe der britischen Regierung aus Südamerika importiert. Diese Messingzwinge? [Zurückhaltendes Lachen.] Ich habe nicht die geringste Ahnung, woher sie kommen. Oder die gelbe Farbe! Oder die Farbe, die die schwarzen

Linien bildete. Oder der Klebstoff, der alles zusammenhält. Buchstäblich Tausende von Menschen haben zusammengearbeitet, um diesen Bleistift herzustellen. Menschen, die nicht die gleiche Sprache sprechen, die unterschiedliche Religionen praktizieren, die sich vielleicht hassen würden, wenn sie sich jemals begegnen würden! Wenn Sie in den Laden gehen und diesen Bleistift kaufen, tauschen Sie im Grunde ein paar Minuten Ihrer Zeit gegen ein paar Sekunden der Zeit all dieser Tausenden von Menschen. Was hat sie zusammengebracht und sie dazu bewogen, bei der Herstellung dieses Bleistifts zusammenzuarbeiten? Es gab keinen Kommissar, der... Bestellungen von einer zentralen Stelle aus befahl. Es war die Magie des Preissystems: die unpersönliche Funktionsweise der Preise, die sie verband und sie dazu brachte, zusammenzuarbeiten, um diesen Bleistift herzustellen, so dass man ihn für eine unbedeutende Summe haben kann.

Deshalb ist das Funktionieren des freien Marktes so wichtig. Nicht nur, um die produktive Effizienz zu fördern, sondern vor allem, um Harmonie und Frieden unter den Völkern der Welt zu fördern. "[83]

Das ist noch nicht einmal origineller Unfug, weil Friedmans *„Lesson of the Pencil"* lediglich eine auf weltwirtschaftliche Dimensionen ausgedehnte Paraphrase des Essays *„I, Pencil"* [84] von Leonard Read (1898-1983) aus dem Jahr 1958 ist. Darin legte der Gründer einer der ersten Marktwirtschafts-Denkfabriken mit pathetischer Inbrunst seinen quasi-religiösen Glauben an das Wunder der freien Marktwirtschaft dar. Oder wie es die Chicagoer Kulturkritikerin Anne Elizabeth Moore ausdrückt: Friedman und Read haben die „Unsichtbare Hand" Adam Smiths (die Überzeugung, der Egoismus des Einzelnen fördere auf geheimnisvoll gesteuerte Weise das Gemeinwohl) an den Arm Gottes geschraubt[85]. Reads Glaubensbekenntnis endet: *„Habt Vertrauen, dass freie Männer und Frauen auf die Unsichtbare Hand reagieren werden. Dieser Glaube wird sich bestätigen. Ich, Bleistift, so einfach ich auch bin, biete das Wunder meiner Schöpfung als Zeugnis dafür an, dass dies ein praktischer Glaube ist, so praktisch wie die Sonne, der Regen, eine Zeder, die gute Erde."* [86]

Das ist in seiner vollendeten Blödheit nicht mehr weit vom Geschwurbel Paulo Coelhos entfernt und mag erklären, warum Bleistift-Gleichnisse unter rechten Evangelikalen und spirituell Anfälligen so beliebt sind. Auch der Mutter-Teresa-Fan Friedrich Kardinal Wetter, emeritierter Erzbischof von München, geriet 2016 in einer Predigt regelrecht in Verzückung über das Bekenntnis der albanischen Missionarin (1910-1997), sie sei *„nur ein kleiner Bleistift in der Hand Gottes, eines Gottes, der gerade im Begriff ist, einen Liebesbrief an die Welt zu schreiben"* [87]; dafür gab es 1979 zwar nicht den Literatur-, aber den Friedensnobelpreis.

Entgegen der Ansicht Friedmans entstand der moderne Bleistift sehr wohl auf Befehl und Anordnung einer Art Kommissar: Es ist Napoleons späterer Kriegsminister Lazare Carnot (1753-1823), der im März 1794 das Universalgenie Nicolas-Jacques Conté (1755-1805) vor den berüchtigten Wohlfahrtsausschuss bestellt und ihn beauftragt, einen Bleistift zu erfinden, der ohne das englische Borrowdale-Graphit hergestellt werden kann[88]. Seit der Nationalkonvent am Vormittag des 21. Januar 1793 den Bürger Louis Capet (vormals König Louis XVI) unter dem Beifall von 20.000 Schaulustigen auf der Place de la Révolution (heute Concord) guillotiniert hat, befindet sich die junge Republik im Krieg mit halb Europa, vor allem wieder einmal mit dem Erzfeind England. Das Borrowdale-Graphit steht ganz oben auf der Embargo-Liste. Die Royal Navy blockiert die französischen Häfen; den Franzosen und vor allem ihrer Armee gehen die Bleistifte aus. Carnot weiß, was er an Conté hat: Der Wohlfahrtsausschuss hatte Conté 1793 gebeten, Ballons zu verbessern, die Frankreich erfolgreich zur Aufklärung über den Schlachtfeldern einsetzt. Noch im gleichen Jahr wurde Conté Direktor der Ecole Nationale d'Aérostation, 1794 war er Mitgründer des Nationalen Konservatoriums für Kunst und Gewerbe.

Der Legende nach benötigt Conté ganze acht Tage[89], dann ist der neue Bleistift fertig, das heißt: sein Kern. Petroski weist darauf hin, dass Conté bereits Erfahrung im Umgang mit Graphit besaß, der kurze Zeitraum vom Auftrag bis zur Fertigstellung also nicht völlig unrealistisch ist[90]. Conté verwendet schlechtes heimisches Graphit, das er zunächst pulverisiert und

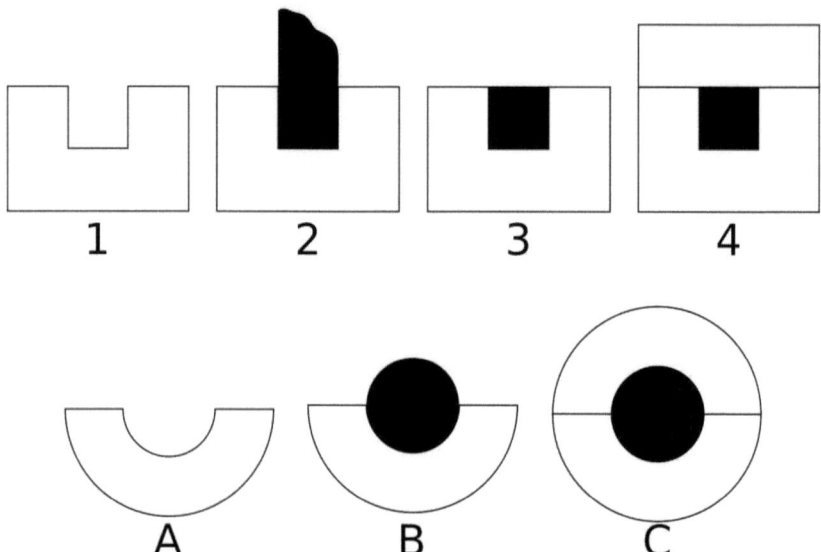

Manufaktur-Herstellung von Bleistiften: Als Schreinerarbeit wird eine vor und hinten offene lange Mini-Kastenform angefertigt (1). Die Graphit- oder Conté-Mine wird eingeklebt (2), auf die Kastenform-Höhe abgeschliffen (3) und die Kastenform geschlossen, d.h. verleimt (4). Bei runden Minen-Stiften ist die Halbierung des Rohrs (A) die erste Wahl. Auch die Mine muss dazu gerundet werden (B), bevor die beiden Hälften verleimt werden[91].

von Verunreinigungen säubert. Dieses Pulver mischt er mit Wasser und Ton zu einem Brei, den er in Minen-Formen streicht und zunächst trocknen lässt. Das Ergebnis wird dann bei sehr hohen Temperaturen gebrannt, fertig ist die (keramische) Graphit-Mine. Nicolas-Jacques Conté lässt sich diese Mine am 3. Januar 1795 patentieren, sein Unternehmen „Conté à Paris" gibt es bis heute (seit 1979 im Eigentum des BIC-Konzerns), spezialisiert auf Stifte und Kreiden für Künstler:innen[92].

Was sich zunächst nicht ändert, ist die Manufaktur-Herstellung der Bleistifte (siehe oben), d.h. Bleistifte sind zunächst weiter Einzelstücke, die man der Einfachheit halber in Heimarbeit herstellen lassen kann. Vor allem bei der Produktionsweise wird im 19. Jahrhundert die Fabrikherstellung ansetzen. Mit Contés Patent sind auf dem Markt für Bleistifte zwei gravierende Dinge geschehen:

1.) England hat sein ohnehin endliches Graphit-Monopol über Nacht verloren. Mit Contés Methode kann in naher Zukunft jeder gute und günstige Bleistift-Minen herstellen.

2.) Die deutschen Bleistifte mit Schwefel-Graphit-Minen, in kleinen Handwerksbetrieben in und um Nürnberg mehr gebastelt als „produziert", sind jetzt erst recht höchstens noch dritte Wahl.

„So grossen Vorteil die neue Methode der Fabrikation auch haben mochte, auf die Nürnberger Industrie übte sie nur in sofern eine Wirkung aus, als sie ihr durch die verstärkte Konkurrenz gar manchen Konsumenten weglockte; besonders die österreichischen Fabrikate scheinen den Nürnbergischen Eintrag gethan zu haben, über ihren Wettbewerb klagen unsere Bleistiftmacher am meisten, weniger über den der französischen", heißt es dazu in einer Dissertation über die Nürnberger Bleistiftindustrie aus dem Jahr 1893[93]. Mit der österreichischen Konkurrenz ist das 1790 von Joseph Hardtmuth gegründete Unternehmen gemeint, dass 1802 ein Conté-ähnliches Verfahren zum Patent anmeldete[94].

Nachdem England ab 1793 die französischen Häfen mit einer Seeblockade abgeschnitten hatte, drehte Napoleon 1806 den Spieß mit der Kontinentalsperre um: Ganz Europa handelte bis 1813 nicht mehr England. Unter diesem Schutzschirm wuchs das Bleistift-Geschäft von Hardtmuth rasant: Er lieferte *„für den Preis eines englischen zwölf seiner Stifte, da er statt des teuren englischen Exportgraphits billige böhmische Graphitbruchstücke als Rohmaterial verwendete. (...) Infolge des niedrigen Preises und der Ausschaltung Englands vom europäischen Markt durch die Kontinentalsperre nahm das Unternehmen einen gewaltigen Aufschwung. Hardtmuth produzierte 1829 bereits 2,4 Millionen Bleistifte, die er zum Teil auch ins Ausland exportierte."*[95] Dem hatten die Nürnberger Bleistiftmacher nichts entgegenzusetzen, bis Lothar Faber (1817-1896, seit 1881 Freiherr von) 1839 in vierter Generation das kleine Familienunternehmen in Stein bei Nürnberg übernahm, zum Weltkonzern umbaute und nebenbei durch Vorbild und Konkurrenz die deutsche Bleistiftindustrie schuf. Einen Teil der technischen Entwicklungen hat Lothar Faber noch selbst Schwanhäusser für dessen Dissertation erzählt:

„Vor allem wurde die Wasserkraft der Rednitz, die das Dorf Stein durchfliesst, besser ausgenützt als bisher, es wurden Mühlen angelegt, die den Zweck haben, das Gemenge von Ton und Graphit möglichst innig zu Vermischen und ganz fein zu mahlen. Sehr bald ging man auch dazu über, das Zersägen der grossen Holzblöcke bis in die kleinen Brettchen durch mechanische Kräfte besorgen zu lassen. Die für die Bleikerne bestimmten Rinnen in den Nuten, die man früher mit der Hand unter Anwendung eines sog. Stichhobels zog, wurden jetzt durch kleine Kreissägen hervorgebracht, über welche die Brettchen hinweg geschoben wurden." [96]

Dann geht es Schlag auf Schlag: Faber schaltet den Nürnberger Zwischenhandel aus, bereist mit einer Musterkollektion zahlreiche Länder und gründet Auslandsniederlassungen, 1849 leitet sein jüngster Bruder Eberhard die erste Auslandsfiliale in New York. 1850 werden in Stein 36.000 Gros (je 12 x 12) Stifte hergestellt. Faber präsentiert seine mit „A.W. Faber" gestempelten Markenprodukte mit großem Erfolg auf den Weltausstellungen in London (1851), New York (1853) und Paris (1855). 1856 gelingt ihm der Kauf eines riesigen Graphitvorkommens in Sibirien. Das sichert die Rohstoffversorgung auf Jahrzehnte hinaus, während die amerikanische Filiale den Nachschub mit Zedernholz sicherstellt. 1866/67 beträgt die Jahresproduktion 15 Millionen Bleistifte, in den nächsten fünf Jahren steigt der Jahresumsatz von 300.000 auf mehr als eine Million Gulden[97]. Als Lothar Faber 1896 stirbt, erwirtschaften 1000 Mitarbeiter:innen einen Jahresumsatz von drei Millionen Mark (ca. 25 Millionen Euro Kaufkraftäquivalent[98]).

So etwas wie einen „freien Markt" hat Lothar Faber zeitlebens nicht gekannt. Als die Nürnberger Bleistift-Unternehmen Mitte des 19. Jahrhunderts den Weltmarkt faktisch beherrschten, versuchten fast alle Staaten mit relevanten Absatzmärkten ihre heimischen Produzenten mit Zöllen und Verboten vor den besten Bleistiften ihrer Zeit zu schützen. Der Bleistift war sehr viel früher als andere industrielle Produkte den harten Bandagen der Globalisierung und des Weltmarkts ausgesetzt. Und die Nürnberger Weltmarktführer waren klug genug, auf ihre Markenkerne statt lediglich auf den Preis zu setzen. Wie armselig die Friedman-Vorstellung ist, Preis und Profit seien der Treibstoff, der Innovationen auslöse, zeigt das Beispiel von Nicolas-Jacques Conté: Nach dem modernen Bleistift hat das Universalgenie mehr Erfindungen gemacht, als für gewöhnlich in ein Leben passen, und ohne ihn wäre Napoleons Ägypten-Expedition 1798 wahrscheinlich vollends gescheitert. 1804 ist er auf dem Höhepunkt seines Ruhms angekommen – da stirbt seine Frau. Conté verstummt und erfindet nichts mehr. „Nun bin nicht mehr vom Wunsch erfüllt, ihr zu gefallen", notiert er in tiefster Trauer[99]. Kaum ein Jahr später stirbt Conté am 6. Dezember 1805 in Paris an gebrochenem Herzen.

Und wenn es eine „Unsichtbare Hand" in der Herstellung von Bleistiften gibt, so gehört sie der 1853 gegründeten Fr. Ehrhardt Bleistiftmaschinenfabrik GmbH & Co. (FEN)[100]. Mit lediglich 30 Mitarbeiterinnen und Mitarbeitern stellt das Nürnberger Familienunternehmen in vierter Generation Minenmaschinen, Minenpressen mit Abschneidmaschinen und Trockenschränke, Rohstiftmaschinen von der Nutmaschine über Leimautomaten bis zur Hobelmaschine, Maschinen zur Oberflächenbehandlung, Endabschneid- und Prägemaschinen unterschiedlicher Leistung, Spitzmaschinen, Aufsteckmaschinen, Spezialmaschinen und Inspektionsstationen her – kurz: alles, was man zur Herstellung von Bleistiften braucht. Das Unternehmen ist Weltmarktführer und liefert in 80 Länder. Seit 170 Jahren ist FEN der Maschinen-Hersteller aller großen Bleistiftmarken. Zu den Top-Kunden gehören bis heute Caran d'Ache, Faber-Castell, Staedler, Sanford und die Grupo Fila[101].

Exkurs: Wie ein Bleistift hergestellt wird

Einen industriell hergestellten Bleistift gibt es nicht als Einzelstück. Die Bleistiftminen werden zwischen zwei Brettchen eingeklebt. Nach dieser „Hochzeit", wie Bleistiftmacher:innen den Vorgang nennen, werden 8 Bleistifte aus dem Doppel-Brettchen herausgefräst. Der Vorgang erfolgt bereits seit Mitte des 19. Jahrhunderts maschinell ohne jede Handarbeit.

Ein einziges Mal nach dem Zweiten Weltkrieg erhielt der Bleistift in der jungen Bundesrepublik so etwas wie eine mediale Wertschätzung, allerdings eher der schaurigen Art. 1952 gab das „Institut für Film und Bild in Wissenschaft und Unterricht" (die umbenannte Nazi-„Reichsstelle für den Unterrichtsfilm") einen Stummfilm mit dem Titel „Die Geschichte von Bleistift und Gummi" in Auftrag, um Kinder zum ordentlichen Umgang mit dem knappen Schreibwerkzeug anzuhalten. Die Schulkinder der Nachkriegsgeneration „Wir hatten ja nichts!" lernten schnell: Wenn der trügerisch grinsende Kasper mit der Pritsche als Züchtigungssymbol kommt, gibt es garantiert nichts zu lachen, und gleich wird auf jeden Fall erstmal zugeschlagen. In dem Film spielen ein Mädchen und ein Junge etwas wild und materialverbrauchend mit Bleistift und Radiergummi, schon kommt der Kasper und zieht den Jungen brutal an der Nase.

Zur Strafe für ihre Missetaten müssen die Kinder dann den Film angucken, der vorführt, wieviel harte Arbeit und teures Material in dem von den Kindern achtlos misshandelten Schreibgerät steckt. Der bei YouTube vermutlich nicht ganz legal zugängliche Film[102] (16mm, s/w, 12 Minuten, Kamera, Buch und Regie: Gisbert Hinke), der bis in die 60er Jahre im Unterricht verwendet wurde, zeigt die die Radiergummi-Herstellung bei Pelikan in Hannover und die Produktion in der Bleistiftfabrik J. J. Rehbach in Nordhalben (Oberfranken).

J.J. Rehbach ist ein gutes Beispiel für den massiven Druck aus Internationalisierung, Rohstoffmangel und Preiskampf, dem ganze Scharen von Bleistiftherstellern nicht standhielten. Ursprünglich 1817 in Obernzell bei Passau als königliche Graphittiegelfabrik gegründet, wurde die Firma von Johann Jakob Rehbach (1774-1849) gekauft, um eine Bleistiftfabrik erweitert und nach Regensburg verlagert. Dort war sie lange das größte Industrieunternehmen und konnte durchaus mit den großen Nürnberger Bleistiftherstellern mithalten (1869: Jahresproduktion 21 Millionen Bleistifte). Im 20. Jahrhundert gingen die Geschäfte deutlich schlechter. 1934 meldete J.J. Rehbach Konkurs an und wurde von Gottfried Pensel & Sohn aufgekauft, die eine Schiefertafelfabrik in Nordhalben betrieben und diese bereits um eine Bleistiftproduktion erweitert hatten. Da Rehbach international der bekanntere Name war, gaben die Pensels 1947 den eigenen Firmennamen auf, zumal das Ende der Schiefertafelfabrikation absehbar war. Um sich weiter zu diversifizieren, nahm die Firma 1953 kurz nach der Herstellung des Unterrichtsfilms auch die Produktion von Holzspielzeug auf. 1972 ging das ganze Unternehmen in einem Großbrand unter, von dem es sich nie wieder erholte.

Wie es der historische Zufall will, hatte der 1854 in die USA ausgewanderte Edward Weissenborn, dessen genaue Lebensdaten nicht überliefert sind, das Bleistiftmacher-Handwerk in der Fabrik von J.J. Rehbach in Regensburg gelernt. 1860 startete er in Jersey City noch vor Eberhard Faber seine eigene Bleistift-Fabrik, aus der dann sein Sohn Oscar A. Weissenborn ab 1889 die bis heute produzierende „General Pencil Company" formte[103]. General's bietet (leider nur in den USA) ein nettes „How a Pencil is Made Kit"[104] an, mit dem die Fotos dieses Exkurses gemacht wurden.

Die wesentlichen Zutaten: Die Minen werden aus einem Graphit-Lehm-Wachs-Gemisch gebrannt, die Holz-Ummantelung traditionell aus Zedernholz-Brettchen hergestellt; inzwischen gibt es viele alternative Hölzer. Der Bedarf an Graphit und geeignetem Holz leitete bei der Bleistiftherstellung viel früher als bei fast allen anderen Industrien die Internationalisierung ein.

Die von General's dem Kit beigelegten Stifte aus traditionellem Zedernholz machen deutlich, dass die Bearbeitung des Materials nicht ganz trivial ist. Fast alle traditionell gefertigten amerikanischen Zedernholz-Bleistifte neigen zu einem eigenen „Charakter", jeder Stift ist ein bisschen anders als der nächste. Beim unlackierten „Cedar Pointe 333" hat man schon aufgrund des Geruchs wirklich den Eindruck, ein sehr naturnahes Produkt in der Hand zu haben. Für einen #2-Bleistift ist die Mine erfreulich dunkel, weich und zugleich fest; der gefühlt etwas höhere Wachsanteil tut dem Schreibfluss gut. Mit einem (Online-)Preis von 16,29 Dollar für ein Dutzend spielt er bereits in der oberen Mittelklasse mit.

Wenn man nicht ohnehin weiß, wie Bleistifte hergestellt werden, hält der Prozess zwei Überraschungen bereit: Es gibt keinen einzelnen Bleistift. Es werden immer 8 oder 9 gleichzeitig hergestellt. Und: *„Seine Grundform war bis zur zweiten Hälfte des 19. Jh. Ausgereift und hat sich seitdem nicht mehr verändert",* wie Stein festhält[105]. Das betrifft auch die wesentlichen Produktionsschritte und die Maschinen-Ausstattung. Als die deutschen Bleistiftmacher sich im 19. Jahrhundert anschickten, den Weltmarkt und vor allem die USA zu erobern, hatte die Herstellung der Stifte längst einen industriellen Maßstab erreicht: Maschinen ersetzten und standardisierten die Handfertigkeit, die Massenherstellung zielte auf „anonyme" Kundinnen und Kunden, Einzelanfertigungen oder Individualisierungen waren zunächst nicht vorgesehen. Die Arbeitsteiligkeit und Spezialisierung war in den Fabriken so weit vorangeschritten, dass aufgrund der hohen Fertigungstiefe ein:e Arbeiter:in nicht mehr alle Produktionsschritte von der Graphitminen-Herstellung bis zu den Holz- und Lackierarbeiten ausführen konnte (zumindest nicht gleichzeitig).

Die Eintrittshürde in den Markt lag in Bezug auf Kapitaleinsatz, Knowhow und Rohstoffbeschaffung bereits vergleichsweise hoch. Und dann kam der amerikanische Bürgerkrieg. Zwischen 1861 und 1865 starben im Sezessionskrieg zwischen den Süd- und den Nordstaaten mehr als eine halbe Million Amerikaner auf den Schlachtfeldern. Blockaden zu Lande und vor allem auf See behinderten den Handel und brachten auch die Expansion der deutsch-amerikanischen Bleistift-Fabrikanten ins Stocken. Der Bürgerkrieg verschaffte zugleich einem Unternehmer wie Joseph Dixon (1799–1869) genügend Luft, um den deutschen Einwanderern (später) eine ernstzunehmende Konkurrenz entgegenzusetzen. Dixon besaß ein großes Graphitvorkommen in Massachusetts und hatte dort bereits 1827 ein Unternehmen gegründet, das Graphit als Ofenpolitur und als Zusatz in Schmiermitteln, Gießereibeschichtungen, Bremsbelägen, ölfreien Lagern und korrosionsbeständigen Farben verwendete.

Es geht aus der etwas schlampig geführten Unternehmensgeschichte nicht hervor, aber offenbar befasste sich Dixon bereits 1829 mit der Herstellung von Bleistiften. Dieser habe sich aber erst während des Bürgerkriegs durchgesetzt, *„als die Soldaten eine praktischere Alternative zum Federkiel suchten, um zu Hause zu schreiben. Die steigende Nachfrage veranlasste Dixon, eine Maschine zu erfinden, die 132 Bleistifte pro Minute*

Die vier Phasen des „Brettchens" im Maschinen-Durchlauf von links nach rechts: Die Brettchen werden zunächst auf Maß geschnitten (bei diesen hier von General's: 18,3 x 6,6 cm), dann werden die Rillen für die Minen eingefräst. Die Minen werden mit Klebstoff eingelegt und schließlich wird der Minen-Halter mit einem spiegelverkehrten Brettchen verheiratet.

herstellen konnte" [106]. Das war allerdings erst 1866, als der Bürgerkrieg bereits beendet war. Ein kenntnisreicher Aufsatz aus der Saturday Evening Post von 1953 behauptet das Gegenteil einer steigenden Bleistift-Beliebtheit während der Sezession: Amerikaner, so die These, hielten aus unerfindlichen Gründen mit Bleistift geschriebene Dokumente von jeher für ungültig. Es herrsche die Ansicht, mit Bleistift ausgestellte Schecks seien ungültig, wogegen Banken in ländlichen Gebieten berichteten, ihre Kunden stellten mehr als 75 Prozent aller Schecks mit Bleistift aus. Und: *„Sogar damals während des Bürgerkriegs nutzten Unionssoldaten außer in Phasen aktiver Gefechte selten einen Bleistift, um Briefe nach Hause zu schreiben. Die Konföderierten zahlten eher drei Dollar für eine Flasche Kermesbeeren-Tinte oder stellten sie selbst her, bevor sie einen Bleistift nutzten."* [107] Daran änderte offenbar auch nichts, dass Präsident Lincoln 1863 Teile seiner „Gettysburg Address" (die beste Rede, die je in nur 271 Worten geschrieben worden ist) mit einem angeblich deutschen Bleistift vorformulierte[108]. Laut Petroski waren um 1830 hergestellte Dixon-Stifte eher minderwertige Produkte (grobkörnige Mine, schlechte Holzverarbeitung, sogar Tippfehler in der Beschriftung). Noch in seiner neuen 1847 in New Jersey gegründeten Fabrik soll Dixon mit Graphit-Tiegeln gute Gewinne, mit seinen Bleistiften jedoch 5000 Dollar Verlust pro Jahr gemacht haben.[109]

Wie auch immer: *„Zum Zeitpunkt von Dixons Tod im Jahr 1869 war die Joseph Dixon Crucible Company der größte Hersteller von Graphitprodukten der Welt. Bis 1872 stellte die Dixon Crucible Company 86.000 Bleistifte pro Tag her"*, so das Unternehmen[110]. Dixon setzte während dieser Jahre vor allem auf „rein amerikanische Prinzipien", wie Petroski aus der damaligen Unternehmenswerbung zitiert: *„Jeder Arbeitsschritt erfolgt durch Maschinen statt durch Handarbeit; das Erreichen von Perfektion und absoluter Einheitlichkeit ist oberstes Gebot."*[111] Dixon erreichte damit immerhin eine führende Marktstellung in der Massenproduktion von Billig-Stiften für fünf Cent das Stück, was für die deutschen Premium-Marken eher uninteressant war. Die Dauer-Konkurrenz aller gegen alle führte von der ständigen Optimierung schließlich zu einer Angleichung der grundsätzlichen Herstellungsmethoden; die Distinktionsmerkmale liegen eher im Detail.

Seit rund 150 Jahren unverändert: Die Minen werden aus einem Graphit-Lehm-Wachs-Gemisch hergestellt und gebrannt. Zur Herstellung der Holzummantelung werden in Form gesägte Brettchen verwendet, die eine Rillen-Fräsung für die Minen erhalten. Die Minen werden mit Klebstoff in ein Brettchen eingelegt und mit einem zweiten spiegelverkehrt gefrästen Brettchen verheiratet. Gepresst und getrocknet, werden aus diesen nun mit Minen versehenen Doppel-Brettchen nun in runder oder hexagonaler Form die einzelnen Stifte herausgefräst. Je nach Modell und Produktreihe werden die Stifte anschließend lackiert und bedruckt. In den USA ist es üblich, das Stiftende mit einem Radiergummi zu versehen. Bei den verwendeten Hölzern kommt es darauf an, möglichst astfreie, nicht zu harte

Amerikanische Nutzer:innen erwarten ein Radiergummi, die Stifte selbst werden häufig (hier: General's „Semi-Hex", ein klassischer gelber #2) unangespitzt verkauft. Das Foto zeigt aber auch: Zedernholz neigt zu „Macken", die Minen sitzen nicht alle unbeschädigt in ihren Positionen. Der Hinweis „Made with Pride in the USA" dürfte nicht alle Käufer:innen über die sichtbaren Qualitätsmängel hinwegtrösten.

Sorten zu verwenden, die vorzugweise in einer Klimazone ohne große jahreszeitliche Schwankungen möglichst gleichmäßig wachsen. Alle großen Hersteller verfügen inzwischen über eigene, nachhaltig bewirtschaftete Plantagen-Wälder, die sich häufig in Südamerika und im asiatischen Raum befinden.

Das deutsche Standardwerk über Bleistiftherstellung ist übrigens kein Buch, sondern ein Beitrag der *„Sendung mit der Maus"*. Insgesamt viermal hat sich die Maus (bisher) mit Bleistiften beschäftigt (Bleistift 1971, Bleistift spitzen 1979, Bleistiftmine 1993 und Bleistiftspitzer 1997). Der Sachgeschichten-Beitrag von 1993 *„Wie kommt die Mine in einen Bleistift?"* ist bis heute Archiv der Sendung abrufbar[112]. Vielleicht muss die Maus aber bald wieder an das Thema ran. Denn seit 2009 verwendet Staedler einen Naturfaser-Verbundwerkstoff mit einem 70-prozentigen Holzanteil aus Restspänen der holzverarbeitenden Industrie für seine gelb-schwarzen Noris-Bleistifte. Das Material „Wopex" ermöglicht die Stiftherstellung (Mine und Holzmantel) in nur einem Arbeitsgang. Das Ergebnis ist ein endloser Stift, der nur noch geschnitten werden muss[113]. Seit 2022 wird das Material unter der Bezeichnung „Made from Upcycled Wood" vermarktet. Dass das das Ende des klassischen holzummantelten Bleistifts einläutet, ist unwahrscheinlich. Die letzte technologische Bleistift-Innovation, das Aufkommen technisch ausgereifter Druck- und Feinminenstifte ab den 1960er Jahren, konte dem klassischen Holzbleistift ebenfalls nichts anhaben – trotz des eingesparten Holzes und einer besseren Minen-Ausnutzung von bis zu 60 Prozent[114]. Der klassische Holzbleistift ist zu einfach und zu preiswert herzustellen, um jemals ganz zu verschwinden.

Goethes Bleistift

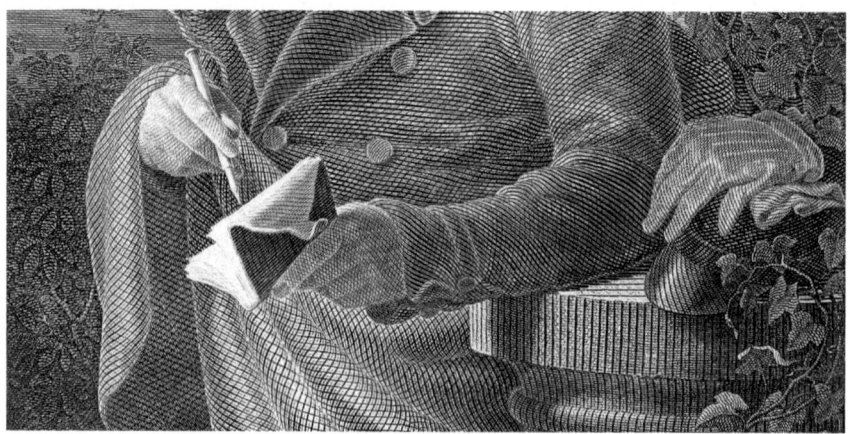

Ausschnitt der Druckgrafik Goethe „Nach dem Leben gezeichnet und gestochen von C.A. Schwerdgeburth, Weimar 1832", Verlag der Murchner'schen Kunsthandlung, Leipzig[115]

Um die Pointe gleich vorwegzunehmen: Er ist nicht da. Keiner von ihnen, nirgends. Es gibt hunderte von Spuren, die belegen, dass Goethe mit Bleistiften Briefe geschrieben, Randnotizen in Büchern festgehalten und etliche Zeichnungen gemacht hat – aber es gibt keinen (in Zahlen und Ziffern: Null, 0) einzigen Bleistift, der sicher von Goethe benutzt worden wäre und sich erhalten hätte.

Das ist offenbar für die Heiligtums-Hausmeister:innen der „Stiftung Weimarer Klassik" schwer erträglich, weshalb sie sich auf einen kuriosen Schwindel verlegt haben. Im November 2002 zeigten sie eine betuliche Ausstellung historischer Schreibwaren (Goethes angeblicher Bleistift, Schillers schlechte Feder, Friedrich Nietzsches disfunktionale Schreibmaschine etc.), natürlich mit dem pompösen Titel „Werkzeuge des Pegasus"[116]; darunter geht es in Weimar offenbar nicht. Unter den rund 200 Gerätschaften („Viele von ihnen dienten einst prominenter Hand"[117]) und allerlei schlimmem Nippes, der für acht Wochen wenig weihevoll in der Dienerwohnung von Goethes Haus am Frauenplan gezeigt wurde, befand sich auch ein mechanischer Bleistift, der aus dem Erbe Goethes stammt. Mangels von Goethe wirklich benutzter Bleistifte wird das Schaustück immer und immer wieder als *DER* angebliche Bleistift Goethes vorgeführt.

Im Devotionalien-Handel für Goethe-Verehrer:innen kann man Repliken „nach Goethes Originalstift" für 39 und 99 (versilbert) Euro erwerben und die Geschichte gleich dazu: *„Zu Goethes Zeiten wurde bekanntlich mit Feder und Tinte geschrieben. Goethe aber liebte seinen Bleistift, denn dieser war geräuschlos und machte natürlich keine Kleckse. Er selbst notierte in seinem Werk »Dichtung und Wahrheit«, dass das »Schnarren und Spitzen« der Feder seine Gedanken hemmen würde und bereits »ein kleines Product in der Geburt ersticken« könne."* [118] Dazu bekommt man den Kupferstich einer Zeichnung von Carl August Schwerdgeburth (1785–1878) präsentiert (Ausschnitt siehe oben), die Goethe wenige Monate vor seinem Tod am 22. März 1832 zeigt: *„Auf dem Kupferstich sehen Sie Goethe, wie er diesen Stift in der Hand hält."* [119]

So ähnlich behaupteten das auch die Pegasus-Ausstellungsmacher:innen, wenngleich sie im Katalog vorsichtshalber einräumten: *„Es gibt bisher keinen Nachweis dafür, unter welchen Umständen der Minenstift in Goethes Besitz gelangte. Ein Geschenk Herzog Carl Augusts, der die englischen Neuheiten mit Begeisterung aufnahm, wäre denkbar. Dass Goethe den Stift benutzt hat und in Ehren hielt, ist in dem Portrait von Schwerdgeburth überliefert."* [120]

Letzteres ist, mit Verlaub, reines Wunschdenken, das schneller verfliegt als der Pegasus wiehern kann, wenn man die Abbildung des Kupferstichs einfach kritisch in eigenen Augenschein nimmt. Aber von hinten nach vorn: Wie es zu der Zeichnung gekommen sein soll, hat Schwerdgeburth selbst in einem Brief geschildert, der im Goethe-Museum Düsseldorf aufbewahrt wird[121]. Demnach traf er Anfang 1832 Goethe, der Schwerdgeburths Bitte, ihn zeichnen zu dürfen, glattweg ablehnte. Daraufhin will Schwerdgeburth nach Hause geeilt sein, um Goethes Gesicht aus dem Gedächtnis zu skizzieren (übrigens mit einem Silberstift). Mit der dieser Skizze habe er sich dann an Goethes Schwiegertochter Ottilie gewandt, die damit wiederum den Geheimrat doch noch überzeugt habe. Goethe sei von der Zeichnung so angetan gewesen, dass er Schwerdgeburth mehrere Sitzungen zugestanden habe, um die Zeichnung auf ein anderes Blatt zu übertragen und kleinere Korrekturen vorzunehmen. Und Goethe habe gewünscht, dass die Zeichnung in Kupfer gestochen und verbreitet werde.

Die in mehreren Sitzungen entstandene Zeichnung selbst beschreibt Schwerdgeburth in diesem Brief so:

> *„Goethe in halber Figur steht im Freien an einer Eiche auf ein Postament gestützt, auf welchen seine Mütze und Handschuhe liegen, den von einer Schulter hangenden Mantel haltend, in der linken Hand die Schreibtafel in der Rechten die Bleifeder, in seiner eigenthümlichen aufrechten Haltung, den Blick mehr aufwärts-nachdenkend vorgestellt"...* [122]

Was auch immer Schwerdgeburth mit einer „Bleifeder" gemeint hat, vielleicht einen Stift mit einem echten Blei-Kern, vielleicht einen holzgefassten Graphit-Stift der Condé-Bauart – das, was Schwerdgeburth Goethe auf der Zeichnung in der Hand gegeben hat (zu sehen in der Deutschen Digitalen Bibliothek[123]), ist keinesfalls eindeutig als der mechanische Patent-Minenstift des Herstellers Sampson Mordan & Co. aus Goethes Erbe zu identifizieren (Inventar-Nummer GVa/00147[124]).

An anderer Stelle wird der „Goethe-Stift" mit der Angabe eines Herstellungsdatums ca. 1825/30 sowie technisch als „eine mehrteilige Mechanik (Hülse) aus Silber zum Herausdrehen der (in Resten vorhandenen) Bleimine"[125] beschrieben. Sampson Mordan (1790-1843) war ein Londoner Silberschmied und Erfinder. 1822 ließ sich Mordan gemeinsam mit seinem Mit-Erfinder John Isaac Hawkins den ersten mechanischen Bleistift patentieren, der einen internen Drehmechanismus zum Nachführen der Graphit-Mine hatte. 1823 kaufte Mordan seinen Mit-Erfinder aus dem Geschäft heraus und tat sich mit dem wohlhabenden Schreibwarenhändler

Gabriel Riddle zusammen. Die Hersteller-Gravuren für die verschiedenen Produktionsjahre sind gut dokumentiert[126].

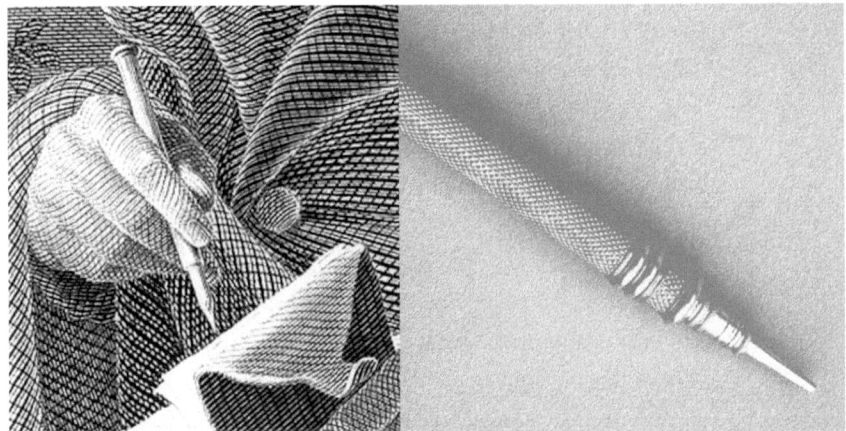

Zum Vergleich: Links ein Ausschnitt der Druckgrafik von Schwerdgeburth, rechts die fotorealistische Zeichnung eines frühen „Sampson Mordan propelling pencil" aus den Produktionsjahren 1824-1830, der dem vermeintlichen Goethe-Bleistift entspricht. Achten Sie vor allem auf die Spitzen der beiden Stifte.

Der Stift auf der Schwerdgeburth-Grafik sieht eher aus wie ein moderner Holzbleistift in einer Stiftverlängerung. An der Spitze ist keinerlei verschraubte Minenführung zu erkennen, die einem mechanischen Bleistift aus der Londoner Werkstatt auch nur im Ansatz irgendwie ähnlichsähe. Der einfache Grund dafür mag sein, dass der höfische Gebrauchsgraphiker Schwerdtgeburth schlicht kein besonders guter Zeichner war, aber das ändert nichts am Ergebnis: Als Beleg für Goethes Benutzung eines Sampson-Mordan-Minenstiftes taugen die Zeichnung und die Grafik nicht im Mindesten.

Hinzu kommt: Von seinen 82 Lebensjahren könnte Goethe diesen Stift nicht einmal theoretisch länger als acht Jahre aktiv genutzt haben; seine wichtigsten Werke und Briefe waren da längst geschrieben. In der gern zitierten Bleistift-Stelle im 16. Buch von „Dichtung und Wahrheit" stellt Goethe sich als derartig vom Genie durchflossen dar, dass nur das schnellste Schreibzeug taugt, um seine beständigen Geistesblitze zu notieren, bevor sie wieder verfliegen:

„Ich war so gewohnt, mir ein Liedchen vorzusagen, ohne es wieder zusammen finden zu können, dass ich einigemal an den Pult rannte und mir nicht die Zeit nahm, einen quer liegenden Bogen zurecht zu rücken, sondern das Gedicht von Anfang bis zu Ende, ohne mich von der Stelle zu rühren, in der Diagonale herunterschrieb. In eben diesem Sinne griff ich weit lieber zu dem Bleistift, welcher williger die Züge hergab: denn es war mir einigemal begegnet, dass das Schnarren und Spritzen der Feder mich aus meinem nachtwandlerischen Dichten aufweckte, mich zerstreute und ein kleines Produkt in der Geburt erstickte. Für solche Poesien hatte ich eine besondere Ehrfurcht, weil ich mich doch ohngefähr gegen dieselben verhielt, wie die Henne gegen die Küchlein, die sie ausgebrütet um sich her piepsen sieht." [127]

Goethe schrieb an „Dichtung und Wahrheit" in den Jahren 1809 bis 1831. Nimmt man Goethe in seinen Selbstbekundungen wörtlich, so sollen die 20 Bücher (Kapitel) dieser reichlich schönfärberischen Autobiographie die Jahre 1749 bis 1775 wiedergeben, also die Zeit bis zu seiner Ankunft in Weimar.

Zusammengefasst bedeutet das: In der beliebten Textstelle vom williger die Züge hergebenden Bleistift kann der mechanische Mordan-Stift nicht gemeint gewesen sein, da er erst rund 50 Jahre später erfunden wurde. Zeichnung und Kupferstich von Carl August Schwerdgeburth beweisen keineswegs, ob Goethe mit dem Mordan-Stift überhaupt jemals selbst geschrieben hat, oder ob es sich bloß um eines der zahlreichen Geschenk- oder Schmuck-Schreibzeuge aus dem Nachlass des Dichterfürsten handelt. Wir haben schlicht und ergreifend keine Ahnung, mit welchen Bleistiften Goethe schrieb, sich Notizen machte und zeichnete.

In ihrer Literaturgeschichte des Gänsekiels weist Martina Wernli darauf hin, dass Goethe sowohl die holzgefassten englischen Top-Bleistifte seiner Zeit ausweislich eines Hinweises in der „Italienischen Reise" vom 14. Mai 1787 (*„[...] so wie der feinste englische Bleistift die geübteste Hand nicht in den Stand setzte, diese Linien nachzuziehen."*) gekannt haben muss, als auch, dass sich aus etlichen Briefen seine Arbeitsweise nachvollziehen lässt, mit einem Bleistift vorzuschreiben, um den Text dann per Diktat oder Tintenfeder in seine Reinform zu bringen[128].

In Goethes Haus standen sieben (!) Schreibtische für sehr unterschiedliche Schreibsituationen, und er wird sie nicht allein genutzt haben. Nach menschlichem Ermessen muss es in dieser Umgebung mit großer Wahrscheinlichkeit „normale", nicht-mechanische englische Bleistifte gegeben haben, wie zum Beispiel eine von Wernli aufgeführte Schreibwaren-Rechnung des Weimarer Theaters von 1799 nahelegt[129] - sie sind uns (im Gegensatz zu ihren Spuren) nur einfach nicht überliefert. Das scheint die Weimarer Grals-Hüter:innen der Geistes-Gruft am Frauenplan aber auch zwei Jahrzehnte nach den „Werkzeugen des Pegasus" nicht zu stören: Sie nehmen es einfach nicht zur Kenntnis. Sie haben von der Geschichte des Bleistifts schlicht keine Ahnung. Ihre einzige Literatur-Quelle ist Henry Petroski (siehe Vorwort); seinen Namen schreiben sie im Katalog konsequenterweise falsch.

Noch die (technisch Mitleid erregende) digitale Ausstellung „Goethes Arbeit mit Büchern" von 2022 bemerkt, Goethe habe eher selten mit dem Bleistift in der Hand gelesen und verweist erneut auf den Sampson-Mordan-Stift (Inventar-Nummer GVa/00147) von frühestens 1822 und die Schwerdgeburth-Grafik von 1832[130]. Dass gleichzeitig Bleistift-Notizen von Goethe in Büchern aus dem Jahr 1790 angeführt werden, wie seine Randnotiz „Gefühl von Menschen Würde objectivirt = Gott" in einer Ausgabe von Kants „Kritik der Urteilskraft", muss man nicht verstehen. Wenn man sich seinem Gegenstand gewohnheits- und erwerbsmäßig nur auf Knien nähert, tritt einen halt schon mal das geflügelte Pferd.

Eine der wenigen umfangreichen deutschen Monographien, die sich mit dem Bleistift als materiellem literarischen Schreibwerkzeug, seinem Einfluss auf Literatur und seinem Vorkommen in der Literatur beschäftigen, ist Claas Morgenroths 800-Seiten-Wälzer „Bleistiftliteratur"[131]. Morgenroth weist darin auf die „Oeconomische Encyclopädie" von Johann Georg Krünitz (1728-1796) hin, der zeitgenössisch zu den Stiften der Goethezeit bemerkt: *„Die Bleistifte sind zwar recht wohl zu gebrauchen, wenn sie ziemlich schwarze Schrift geben, nicht leicht auszulöschen, und vest, dass sie im Schreiben und Abspitzen nicht zerbrechen; aber wenn, weil sie unauslöschlich sind, so erstreckt sich ihr Gebrauch nur auf wenige Vorfälle, nehmlich, wenn die Schrift unauslöschlich seyn soll und doch keine Dinte zu haben ist."* [132]

Unabhängig davon, dass sich der oder die von Goethe benutzten Bleistifte mindestens nicht eindeutig identifizieren lassen, weist Morgenroth auf den symbolischen Gehalt hin, der Goethe überhaupt veranlasst haben könnte, die Schreibvorliebe für die schnelle Bleistiftnotiz in „Dichtung und Wahrheit" zu schildern:

> *„Goethes Bleistiftszene ist deshalb so frappierend,*
> *weil sie dieser Polarität, den zwei poetischen Traditi-*
> *onen, Überzeugungen, Zeitaltern je ein Instrument*
> *zuordnet, das in Gestalt des Bleistifts der Nacht, in*
> *Gestalt der Feder, dem Tag zuneigt. Auf der einen*
> *Seite steht die ungezügelte Phantasie, der unkontrol-*
> *lierte Einfall, die Willkür der Kreativität, auf der an-*
> *deren befinden sich die Fesseln der Regelpoetik, der*
> *Zwang der Rationalität. Hier das Bleistift Genie, dort*
> *die gefiederte Aufklärung."* [133]

Morgenroth verweist dazu auf eine epochengleiche Parallele des schottischen Nationaldichters Robert Burns (1759-96) bei zwei Gedichten, bei denen der Bleistift ebenfalls absichtsvoll auf eine spontane Naturpoesie verweisen solle. Eines mit dem Titel *„Written With A Pencil, Standing By*

The Fall Of Fyers, Near Loch-Ness" sei nachweislich im Original-Manuskript mit Tinte geschrieben, die Abfassung mit dem Bleistift also lediglich behauptet[134]. *„Goethe und Burns initiieren eine traditionsbildende Semantik, die bis heute anhält und dem Bleistift eine einfallsorientierte Flüchtigkeit andichtet, die den räumlichen, zeitlichen und materiellen Bedingungen oder Umständen des Schreibens wiederum Rechnung trägt"*, so Morgenroth.

Der Bleistift als Symbol des impressionistischen Schreibens nach der Natur und bestenfalls gleich in der Natur verrät uns viel über die Wirkungsabsicht, aber praktisch nichts über den tatsächlichen Schreibvorgang und schon gar nicht über das Werkzeug. Und so liegt auch über dem wahrscheinlich berühmtesten alle Goethe-Gedichte und seiner Entstehung ein Schleier des Geheimnisvollen, der die Berühmtheit und Beliebtheit noch einmal vergrößert.

In Daniel Kehlmanns Roman „Die Vermessung der Welt", der davon erzählt, wie Alexander von Humboldt die Welt durch Erfahrung und Empirie verstehen und erklären will, während der Mathematiker und Astronom Carl Friedrich Gauß für sein Verständnis von Wissenschaft nicht einmal sein Göttinger Haus verlässt, gibt es eine wunderbare Szene, in der Humboldt seinen Reisegefährten in einem Boot auf dem Orinoco erklärt:

„Geschichten wisse er keine, sagte Humboldt und schob seinen Hut zu recht, den der Affe umgedreht hatte. Auch möge er das Erzählen nicht. Aber er könne das schönste deutsche Gedicht vortragen, frei ins Spanische übersetzt.

Oberhalb aller Bergspitzen sei es still, in den Bäumen kein Wind zu fühlen, auch die Vögel seien ruhig, und bald werde man tot sein.

Alle sahen ihn an.

Fertig, sagte Humboldt.

Ja wie, fragte Bonpland.

Humboldt griff nach dem Sextanten.

Entschuldigung, sagte Julio. Das könne doch nicht alles gewesen sein.

Es sei natürlich keine Geschichte über Blut, Krieg und Verwandlungen, sagte Humboldt gereizt. Es komm keine Zauberei darin vor, niemand werde zur Pflanze, keiner könne fliegen oder esse einen anderen auf. Mit einer schnellen Bewegung packte er den Affen, der gerade versucht hatte, ihm die Schuhe zu öffnen, und steckte ihn in den Käfig. Der Kleine schrie, schnappte nach ihm, streckte die Zunge heraus, machte große Ohren und zeigte ihm sein Hinterteil. Und wenn er sich nicht irre, sagte Humboldt, habe jeder auf diesem Boot Arbeit genug!" [135]

Genießen Sie das noch einmal:
Oberhalb aller Bergspitzen sei es still,
in den Bäumen kein Wind zu fühlen,
auch die Vögel seien ruhig,
und bald werde man tot sein –

Eine großartigere, vollkommen korrekte und zugleich groteske Falsch-Zusammenfassung von „Wandrers Nachtlied" bzw. „Ein Gleiches" kann ich mir kaum vorstellen.

Und hier Goethes Original:
Über allen Gipfeln
Ist Ruh,
In allen Wipfeln
Spürest du
Kaum einen Hauch;
Die Vögelein schweigen im Walde.
Warte nur, balde
Ruhest du auch. [136]

Nach allgemeiner Einschätzung handelt es sich bei dem Achtzeiler um das weltweit bekannteste und auch beliebteste Goethe-Gedicht. Selbst wer keine drei Zeilen aus dem „Faust" zitieren kann, wird diese wenigen Verse irgendwann gehört oder irgendwo gelesen haben.

Was Goethe uns zur Entstehung glauben machen möchte, geht so: Anfang September 1780 ist er dienstlich mit seinem Herzog in Ilmenau und Umgebung unterwegs. Am 6. September steigt er dort auf den Berg Kickelhahn (861 Meter), *„um dem Wuste des Städgens, den Klagen, den*

Verlangen, der Unverbesserlichen Verworrenheit der Menschen auszuweichen. Wenn nur meine Gedancken zusammt von heut aufgeschrieben wären es sind gute Sachen drunter", schreibt er in der ihm eigenen Bescheidenheit von dort aus einer Jagdhütte an Charlotte von Stein[137].

An diesem „Zettelgen", wie Goethe seine mehr als 1700 Briefchen und Billette an die idealisiert Geliebte nennt, schreibt er offenbar den ganzen Abend. *„Es ist ein ganz reiner Himmel und ich gehe des Sonnen Untergangs mich zu freuen. Die Aussicht ist gros aber einfach"*, heißt es zunächst weiter, dann *„Die Sonne ist unter. Es ist eben die Gegend von der ich Ihnen die aufsteigenden Nebels zeichnete iezt ist sie so rein und ruhig, und so uninteressant als eine grose schöne Seele wenn sie sich am wohlsten befindet."* Er setzt *„Nach 8."* noch einmal an, beklagt sich über keine Post von Charlotte, erwähnt dagegen einen soeben erhaltenen Brief der Ex-Mätresse des Braunschweiger Herzogs, um etwas jammernd zu schließen: *„Ich wollte Sie wären eifersüchtig drauf, und schrieben mir desto fleisiger."*

Irgendwann an diesem Abend fließt wohl wieder das Genie durch den Herrn Geheimrat – der einen uns nicht bekannten und nicht erhaltenen Bleistift dabeihat und sein Gedicht nun nicht etwa auf das zweifellos vorhandene Papier (ohne dieses hätte er das Zettelgen an Charlotte von Stein nicht schreiben können) notiert – sondern direkt auf die Bretterwand der Jagdhütte schreibt.

Da würde selbst Robert Burns blass vor Neid. Mehr Inszenierung geht nun wirklich nicht im Sinne der Semantik des Bleistifts als Werkzeug des impressionistischen Augenblicks-Einfalls, des Ausdrucks ganz nahen und schlichten Naturempfindens. Hier materialisiert es sich regelrecht in Bleistift und Brettern als Holz vom Holz des Waldes und wird zum eindrucksvollsten „Goethe war hier!", welches ein Klassiker-Wallfahrtsort nur bieten kann. So authentisch! Kann man dem Genius Goethes irgendwo näher sein als dort vor diesen Latten und Lettern? Dem goethischsten aller Goethe-Original-Gedichte, das man sogar berühren kann?

Leser:innen glauben, was sie glauben wollen. Und warum auch sollte Goethe das Gedicht bloß dort auf die Wand gekritzelt und etwa nicht dort gedichtet haben? Ja, warum nur – ohne es Charlotte von Stein sofort mitzuteilen, der er in diesen Jahren vom Speiseplan bis zur Schlafstörung so ziemlich alles mitteilt? Angeblich findet sich das Gedicht auf der Rückseite des Zettelgens an Charlotte vom Stein vom 6. September[138]. An anderer, besser belegter Stelle heißt es: *„Charlotte von Stein notierte einige Verszeilen des Gedichts auf die unbeschriebene Seite eines Goethe-Briefs vom 18. September."* [139] Wie auch immer: Es ist praktisch nicht denkbar, dass Goethe diese Selbstinszenierung bis zur ersten Druck-Veröffentlichung des Gedichts 1815 für sich behalten hätte.

Morgenroth geht davon aus, dass das Gedicht tatsächlich am Abend des 6. September in der Hütte geschrieben wurde. Als ein Indiz nennt er, dass der Entwurf des Zettelgens an Charlotte von Stein, ebenfalls mit Bleistift geschrieben sei[140]. Goethe war auf dieser Reise im Übrigen nicht allein. Begleitet wurde er von seinem „Ur-Freund" Carl Ludwig von Knebel (1744- 1834), der am 7. September in sein Tagebuch notierte: „Morgens schön. Mond. Goethens Verse. Mit dem Herzog auf die Pürsch."[141] Dies wollen die Goethe-Exegeten so lesen, dass Knebel in der Hütte das fertige Gedicht an der Wand las. Wulf Segebrecht, der das Standardwerk über „Goethes Nachtlied" geschrieben hat, hält die Niederschrift von Charlotte von Stein auf der freien dritten Seite des Briefes vom 18. September 1780 für die früheste Niederschrift nach Goethes eigenhändiger Inschrift in der Hütte[142].

1813 soll Goethe die Hütte erneut besucht und überprüft haben, ob sein „Nachtlied" noch da sei. Bei dieser Gelegenheit soll er die Inschrift noch einmal erneuert haben[143]. Am 27. August 1831, einen Tag vor seinem letzten Geburtstag, suchte Goethe die Hütte und das Nachtlied noch ein weiteres Mal in Begleitung des Berginspektors Johann Christian Mahr (1787-1869) auf, der in seinen Erinnerungen über den Besuch notierte:

„Beim Eintritt in das obere Zimmer sagte er: ‚Ich habe in früherer Zeit in dieser Stube mit meinem Bedienten im Sommer acht Tage gewohnt und

damals einen kleinen Vers hier an die Wand geschrieben. Wohl möchte ich diesen Vers nochmals sehen und wenn der Tag darunter bemerkt ist, an welchem es geschehen, so haben Sie die Güte mir solchen aufzuzeichnen'. Sogleich führte ich ihn an das südliche Fenster der Stube, an welchem links mit Bleistift geschrieben steht. (...) Goethe überlas diese wenigen Verse und Thränen flossen über seine Wangen. Ganz langsam zog er sein schneeweißes Taschentuch aus seinem dunkelbraunen Tuchrock, trocknete sich die Thränen und sprach in sanftem, wehmüthigem Ton: ‚Ja warte nur balde ruhest du auch!', schwieg eine halbe Minute, sah nochmals durch das Fenster in den düstern Fichtenwald, und wendete sich darauf zu mir, mit den Worten: ‚Nun wollen wir wieder gehen.'" [144]

Foto des Nachtlieds an der Hüttenwand, 1869 aufgenommen durch den herzöglich-sächsischen Hoffotograf August Linde und 1872 in der „Gartenlaube" veröffentlicht.

Das einzige Foto von der Bretterwand mit dem Gedicht verdankt sich laut eines Artikels in der *„Gartenlaube"* der Sorge des Forstaufsehers Kilian Merten, der die Fotografie in Auftrag gab, *„um für den schlimmsten Fall wenigstens etwas zu retten"*[145]. Nachdem das Goethe-Graffito bereits Bekritzelungen, einem Aussägeversuch und „allerlei Thorheiten" ausgesetzt war, trat der schlimmste Fall am 12. August 1870 morgens zwischen 6 und 7 Uhr tatsächlich ein: Beerensammler, die dort die Nacht verbracht hatten, achteten nicht auf ihr Feuer und fackelten die Hütte ab. Die noch mit zweijähriger Verspätung ehrfurchtsvoll erschütterte Überschrift des „Gartenlaube"-Artikels lautete: *„Ein deutsches Heiligthum und sein Untergang"*. Feierlich schloss der Autor:

„Aber die Magie geistiger Größe ist gewaltiger als die Macht des vernichtenden Schicksals: das Goethehäuschen sank in Trümmer – aber die Stätte, wo es gestanden, bleibt eine geweihte bis in die spätesten Tage deutschen Lebens, und wer die Berge von Ilmenau durchwandert, der gedenkt auf den ausgebrannten Resten des Goethehäuschen in Andacht des großen Mannes, der hier sein herrliches ‚Nachtlied' gedichtet."[146]

Weil das die deutsche Seele (zumal im Wald) nicht aushält, und es auch dem Tourismus abträglich ist, wurde die Hütte bereits 1874 wieder „originalgetreu" nachgebaut.

Zu Goethes 250. Geburtstag 1999 lud die Staatskanzlei des Bundeslandes Thüringen *„35 der renommiertesten Übersetzer aus 21 Ländern der Welt"* ein, die dann am 21. August *„in den Nachmittagsstunden an historischer Stätte vor dem Goethehäuschen ‚Wandrers Nachtlied', eine der schönsten lyrischen Schöpfungen des Dichters, in 21 Landessprachen vortrugen"*[147]. Vermutlich lauschte der Wald ergriffen. Selbst dem westdeutschen WDR war im Sommer 2024 allen Ernstes der Umstand eine Meldung wert, dass das „Goethehäuschen" in Ilmenau in Thüringen *„eine Schönheitskur"* bekommen habe. Wie die Stadt mitgeteilt habe, sei in den vergangenen Wochen unter anderem die Wandschalung erneuert und das Fachwerk instandgesetzt worden. Die Sanierung sei rechtzeitig zu Goethes 275. Geburtstag erfolgt[148].

Der Bleistift, mit dem Goethe die acht Zeilen seines Nachtlieds auf die Holzwand schrieb, bleibt so verloren wie die Wand selbst. In Weimar rutscht vor lauter Goethe-Besoffenheit gern ins Vergessen ab, dass der örtliche Spiegel von der Ruh' über den Gipfeln und kaum einem Hauch in den Wipfeln mit den schweigenden Vögeln darin die Totenstille der 56.000 Ermordeten im benachbarten KZ Buchwald ist. In der deutschen Geschichte, daran muss man in der Nazi-Hochburg Thüringen besonders erinnern, führt die Spur von Graphit auf einer Bretterwand ohne Ausweg zu Dan Pagis (1930-1986), der bis heute eine der bedeutenden Stimmen der modernen israelischen Literatur ist, und seinem Gedicht *„Mit Bleistift geschrieben im verplombten Waggon"*[149]. Hier dreht sich die Goethe/Burns-Bleistift-Semantik vom naturnah Einfachsten hin zum Vergänglichsten, zum Schreiben und Verschwinden am Nullpunkt. Die Graphitspur endet in der Asche, vom Kohlenstoff des Bleistiftkerns bleibt das Wolkengrab der Todesfuge.

Mit Bleistift geschrieben im verplombten Waggon

hier in diesem Transport
bin ich Eva
mit Abel meinem Sohn
wenn ihr meinen großen Sohn seht
Kain Adams Sohn
sagt ihm dass ich

Zu diesem und vier weiteren Gedichten von Dan Pagis bietet die Internationale Holocaust Gedenkstätte Yad Vashem (nicht nur) für Lehrer:innen eine empfehlenswerte Unterrichtseinheit für die 11.-12. Jahrgangsstufen an[150]. Auf Deutsch. In der Sprache Goethes. Und anderer.

Der Mann im Mond und die Suche nach Holz

„Cederholzlager von Johann Faber im Juli 1888 im eigenen Fabrikshof III." Foto aus der Festschrift zum zehnjährigen Bestehen der Fabrik.[151]

Dass sich Morgenroth auf der Suche nach einer „Bleistiftliteratur" durch die Goethe-Episode am Kickelhahn an Henry David Thoreau (1817-1862) erinnert fühlt, „den Bleistiftfabrikanten (...), der in die Einsamkeit der Natur zieht, um vor den Anfeindungen der Zivilisation Zuflucht zu suchen"[152], ist aus deutscher Perspektive ein folgerichtiges Missverständnis: *„Denn was der Bleistift in seiner Einfachheit und Naturverbundenheit (Holz und Minerale) verspricht, vollzieht Thoreau nun in einem übertragenen Sinn am Walden Pont."* [153] Tatsächlich sind dagegen amerikanische und deutsche Waldromantik im wahrsten Wortsinn aus zweierlei Holz geschnitzt. Der *„Club der toten Dichter"* (Peter Weir, 1989) ist vielleicht eine der besten Filmerzählungen darüber, was es braucht, um ein romantisch-schwärmerischer Geist zu werden. 35 Minuten nach dem Beginn des Films

eröffnet Neil Perry (Robert Sean Leonard) die erste Sitzung des wiederge-
gründeten „Clubs der toten Dichter" mit dem Verlesen eines Auszugs aus
Henry David Thoreaus Buch „Walden": *„Ich ging in die Wälder, weil ich*
bewusst leben wollte. Ich wollte das Dasein auskosten. Ich wollte das
Mark des Lebens einsaugen! Und alles fortwerfen, das kein Leben barg,
um nicht an meinem Todestag innezuwerden, dass ich nie gelebt hatte."
Wenn Todd Anderson (Ethan Hawke) dann am Ende des Films auf den
Tisch und über sich hinaussteigt, um seinen Lehrer John Keating (Robin
Williams) mit Walt Whitmans Zeile *„O Captain! My Captain!"* zu verab-
schieden, ist dies die filmische Hurra-Flagge, die zu pathetischer Hinter-
grundmusik über dem Land der Freien und der Heimat der Tapferen weht.

Thoreau (1817-1862) fasste die Gedanken vom Leben in den Wäldern
in einer Hütte, die er selbst an besagtem Walden-See gebaut hatte. Dort
lebte der damals 27-Jährige in der Nähe des Städtchens Concord (Massachusetts), das Henry James als „das Weimar der amerikanischen Literaturgeschichte" bezeichnete, von 1845 an zwei Jahre lang. Daraus wurden
500 Seiten, die allerdings wegen permanenter Überarbeitungen erst 1854
erschienen. Dass dieses bisweilen unsortierte Lob des Faulenzens und der
Einsamkeit zu einem Klassiker der amerikanischen Literatur wurde, verdankt es vermutlich nicht zuletzt dem Zuspruch von Ralph Waldo Emerson
(1803-1882), mit dem die intellektuelle Selbstbestimmung der US-ameri-
kanischen Kultur eigentlich erst beginnt. Es war Emersons Grundstück, auf
dem Thoreau seine Hütte errichtete, und es war Emerson, für den er in
Concord als eine Art „Mädchen für alles" tätig war.

Zwei Episoden aus Thoreaus Leben sind weit bemerkenswerter als der
vor allem posthume Erfolg von „Walden": Am 23. Juli 1846 (also noch in
der Walden-Zeit) landete Thoreau für eine Nacht im Gefängnis (Steuer-
schulden). Irgendwer zahlte für ihn, Thoreau kam frei. Der für seine pe-
netrante Besserwisserei eher berüchtigte als berühmte Thoreau

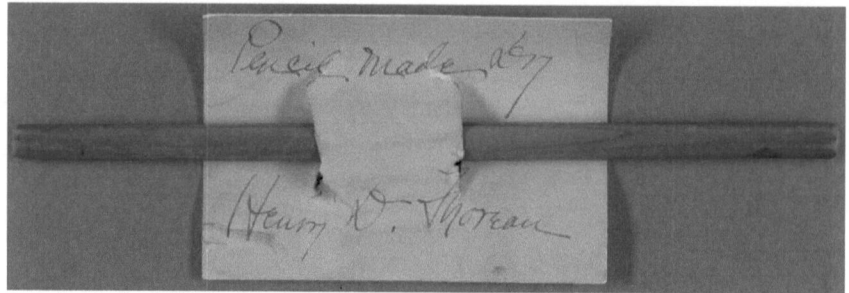

Amerikanische Reliquie: Ein von Henry David Thoreau hergestellter Bleistift. Foto: Henry W. and Albert A. Berg Collection of English and American Literature, The New York Public Library. (1827 - 1862).[154]

hielt anschließend Vorträge darüber, warum die Steuerverweigerung moralisch richtig gewesen sei (angeblich war er durchaus zahlungsfähig), und ließ 1849 einen entsprechenden Essay mit dem Titel *„Über die Pflicht zum Ungehorsam gegen den Staat"* drucken, der nach allgemeiner Überlieferung[155] unter anderem Mahatma Ghandi und Martin Luther King erst zu ihren Ideen des gewaltfreien Widerstands inspiriert haben soll.

Vor aller Schreiberei aber war Henry David Thoreau eine Zeitlang wohl einer der erfolgreichsten Bleistift-Fabrikanten der USA - nachdem er das Geheimnis der bayerischen und französischen Hersteller entdeckt hatte, dem Graphit Lehm bzw. Ton beizumischen. *„Zu Thoreaus Zeit waren die amerikanischen Bleistifte eine eher erbärmliche Angelegenheit: Sie waren ölig, verschmierten oder krümelten und zerbrachen oft. In Europa stellte man bereits ordentliche Stifte her, während man in den USA noch an verschiedenen Dingen herumrätselte – vor allem an der Frage, welches Bindemittel dem Graphit beigefügt werden müsste, damit die Bleistifte etwas taugten"*, heißt es in einem Blog des Diogenes-Verlags[156] zu einer Neuauflage von „Walden". Bald hätten die Bleistifte der John Thoreau & Company den Ruf gehabt, „die härtesten und schwärzesten in ganz Amerika zu sein."

Die Bleistift-Fabrik der Familie finanzierte die literarischen Ausflüge Thoreaus. In der Hütte am Walden-See schrieb Thoreau zunächst nicht an Walden, sondern an einem Buch zur Erinnerung an seinen verstorbenen Bruder, mit dem er nach dem ersten Bleistift-Erfolg eine Schule betrieben hatte. *„Um die Veröffentlichung des Buches zu finanzieren, stellte er Thoreau-Bleistifte im Wert von 1000 Dollar her, um sie in New York zu verkaufen. Die Konkurrenz war zu groß und er machte nur 100 Dollar"*, heißt es dazu bei der New England Historical Society[157]. 1853 habe die Familie dann die Bleistift-Herstellung aufgegeben und sich auf den lukrativeren Graphit-Handel verlegt – denn zu diesem Zeitpunkt hatten deutsche Bleistifthersteller den US-Markt praktisch bereits überrannt.

Was im deutschen Wald der Thoreau-Zeit entgegen den Vorstellungen der Romantiker und der deutschen Literaturgeschichte tatsächlich los war, beschreibt das Märchen vom „Mann im Mond", das Ludwig Bechstein (1801-1860) in sein ab 1845 erschienenes „Deutsches Märchenbuch"[158] aufnahm:

„Vor uralten Zeiten ging einmal ein Mann am lieben Sonntag morgen in den Wald, haute sich Holz ab, eine großmächtige Welle, band sie, steckte einen Staffelstock hinein, huckte die Welle auf und trug sie nach Hause zu. Da begegnete ihm unterwegs ein hübscher Mann in Sonntagskleidern, der wollte wohl in die Kirche gehen. Dieser blieb stehen, redete den Wellenträger an und sagte: „Weißt du nicht, dass auf Erden Sonntag ist, an welchem Tage der liebe Gott ruhte, als er die Welt und alle Tiere und Menschen geschaffen? Weißt du nicht, dass geschrieben steht im dritten Gebot, du sollst den Feiertag heiligen?" Der Fragende aber war der liebe Gott selbst. Der Holzhauer jedoch war ganz verstockt und antwortete: „Sonntag auf Erden oder Mondtag im Himmel, was geht das mich an, und was geht es dich an?" „So sollst du deine Reisigwelle tragen ewiglich!" sprach der liebe Gott, „und weil der Sonntag auf Erden dir so gar unwert ist, so sollst du für der ewigen Mondtag haben und im Mond stehen, als Warnungsbild für die, welche den Sonntag mit Arbeit schänden!" Von der Zeit an steht im Mond immer noch der Mann mit dem Holzbündel, und er wird wohl auch so stehen bleiben bis in alle Ewigkeit." [159]

Bechsteins Märchen beschreibt in Wahrheit mit religiöser Aufladung die Strafe für einen Waldfrevel, wie ihn im 19. Jahrhundert aus schierer Not hunderttausende Deutsche täglich begingen. Der Sonntag ist in der Erzählung nur vorgeschoben, es geht um das Verbot der Holzentnahme aus dem Wald – und die drakonischen Strafen, die ab Mitte des 19. Jahrhunderts der weiter verarmenden Bevölkerung ganz weltlich drohten.

Während der oberschlesische Freiherr von Eichendorff um 1810 den heute polnischen Tann besang (*„O Täler weit, o Höhen, o schöner grüner Wald"*), waren die Hänge des Schwarzwaldes nach Jahrzehnten rücksichtsloser Abholzung tatsächlich kahl. Und nicht nur diese. Zwischen 1750 und 1850 befanden sich etliche kahlgeschlagene ehemalige Waldgebiete Deutschlands im Zustand der Versteppung. Die deutschlandweite Wiederaufforstung, begleitet von strengen Nutzungsbeschränkungen gerade zu Lasten der armen Bevölkerung, machten den Wald jedoch zum sozialen Schlachtfeld, wie ein Forstgeschichtler der Uni Freiburg beschreibt: *„Durch die im 18. und 19. Jahrhundert erlassenen Forstordnungen werden althergebrachte Forstberechtigungen eingeschränkt oder aufgehoben. Die Bevölkerung bleibt dennoch in vielen Lebensbereichen von den Leistungen des Waldes abhängig; die Versorgung mit lebensnotwendigen Waldprodukten wird folglich kriminalisiert. Die Abneigung der Bevölkerung gegen forstpolizeiliche Maßnahmen steigert sich noch, als der preußische Minister des Innern und der Polizei durch ein Gesetz vom 31. März 1837 und entsprechender Ausführungsbestimmungen vom 21. 11. 1837 den Waffengebrauch der Forst- und Jagdbeamten zum Schutze der staatlichen, kommunalen und privaten Forste zulässt."* [160]

Am Beispiel der pfälzischen Bauern zeigt der Autor auf, was es bedeutete, den Wald nicht mehr als Weide- und Anbaufläche nutzen zu können, Laub nicht mehr als Streu zu verwenden und Holz nicht mehr schlagen und nicht einmal mehr sammeln zu dürfen: *„Ein Indiz für die zunehmende Verarmung der pfälzischen Bauern- und Handwerkerschaft während der ersten Hälfte des 19. Jahrhunderts ist die massenhafte Bestrafung von Einheimischen wegen illegalen Holzsammelns in staatlichen oder gemeindeeigenen Wäldern. Der Staat verhängt allein im Jahre 1830 über 55.000 Gefängnisstrafen und Bußgelder in einer Höhe von insgesamt 800.000*

Gulden. Die Gerichte sind in dieser Zeit mit Forstdelikten überlastet. Allein 75 Prozent aller anhängigen Verfahren haben Holzdiebstahl zum Gegenstand."[161]

Von all dem hatte Thoreau keine Ahnung, als es ihn 1845 tatsächlich in den tatsächlichen amerikanischen Wald zog. Dagegen brachte das deutsche Gemüt seit Beginn des 19. Jahrhunderts vor allem eine Verdrängungsleistung gegenüber der sozialen Wirklichkeit auf und träumte sich in die Märchen-Vorstellung eines Waldes: *„Das romantische Waldgefühl entstand aus der städtischen Intellektuellenkultur heraus. Mit dem Ausbau der Städte und der beginnenden Industriellen Revolution hatten viele das Gefühl, einen Teil der Natur und einen natürlichen Erholungsraum verloren zu haben. Der Wald wurde zu einer Erinnerungslandschaft – ein Ort, den die Städter bereits verloren hatten."* [162] Für die einfache deutsche Bevölkerung, die tatsächlich nah am und vom Wald lebte, war der Wald schlicht eine Rohstoff- und Nahrungsmittelquelle, die jedoch mehr und mehr versiegte. Erst mit Ende des 19. Jahrhunderts und dem weiteren Fortschreiten der Industrialisierung sei die romantische Sehnsucht nach Beständigkeit, die die Intellektuellen im Wald gefunden hätten, zum Lebensgefühl aller Schichten geworden: *„Viele Menschen zog es von nun an in die Wälder."* [163]

Was seit dem frühen 19. Jahrhundert bis heute erstaunlicherweise als kulturelle Konstante blieb, ist – unter jeweils anderen Vorzeichen – die bisweilen absurde ideologische Überhöhung des deutschen Waldes. *„Zwischen Tannen, Fichten und Buchen wurzelte das Nationalgefühl und schlängelte sich der große, deutsche Sonderholzweg, auf dem man erst verträumt schlenderte, bald aber im Stechschritt entlang marschierte"*, schrieb die „Zeit" vor einigen Jahren, nicht ohne aus Elias Canettis „Masse und Macht" zu zitieren: *„Das Massensymbol der Deutschen war das Heer. Aber das Heer war mehr als das Heer: Es war der marschierende Wald."* [164] Als es sich 1945 vorerst ausmarschiert hatte, diente der Wald der Generation Flakhelfer als Refugium eines (vermeintlich) entpolitisierten Kitsch-Deutschtums im „Heimatfilm" der 50er und 60er Jahre.

Ab den 1980er Jahren bescherte die deutsche Wald-Neurose der französischen Sprache das schöne Fremdwort *„le Waldsterben"*, die jährliche deutsche „Waldzustandserhebung" (2023: Nur jeder fünfte Baum ist gesund[165]) ist bis heute eine Art Seismograph der deutschen Befindlichkeit. Der fromme Wunsch des zitierten Zeit-Artikels, das teutonische Gemüt möge sein Durcheinander von Tiefsinn und Ergriffenheit einmal ordentlich durchlüften, wird vermutlich noch lange unerfüllt bleiben: *„Wie wäre es mit Waldgelassenheit? Aus den rauschenden Wäldern in den Köpfen soll endlich Kleinholz werden. Die anderen, die echten lasst allerdings auf Ewigkeiten stehen. Draußen ist Herbst und ein recht schöner Tag. Zweige knirschen, die Blätter welken, mit Fantasie singt auch die Nachtigall. Und wer zufällig einem Männergesangsverein begegnet, der waldestrunken grölt, „Wer hat dich, du schöner Wald, aufgebaut so hoch dort oben?", der möge antworten: Das Landesforstamt war's, ja und?"* [166]

Die ständige Holznot des 19. Jahrhunderts in Deutschlands war ein wesentlicher Treiber der Auswanderungswellen, in denen Millionen Deutsche zu Wirtschaftsflüchtlingen wurden. Rohstoffmangel trieb ebenfalls die Bleistifthersteller auf der Suche nach geeignetem Holz immer weiter in die Globalisierung. In der vierten Generation spaltete sich das Familienunternehmen der Fabers für einige Jahrzehnte in drei Firmen auf, die jede für sich international eine Spitzenposition belegte: Lothar von Faber machte „A.W. Faber" zu einem Unternehmen von Weltgeltung. Sein jüngster Bruder Eberhard Faber, 1849 als Niederlassungsleiter nach New York entsandt, machte sich dort 1861 mit der ersten Fabrik unter seinem Namen selbstständig. 1879 eröffnete auch der mittlere Bruder, Johann Faber, in Nürnberg seine eigene Fabrik.

In der Festschrift zum zehnjährigen Bestehen dieser Fabrik hat sich nicht nur ein Foto des Lagers mit Zedernholzstämmen erhalten, die aus Florida nach Nürnberg geschafft wurden (siehe Kapitelbeginn), seine Söhne machten auch Angaben zum Rohstoff-Umsatz: *„Das zur Bleistiftfabrikation von Johann Faber verwendete Cedernholz ist ausschließlich das feinste und beste Holz, welches auf der Halbinsel Florida in*

Nordamerika wächst. Mit peinlicher Gewissenhaftigkeit wurde darauf ge-
sehen, stets trockenes und schön hellgelbes Holz zu beziehen, welches
sich beim Spitzen angenehm schneidet und vollkommen gerade Bleistifte
ergibt. Im Jahre 1888 konsumierte die Fabrik von Johann Faber 745.000
Kilo Cedernholz. Außer dem sibirischen Graphit, welcher nur für die neuen
verbesserten sibirischen Polygrades-Stifte verwendet wird, verarbeitete
die Fabrik von Johann Faber im Jahre 1888 44000 Kilo böhmischen Gra-
phit."[167] Den Wert des auf dem Foto gelagerten Zedern-Holzes bezifferte
Carl Faber auf 80.000 Mark. Laut Bundesbank-Tabelle der Kaufkraftäqui-
valente[168] entspräche das heute einem Wert von 672.000 Euro.

Die drei Brüder der vierten Faber-Generation waren keineswegs die einzigen deutschen Bleistifthersteller, die zunächst Zedernholz aus den USA
bezogen, spätestens ab der zweiten Hälfte des 19. Jahrhunderts aufgrund
von US-Schutzzöllen aber auch selbst in den USA produzierten. Edward
Weissenborn, der sein Handwerk in der Regensburger Bleistiftfabrik J.J.
Rehbach gelernt hatte, die in den 1860er mit einer Jahresproduktion von
21 Millionen Stiften die Nummer 2 im deutschen Markt war[169], wanderte
1854 in die USA aus und war 1860 an der Gründung der mutmaßlich ersten Bleistiftfabrik der USA beteiligt. Aus der Fabrik in New Jersey wurde
dann die „General Pencil Company"[170]. Sie ist heute einer von wohl nur
noch sehr wenigen namhaften US-Herstellern, die tatsächlich in den USA
produzieren. Heinrich Berolzheimer (1836-1906) hatte von seinem Vater
eine große Bleistiftfabrik in Fürth geerbt, mit der er 1861 nach New York
expandierte, in Manhattan ein Geschäft und in Yonkers eine Fabrik eröffnete, aus der dann die „Eagle Pencil Company" wurde[171].

Petroski beschreibt in seiner Bleistift-Geschichte, wie sich die zweite
Hälfte des 19. Jahrhunderts zu einem „Bleistiftweltkrieg" auswuchs, bei
dem schließlich die Amerikaner die Nase (technisch) vorn hatten. Zunächst
zogen sie über Masse und Preis an den deutschen Bleistiften vorbei,
schließlich holten sie aber auch in der Qualität auf; zwei tatsächliche von
Deutschen angezettelte Weltkriege taten das übrige, um ihren Ruf in den
USA zu ruinieren. Zuvor ereilte die Amerikaner zu Beginn des 20.

Jahrhunderts jedoch das gleiche Problem wie die Deutschen ein Jahrhundert zuvor:

„1912 schätzte man, dass über eine Milliarde Bleistifte, ungefähr die Hälfte der Weltproduktion, aus amerikanischem Zedernholz hergestellt wurden, wobei 750 Millionen Bleistifte allein aus den USA stammten. Dies ergab einen Pro-Kopf-Verbrauch von etwa acht Bleistiften. Der Bestand an Roten Zedern nahm weiter ab; in Tennessee, wo einst das beste Bleistiftholz wuchs, waren sie bereits 1920 praktisch ausgestorben." [172]

In der früheren „Pencil-City" Shelbyville (Tennessee, Bedford County, 23.500 Einwohner, einst sechs Fabriken) gründete James „the Colonel" Raford Musgrave erst 1916 die „Musgrave Pencil Company". Das Unternehmen stellte ursprünglich selbst gar keine Bleistifte her, sondern verkaufte lediglich Holz der roten Tennessee-Zeder (eigentlich ein Wacholdergewächs) an deutsche Bleistifthersteller.

Der Unternehmensgründer hatte nämlich trotz der um ihn herum grassierenden Holzknappheit eine recht originelle Quelle aufgetan: Um an gut abgelagertes Holz zu kommen, kaufte Colonel Musgrave örtlichen Farmern ihre Holzzäune ab (bzw. tauschte sie gegen Drahtzäune) und sägte die Zaunlatten in kleine Brettchen für die Bleistiftherstellung um[173]. Erst als der Rohstoff trotz dieses frühen Recyclings knapp wurde, stieg Musgrave selbst in die Bleistiftherstellung ein, verwendete dann aber vor allem kalifornisches Holz.

Musgrave und die General Pencil Company in New Jersey sind zwei der letzten verbliebenen echten amerikanischen Bleistifthersteller, die wirklich in den USA produzieren. Bei Musgrave stellen 100 Mitarbeitende pro Jahr immerhin noch 72 Millionen Bleistifte her – während zugleich 3,7 Milliarden Billig-Bleistifte aus China, Brasilien und anderen Ländern in die USA importiert wurden[174]. Der Weltmarktführer Faber-Castell, der selbst am Stammsitz in Stein täglich noch 500.000 Blei- und Buntstifte produziert, hat seine Rohstoffprobleme in Südamerika gelöst – nachhaltig, wie seine Bank in einer Publikation lobt: *„In Brasilien befindet sich das größte Werk für holzgefertigte Stifte des fränkischen Unternehmens. Ausstoß: zwei*

Milliarden Stifte pro Jahr. Viel Holz! Und Holz wächst nur dann so schnell, wie man Bleistifte verkauft, wenn man genügend Bäume pflanzt. Der 2016 verstorbene, charismatische Anton-Wolfgang Graf von Faber-Castell bewies häufig unternehmerischen Weitblick. Besonders tat er es, als er in den 1980er-Jahren 10.000 Hektar Land in Brasilien kaufte, um dort jährlich rund 300.000 Setzlinge zu pflanzen. Es klingt kurios, doch die Rechnung stimmt: Durch die systematische und permanente Aufforstung einer Fläche von 14.300 Fußballfeldern wachsen 1,2 Kubikmeter Holz der karibischen Kiefer in zwei Minuten. Daneben bezieht Faber-Castell auch Holz aus weiteren eigenen Wäldern in Ungarn, Deutschland und Indonesien sowie hochwertiges Zedernholz aus den USA. Alles FSC- und PEFC-zertifiziert." [175]

Noch einmal zurück zu Thoreau: Die New York Public Library, die einen von Thoreaus Bleistiften aufbewahrt (Abbildung in diesem Kapitel), würdigt seinen doppelten Beitrag zur Literatur so: *„Wie Edward Emerson bemerkt, kritisierten viele Menschen in Concord Henry David dafür, dass er ein einträgliches Unternehmen hinter sich gelassen hatte, um ‚in den Wäldern zu faulenzen'. In der Tat erlangte Thoreau zu Lebzeiten keine Berühmtheit; seine Bücher verkauften sich nicht gut, und er musste seinen Lebensunterhalt als Landvermesser verdienen. Später kehrte er in das Bleistiftgeschäft zurück, aber es fällt auf, dass er nur selten über die Herstellung von Bleistiften schrieb, trotz seiner wunderbaren wissenschaftlichen Leistungen auf diesem Gebiet und der Jahre, die er diesem Handwerk widmete. Da die Technologie das handschriftliche Schreiben völlig überflüssig zu machen droht, scheint Thoreaus Doppelkarriere als Bleistiftmacher und als Verfechter eines einfachen, minimalistischen Lebens perfekt aufeinander abgestimmt zu sein, wenn auch eher zufällig. Der von Thoreau hergestellte Bleistift, der sich in unseren Sammlungen befindet, ist ein Produkt von Thoreaus Ingenieursgeist, aber auch ein Zeugnis seiner Verbundenheit mit der Natur und seines Engagements für die Selbstversorgung - er baute nicht nur seine eigene Unterkunft und Nahrung, sondern auch seine eigenen Mittel zum Schreiben."* [176]

Auf dem „Library Way" hat die Bibliothek Thoreaus doppelten Beitrag zum Schreiben mit einer Gedenktafel gewürdigt, die Thoreau-Bleistifte zeigt, die ihrerseits ein Zitat aus dem Theaterstück „Die Nacht, die Thoreau im Gefängnis verbrachte" (Robert E. Lee und Jerome Lawrence, 1969) einrahmen:

„Wenn du deinen Namen schreibst, kannst du anfangen, Sätze zu schreiben. Und als Nächstes wirst du Absätze schreiben und dann Bücher. Und dann wirst du genauso viel Ärger haben wie ich!"

In der amerikanischen Bleistift-Literatur ist viel darüber spekuliert worden, warum Thoreau trotz seiner Innovationen und Erfolge so wenig über das Bleistiftmachen schrieb, und warum er nach 1853 schweigsam, aber eilig aus dem Geschäft drängte. Eine Antwort, die in der Bleistift-Literatur meines Wissens bisher nicht vorkommt wird, lautet: Wer in der Mitte des 19. Jahrhunderts das rote Zedernholz insbesondere aus Florida zur Bleistiftherstellung verwendete, profitierte direkt von der Ausrottung der indigenen Ureinwohner – und von Sklavenarbeit.

Die Ausdehnung der Vereinigten Staaten auf vormals spanische oder unabhängige Gebiete erfolgte im Südwesten nach einem sich wiederholenden Muster: Erklärung zum Territorium, Krieg gegen die Ureinwohner, Rodung für Plantagen, Sklavenarbeit. Thoreau, dessen Familie wie auch er selbst für die Abschaffung der Sklaverei eintrat, könnte versucht haben, mit seinen Geschäften (daher der Wechsel in den Graphit-Handel) unabhängig von Sklavenarbeit zu werden. Die Autorin Augustine Sedgewick hat dazu ausgeführt:

„In Florida war der Zedernhandel nicht nur mit Baumwolle und Sklaverei, sondern auch mit Krieg verbunden. Nachdem Präsident James Monroe 1821 Florida zum Territorium erklärt hatte, leitete Andrew Jackson die

Territorialregierung, die mit der Eröffnung von Straßen und Postwegen beauftragt war. Ab 1835 meldeten sich die Siedler Floridas freiwillig zum Kampf im Zweiten Seminolenkrieg, der die indigene Bevölkerung vernichten sollte. Als Florida schließlich 1845 als Staat anerkannt wurde, bestanden die meisten Bezirke entlang der Golfküste aus kleinen landwirtschaftlichen Flächen und nicht aus ausgedehnten Plantagen. Die Sklavenhalter dort betrieben Viehzucht, bauten Baumwolle und Nahrungsmittel an, darunter auch Mais, und arbeiteten zusammen mit den Menschen, die sie versklavten. (...)

Es ist schwer zu sagen, in welchem Umfang die Sklavenarbeiter an der Produktion einer bestimmten Partie Florida-Zeder beteiligt waren. Die Arbeit in den Wäldern war sehr unterschiedlich. Vor allem nach der Rodung der Flussufer kampierten die Holzfäller monatelang tief in den Hängematten der Zedern. Die Bäume zu fällen und sie zu schiffbaren Gewässern zu schleppen, war, gelinde gesagt, schwierig. Die Zedernstämme an den Kais von Boston wirkten rau und "primitiv", weil die Lager, in denen sie geschlagen worden waren, genau das waren. Oft wurden versklavte Arbeiter von nahegelegenen Plantagen an die Holzfällerlager ausgeliehen, die auch Lohnarbeiter aus dem Norden anheuerten. Bis 1860 gab es in Florida 87 Sägewerke, einige davon klein, mit wasserbetriebenen Sägen, die an die Plantagen angeschlossen waren, und andere große, dampfbetriebene Komplexe, die so integriert und hierarchisch organisiert waren wie jeder andere Industriebetrieb zu dieser Zeit. Vor allem in den dampfbetriebenen Sägewerken, die nach 1830 gebaut wurden, war ein Großteil der Belegschaft versklavt, einschließlich der Köche für die Männer, die vor Ort lebten."[177]

Augustine Sedgewick behauptet nicht ausdrücklich, dass die Fabers bei ihrer Expansion an der Sklavenarbeit in Florida mitverdienten, legt dies aber nahe: „Der Handel mit der Florida-Bleistiftzeder ging um die ganze Welt. Anfang der 1850er Jahre begann Eberhard Faber, Erbe einer deutschen Bleistiftmacherfamilie, die seit 1761 im Geschäft war, riesige Gebiete an der Golfküste Floridas aufzukaufen. Zu seinen Käufen gehörte der reichste Zedernbestand Nordamerikas, die so genannte Gulf Hammock, die sich von der Mündung des Suwanee River südlich am Withlacoochee vorbei erstreckt, einschließlich der Cedar Keys, einer Gruppe von Kalksteininseln, die zwei Meilen im Golf liegen. Während des Zweiten Seminolenkrieges wurden die Inseln als Militäranlage ausgebaut und enthielten ein Gefangenenlager für Indianer, die auf ihre Umsiedlung nach Westen warteten. Nach dem Ende des Krieges im Jahr 1842 war geplant, den Außenposten in ein Depot für die Baumwolle umzuwandeln, die am Suwanee River angebaut werden sollte. Während seine Holzfäller in den Gulf Hammocks arbeiteten, errichtete Faber auf einem der Cedar Keys ein Sägewerk und später eine Betriebsstätte, die einheitliche Latten für den effizienten Versand an die Faber-Bleistiftfabriken auf beiden Seiten des Atlantiks produzierte." [178]

Eberhard Faber habe einen größeren Anteil am US-Bleistiftmarkt beansprucht und die Zedernholz-Hammocks aus Florida aufgekauft, als die Thoreaus zeitgleich den Betrieb ihrer Bleistiftfabrik abbauten, schreibt Sedgewick. Als Thoreau am 4. Juli 1854 in Framingham über *„Sklaverei in Massachusetts"* gesprochen habe, seien J. Thoreau & Son erst seit etwa einem Jahr aus dem Bleistiftgeschäft ausgestiegen. Und: *„Natürlich blieben die Vorteile, die die Thoreaus aus diesem Geschäft gezogen hatten – die Häuser, die Ausbildung, die Bücher, das Geld, die Zeit, die Freiheit – ihnen erhalten und gewannen sogar an Bedeutung, da die Familie ihre direktesten Verbindungen zu den Systemen und Institutionen, die Henry nun noch lauter anprangerte, aufgegeben hatte."*

In keiner Unternehmensgeschichte von Bleistiftherstellern, die ich für dieses Buch gelesen habe, kommt das Thema der Sklavenarbeit im Zusammenhang mit der Holz-Beschaffung aus Florida vor. Es liegt nahe, dass dieser weiße Fleck der Geschichte sich bei näherer Betrachtung in einen sehr dunklen verwandeln wird. Unternehmen, die sich auf ihre Tradition berufen, sollten sich in dieser Sache ehrlich machen.

Leidenschaft für einen Bleistift?

Krimi-Autor mit Pfeife und Bleistift: Raymond Chandler (1888-1959). In seiner einzigen Kurzgeschichte um den Detektiv Marlowe spielt der Bleistift eine symbolträchtige Rolle.

In der Literatur (zumindest der, die gelegentlich gelesen wird) spielt der Bleistift als Thema oder Motiv so gut wie keine Rolle. Die meisten Schriftsteller:innen bringen ihm weder als Werkzeug noch als Sujet besondere Wertschätzung entgegen, weshalb wiederum das bisschen Literatur zum Thema „Bleistift" (eigentlich gibt es bis auf Morgenroth keine deutschsprachige) und das Hersteller-Marketing auf mehr oder weniger den immer gleichen Zitatstellen herumnagen. Es halten ja nicht einmal die Titel, was sie vermeintlich versprechen. So kommen in der Buchfassung von Christian Krachts vormaliger Zeitungskolumne „Der gelbe Bleistift"[179] Bleistifte praktisch nicht vor; der Titel kann mit übertriebenem literaturwissenschaftlichem Wohlwollen gelesen werden als *„ironischer Verweis auf die gelbe Hautfarbe der Asiaten und der Bleistift als meta-textueller Verweis auf das Produkt des Textes als solches, welches durch den Prozess des Schreibens entstanden ist"*[180] oder einfach als Blödsinn. In Peter Handkes „Die Geschichte des Bleistifts" finden Bleistifte immerhin statt (an fünf

Stellen auf 375 Seiten); als Raumschiff, das den Ich-Erzähler wegbringen könnte, als etwas, das zu Boden fällt mit dem „Geräusch von etwas sehr Kleinem und sehr Liebem", als Brücke nach Hause, als etwas, das in der Stille rauscht[181]. Zu Handke später mehr.

„Niemand hat vielleicht jemals leidenschaftlich für einen Bleistift emp-funden", beginnt Virginia Woolf ihren Essay *„Street Haunting: Ein Londo-ner Abenteuer"* (1927)[182], um dann zu erklären, warum es aber Momente gebe, in denen es äußerst wünschenswert sein könne, einen zu besitzen: *„Momente, in denen wir darauf aus sind, ein Objekt zu haben, einen Vor-wand, um zwischen Tee und Abendessen durch halb London zu spazieren. Wie der Fuchsjäger jagt, um die Rasse der Füchse zu erhalten, und der Golfer spielt, um offene Flächen vor den Bauarbeitern zu bewahren, so dient der Bleistift als Vorwand, wenn uns der Wunsch überkommt, auf die Straße zu gehen, und wir stehen auf: „Wirklich, ich muss einen Bleistift kaufen", als ob wir unter diesem Vorwand dem größten Vergnügen des Stadtlebens gefahrlos frönen könnten, im Winter durch die Straßen Lon-dons zu streifen."*

Diesen Text-Einstieg versteht nach fast 100 Jahren ohne den Kontext der Zeit heute niemand mehr. Warum sollte jemand einen Vorwand – und dann ausgerechnet den Kauf eines Bleistifts – nötig haben, um nachmit-tags das Haus zu verlassen und durch die Stadt zu flanieren?

Antwort: Weil es für Frauen aus dem Bürgertum so war.

Frauen gingen nicht einfach grundlos auf die Straße und erst recht nicht allein. Als im 18. und 19. Jahrhundert das Spazierengehen in Abgrenzung zur adeligen Kutschfahrt in Mode kam, klärte der Altphilologe Karl Gottlob Schelle (1777-1825) in seinem Grundlagenbuch *„Die Spatziergänge oder die Kunst spatzieren zu gehen"* [183] darüber auf, warum es Frauen nach seiner kundigen Einschätzung in die Stadt zieht: *„Das weibliche Geschlecht lebt weit lieber, als in der Natur, in der geselligen Welt. Die Natur nähert sich der Einsamkeit; und die Einsamkeit ist dem zweiten Geschlecht viel zu düster und furchtbar, als dass es sie lange zu ertragen vermöchte. Höchstens in Momenten der Liebe, die ihrer Natur nach die Einsamkeit* *sucht, findet man Frauenzimmer -- am Arm des Geliebten oder eines geliebten Freundes in der Natur. Aber wo die Natur dem weiblichen Geschlecht mit Gesellschaft gepaart erscheint, wie auf öffentlichen Promenaden einer Stadt -- seien es nun Alleen, die sich um die Stadt ziehen, oder Gärten oder ein nahgelegener Waldgang, wo die gesellige Welt zu lustwandeln pflegt -- da ist sie ihm willkommen."* [184]

Der Sozialtyp des „Flaneurs", dem Edgar Allan Poe mit seinem bereits im #2-Kapitel zitierten „Der Massenmensch" 1840 einen ersten (wenn auch verstörenden) Auftritt verschaffte, ist im 19. und bis weit in das 20. Jahrhundert ein Mann. Eines der großen Privilegien der Moderne, nämlich sich anonym beobachtend und teilhabend im öffentlichen Raum zu bewegen, ist zunächst ein rein männliches. Natürlich biologisch begründet, wie Sparziergangs-Experte Schelle weiß: *„Ein zartes Frauenzimmer ermüdet schon von einem mäßigen Spaziergang, den der stärkere Mann ohne Beschwerlichkeit wiederholt zurücklegen könnte."* [185] Die rabiate geschlechtliche Trennung der urbanen bürgerlichen Welt in einen privaten (weiblichen) und einen öffentlichen (männlichen) Bereich wird nach der niedergeschlagenen bürgerlichen Revolution von 1848 sogar noch einmal verschärft, wie eine österreichische Diplomarbeit zur Konstruktion der Geschlechterverhältnisse im öffentlichen Raum zusammenfasst:

„Die Legitimation der Raumnutzung von Frauen wurde immer mehr über das Thema Anstand und Sittlichkeit definiert und determiniert. Tagsüber galt es als unschicklich für eine Frau alleine unterwegs zu sein, nachts bzw. abends konnte dies schon zu einer Straftat werden. So erwähnt Roller, dass Ende des 19. Jahrhunderts in Berlin Frauen, die nachts ohne männliche Begleitung unterwegs waren, unter dem Generalverdacht der Prostitution standen und daraufhin auf Geschlechtskrankheiten untersucht werden konnten. Zwar gab es Gesetze, die das Verhalten von Männern im öffentlichen Raum ebenso einschränkten (z.B. nachts die Straße nicht mehr ohne Laterne zu betreten), doch waren die Reglementierungen für Frauen, die zuvor nur spekuliert und diskutiert wurden, nun auch

gesetzlich verankert. Es wurde vor allem damit argumentiert, dass der öffentliche städtische Raum für Frauen gefährlich sei."[186]

Virginia Woolf (1882-1941) liebte dieses „street haunting", das anonyme Umherstreifen in der Großstadt, welches ihr in London zwar nicht juristisch, aber doch gesellschaftlich verboten war. 1924 war Woolf nach zehn Jahren in der Vorstadt wieder in die City von London gezogen. Von ihrer neuen Adresse (Tavistock Square 54, Bloomsbury) aus unternahm sie ihre nachmittäglichen Ausflüge, um Menschen und Szenen der Großstadt zu beobachten: *„Wenn wir an einem schönen Abend zwischen vier und sechs aus dem Haus gehen, legen wir das Selbst ab, mit dem unsere Freunde uns kennen, und werden Teil jener großen republikanischen Armee anonymer Herumtreiber, deren Gesellschaft nach der Einsamkeit des eigenen Zimmers so angenehm ist. Denn dort sitzen wir umgeben von Gegenständen, die unaufhörlich die Seltsamkeit unserer eigenen Temperamente zum Ausdruck bringen und die Erinnerungen an unsere eigenen Erfahrungen verstärken*", schreibt Woolf.

Dieser Punkt ist für Woolfs Schreiben zentral: Alle Gegenstände in ihren Texten sagen etwas über die Personen aus, denen sie gehören und die mit ihnen leben. Im Essay sind das in Bezug auf die Ich-Erzählerin eine Porzellanschale und ein kreisrunder Fleck auf dem Teppich.

Mit dem Text von „Street Haunting" könnte man Woolfs Spuren von der Adresse zwischen der British Library und dem British Museum nach Südosten Richtung The Strand und Waterloo Bridge zur Themse folgen, was touristisch allerdings etwas öde wäre[187]. Ein Schuladen und ein Antiquariat sind Räume, die sie entlang des Wegs sich als Flâneuse erschließt und darüber beinahe vergisst, die Alibi-Handlung zu vollziehen, die diesen Ausflug rechtfertigt: *„Man muss, man muss immer irgendetwas tun; es ist nicht erlaubt, sich einfach zu vergnügen. War das nicht der Grund, warum wir vor einiger Zeit die Ausrede erfunden haben, und die Notwendigkeit, etwas zu kaufen? Aber was war es? Ah, wir erinnern uns, es war ein Bleistift. Lasst uns gehen und diesen Bleistift kaufen.*"

Nach einem kurzen Umweg zur Themse findet sich schließlich das Schreibwarengeschäft eines alten Ehepaars, das sich gerade streitet. Der Mann findet ohne die Hilfe seiner Frau die Schachtel mit den Bleistiften nicht, das in die Länge gezogenen Aussuchen („dieser war zu weich, jener zu hart") befriedet schließlich die Situation, und mit der erfüllten Ausrede macht sich die Ich-Erzählerin schließlich auf den Heimweg. Der Essay endet:

„Das ist wahr: Die Flucht ist das größte aller Vergnügen, die Straßenjagd im Winter das größte Abenteuer. Doch wenn wir uns wieder unserer eigenen Türschwelle nähern, ist es tröstlich zu spüren, wie die alten Besitztümer, die alten Vorurteile, uns einwickeln; und das Selbst, das an so vielen Straßenecken umhergewirbelt wurde, das wie eine Motte an der Flamme so vieler unzugänglicher Laternen zerrte, beschützt und eingeschlossen wird. Hier ist wieder die übliche Tür; hier drehte sich der Stuhl, als wir ihn verließen, und die Porzellanschale und der braune Ring auf dem Teppich. Und hier - lasst es uns zärtlich betrachten, lasst es uns mit Ehrfurcht berühren - ist die einzige Beute, die wir aus allen Schätzen der Stadt geborgen haben, ein Bleistift."

Das Werkzeug des Erzählens, der Bleistift, als materieller Zeuge des Flanierens, bei dem das Material des Erzählens zusammengetragen wird – ein schöner Gedanke. Wenn auch in einem anderen Genre, so ist dem Erzählen Woolfs, der Personen-Charakterisierung durch In- und Exterieurs, vielleicht Raymond Chandler (1888-1959) aus naheliegenden Gründen zumindest nicht unähnlich. Chandler lebte mit seiner Mutter von 1896 bis 1912 in England, zog mit der kanadischen Armee und der Royal Air Force in den Ersten Weltkrieg und kehrte erst 1919 in die USA zurück. Chandler betrachtete die USA, insbesondere Kalifornien und Los Angeles, immer mit den Augen eines Fremden, was seine Krimis bei aller Fiktion zu distanziert beobachteten sozialen und gesellschaftlichen Chroniken der 1940er Jahre an der Westküste macht.

In Chandlers Erzählung „Der Bleistift" von 1959 ist der titelgebende Gegenstand ein Symbol des Todes: Der Gangster Ikky Rosenstein wendet sich an den ich Erzähler, den Privatdetektiv Marlowe, weil er aus der Mafia aussteigen will und nun mit dem Tod bedroht wird: *„Damit ist man ein Abweichler. Also haben Sie den Bleistift genommen und einen Strich gemacht. Quer durch meinen Namen. Man hat mir's gesteckt. Die Leute, die das erledigen sollen, sind schon unterwegs."* [188] Marlow überlegt sich, wie er Rosenstein unentdeckt aus der Stadt bringen kann. Offenbar hat Ikky aber einen Fehler gemacht, denn Marlowe erhält Besuch von einem Laufburschen der Mafia, der ihn recht dilettantisch bedroht. Als nächstes findet Marlowe einen Bleistift in seiner Post: *„Oben in meinem Büro tastete ich auf dem Boden nach Post und fand nichts als ein längliches, schmales Päckchen, Eilzustellung, Poststempel Glendale. Es enthielt nichts als einen neuen, frisch gespitzten Bleistift, das Todeszeichen der Gangster."* [189]

„Der Bleistift" ist eine typische Chandler-Erzählung, die genau das Inventar und die sozialen Verhältnisse der Erlebniszeit an der Westküste der USA beschreibt. Das Charakteristische der Erzählung ist die fast fotografisch getreue Wiedergabe der Kulisse, in der die Handlung spielt. Die Gegenstände in den Apartments, die Autos in den Nebenstraßen, die Utensilien auf den Schreibtischen – all das dient immer der Charakterisierung der Personen, die diese nutzen oder sich in diesen Sets bewegen. Chandler ist als Autor der Innenarchitekt der mörderischen Seiten des amerikanischen Traums. Einerseits. Andererseits bleibt Chandler unkonkret genug, damit am Ende nichts so sein muss, wie es scheint. Vielleicht ist der Bleistift gar kein Todessymbol. Vielleicht soll Marlowe das nur glauben. Womit die Reversibilität des mit Bleistift Geschriebenen ihn nun zum Symbol der Täuschung macht.

„Der Bleistift" ist, wie Chandler selbst anmerkt, zumindest in der Hinsicht besonders, als dass es die erste (und letzte, denn Chandler verstarb im gleichen Jahr) Kurzgeschichte ist, die Chandler über Marlowe und das auch nur für eine spezielle Veröffentlichung in England geschrieben hat [190]. Was die Bleistifte von Woolf und Chandler eint, ist, dass beide keinen

Der einzige in der deutschen Literatur jemals „besungene" Bleistift: Faber-Castell „Castell 9000", eingeführt 1905, hier in der Stärke B mit und ohne Radiergummi. In seinem Roman „Ein weites Feld" hat Günter Grass ihm ein kleines Denkmal geschrieben.

Namen, keine Marke, keine besonderen Charakteristika haben. Ihre Symbolkraft ist eine Bleistiften allgemein zuschreibbare, die nicht an den konkreten Stift gebunden ist. In *„Die kleine Schwester"* dient das Spitzen eines Bleistifts Chandler dazu, eine besondere Atmosphäre zu schaffen: *„Das Telefon klickte in meinem Ohr. Ich legte auf. Ohne ersichtlichen Grund rollte ein Bleistift vom Schreibtisch und zerbrach mit der Spitze an dem Glas-Dingsbums unter einem der Schreibtischbeine. Ich hob ihn auf und spitzte ihn langsam und vorsichtig in dem Bostoner Anspitzer, der an den Rand des Fensterrahmens geschraubt war, und drehte den Bleistift herum, um ihn schön gleichmäßig zu spitzen. Ich legte ihn in die Ablage auf dem Schreibtisch und wischte mir die Hände ab. Ich hatte alle Zeit der Welt. Ich schaute aus dem Fenster. Ich habe nichts gesehen. Ich habe nichts gehört."* [191]

Mit *„dem Bostoner Anspitzer"* meint Chandler die ikonischen Kurbel-Spitzer der Boston Pencil Sharpener Company, die später von Hunt in

Statesville (North Carolina) gefertigt wurden[192]. Dass Chandler hier den Bleistift wieder unbenannt lässt, aber den damals sehr bekannten Spitzer klar identifiziert, der in nahezu jedem Büro und jedem Klassenzimmer vorhanden war, dient der Erzeugung einer Atmosphäre von fast nervtötender Langsamkeit durch den mühlenartigen Spitzvorgang – während die Geschichte bald immer noch verworrener Fahrt aufnimmt.

Nach meiner schmalen Kenntnis gibt es einen einzigen deutschen Roman, in dem einem bestimmten deutschen Bleistift ein literarisches Denkmal gesetzt wird: In „Ein weites Feld"[193] von Günter Grass spielt der „Castell 9000" von Faber-Castell eine zentrale Rolle – was Morgenroth in seiner „Bleistiftliteratur" eigentümlicherweise nicht erwähnt (Grass kommt nicht einmal im Sach- und Personenverzeichnis vor). Dass Grass die grünen Stifte aus Stein bei Nürnberg mochte, war bereits zuvor hinlänglich dokumentiert. Es gibt ein Aquarell von Grass, das zum Beispiel als Cover eines kleinen Wagenbach-Gedichtbandes diente[194], das einen Topf voller grüner Bleistifte (es sind genau 43) zeigt und im unteren Bilddrittel die Aufschrift „*Wörter auf Abruf. Alle Bleistifte angespitzt. Und doch wird ein Rest ungesagt bleiben.*" trägt.

„Ein weites Feld", bei seinem Erscheinen 1995 von Marcel Reich-Ranicki vernichtend verrissen (*„Meist ergeben die klangvollen Wörter und Wendungen erstaunlich wenig oder gar nichts. Deshalb müssen wir, Ihre mittlerweile leidgeprüften Leser, stöhnend in Kauf nehmen, dass Sie sich ständig wiederholen.*" [195]), ist der westdeutsche Versuch aus ost-deutscher Sicht Analogien zwischen der deutschen Vereinigung 1989/90 und der deutschen Reichsgründung 1871 zu ziehen. Dazu lässt Grass den DDR-Bürger Theo Wuttke als Wiedergänger Theodor Fontanes auftreten („Wir vom Archiv nannten ihn Fonty") und stellt ihm als Schatten den Stasi-Polizei-Spitzel Hoftaller zur Seite, der sein Teufel und sein Lenker ist. Das Buch beschönigt ein bisschen die untergegangene DDR, delegitimiert die alte Bundesrepublik, ist politisch so dumm wie Grass nun einmal war, und auf elenden 781 Seiten (!) meist eine unerträglich langweilige Laberei; besser ist die Zeit verwendet, Fontane im Original zu lesen.

Aber.

Es gibt einige wirklich kunstvolle Konstruktionen im Buch. Grass war nicht nur ein gründlicher Fontane-Kenner, sondern übernahm auch sehr gekonnt einige seiner Erzähltechniken. Wollte man jemandem Fontanes Erzähltechnik erklären, so ginge es stellenweise mit Beispielen aus „Ein weites Feld" fast plakativer als mit dem echten Fontane. Nur: wozu sollte das jemand wollen, es sei denn für eine weitere literaturwissenschaftlich überflüssige Master-Arbeit? Denn daran krankt Grass` Text eigentlich: Mit Fontanes sehr besonderen Sicht- und Schreibweisen des 19. Jahrhunderts ist das späte 20. Jahrhundert nicht zu erzählen; es funktioniert einfach nicht. Wie auch immer, zurück zu unserem Thema: Im Laufe des Romans gerät also Fonty (auch darin Fontane ähnlich während der Arbeit an *Effi Briest*) in eine psychologische Krise. Langsam genesend, bringt Hoftaller ihm bei einem Besuch Bleistifte mit und ermuntert ihn zum Schreiben einer anderen Geschichte, was ihm dann tatsächlich vordergründig hilft, die Krise zu überwinden. Und an dieser Stelle setzt Grass dem Castell 9000 dann ein Denkmal:

"Fonty sagte uns später, Hoftaller habe gegen Schluß seines Appells stehend gesprochen, dann aber, nach letztem Wort, sein Mitbringsel aus-gepackt. Das längliche Päckchen enthielt ein Dutzend grün lackierte Faber-Castell-Bleistifte und einen Anspitzer.

Sogleich begann Fonty auf der Bettdecke mit den Stiften zu spielen. Er legte sie in Reih und Glied wie Soldaten. Aus zwölf Grünlackierten for-mierte er vier Kompanien. Er bildete Buchstaben aus den Stiften: das große A, das große M, das große Z. Ein ganz großes E sollte wohl Effi bedeuten. Er erlaubte ihnen, in schöner Unordnung zu liegen, und genoß die fein abgestimmten Töne, sobald er alle zwölf hölzern auf dem rechten Handteller hüpfen, tanzen, einander bedrängen ließ. Dann nahm er jeden einzelnen Bleistift, hielt ihn in Schreibhaltung und kritzelte in die Luft: Wort nach Wort, kurze und lange Sätze, Zitate und Eigenes, Blatt auf Blatt, darauf viel geplauderte Rede, in Gänsefüßchen gesetzt. Wir stellen uns Anfänge vor: »Als mir es feststand, mein Leben zu beschreiben ... «, dann:

»Das erste Kapitel ist immer die Hauptsache, und in dem ersten Kapitel die erste Seite, beinah die erste Zeile ... « und danach: *»Bei richtigem Aufbau muß in der ersten Seite der Keim des Ganzen stecken ... «* So sehr gefiel ihm das schier unerschöpfliche Geschenk, die *»Russischgrünen«*, wie Fonty das Dutzend Bleistifte nannte.

Als Hoftaller das Fenster der Kammer zum Hof geöffnet und etwas lauwarmen Sommer eingelassen hatte, sagte der Kranke auf dem Weg zur Genesung: »Habe ja eigentlich noch genug Stifte vom letzten Ausverkauf mit dem alten Geld vorrätig. Aber die hier machen was her. Sind Weststifte mit Goldschrift drauf. Gold auf Grün. Hübsch, die Waage als Signum. A. W. Faber-Castell 9000. Und die richtige Schreibstärke: 3 B! Nicht zu hart, nicht zu weich für das jüngste Kind meiner Laune. Haben ja keine Ahnung, Hoftaller, was in solch einer Bleimine alles drinsteckt. Entwürfe zuerst, ob Brief oder Novelle. Ganze Romane oder Lebensläufe: das Glück und das Unglück in Fortsetzungen. Immer frisch angespitzt bis runter zum Stummel. Denn sogar mit dem Stummel kann man, wenn es denn kommt und nicht nur drippelt, ein kurzes Zwischenkapitel hinkritzeln. Und dann der nächste Stift ... Für die Reinschrift wird meine Emilie sorgen ... Zwar liegt mir nur wenig an Unsterblichkeit, diesem, wie bei Schiller, perpetuierlichen Lorbeerzustand, aber haltbar muß es schon werden, was, Tallhover! Spielen mir hier den Doktor Delhaes vor. Weiß schon, gibt keine Ausrede mehr, denn mit Papier haben wir uns rechtzeitig eingedeckt - kann ja wieder mal knapp werden ... "[196]

Von da an bis zum Ende des Buchs werden die Castell-9000-Stifte Fonty begleiten.

Decken wir den Mantel der Nächstenliebe über Grass' erzählerische Qualitäten und bleiben beim Stift. Die eigentümliche Vorliebe für die Stärke 3B findet sich auch in einem eher entlegenen Text von Heinrich Böll aus dem Jahr 1963: *„(...) weil irgendwo ein Wahnsinniger sitzt, der unermüdlich Faber Castellbleistifte No. 3 B spitzt (...)"* und *„Natürlich kann auch ein Schriftsteller investieren: er kann sich eine ganze Kiste von Faber Castellbleistiften kaufen (...)"*[197]. Wenn Faber-Castell die Chemie der Mine seit den 60er Jahren, die für Böll und Grass prägend in der Entwicklung ihrer Schreibroutinen gewesen sind, nicht wesentlich geändert hat, ist mir diese Wahl nicht nachvollziehbar. Bis 2B gehe ich bei Schreibbleistiften gerne mit, auch beim Castell 9000, aber alles, was danach kommt, ist definitiv zu weich, zu breit und zu schnell weggeschrieben. Aber auch das ist, nun ja, ein weites Feld.

Die meisten Schriftsteller:innen, die den Bleistift als literarisches Symbol benutzen, machen von ihm aber offenbar ganz anderen Gebrauch – nämlich als einem unfreiwilligen Stereotyp für die eigene schreiberische Unlust, den Gang des Aufschreibens von Gedanken oder der schreiberischen Erledigung von Aufgaben ihrer Figuren tatsächlich zu *erzählen*, wenn sie den Schreibvorgang für nicht handlungsbedeutend halten.

Sie füllen diese narrative Leerstelle regelmäßig mit dem Hinweis, XY habe dann halt einen Bleistift zur Hand genommen; Pünktchen, Pünktchen, Pünktchen. Dies scheint spätestens ab dem letzten Drittel des 20. Jahrhunderts die mit Abstand häufigste Verwendung des Bleistifts als Symbol zu sein, kam aber auch schon sehr viel früher vor. Hier einige willkürliche Fundstellen, die ich mir ohne weitere Quellenprüfung ergoogelt habe:

George Orwell in „1984": *„Winston nahm einen Bleistift und begann, in sein Tagebuch zu schreiben."*

J.K. Rowling in „Harry Potter und der Stein der Weisen": *„Harry zog einen Bleistift aus seiner Tasche und begann, seine Hausaufgaben zu machen."*

Mark Twain in „Die Abenteuer von Tom Sawyer": *„Tom nahm einen Bleistift und begann, auf dem Tisch zu kritzeln."*

Jane Austen in „Stolz und Vorurteil": *„Elizabeth zog einen Bleistift aus ihrer Tasche und begann, einen Brief zu schreiben."*

Charles Dickens in „Große Erwartungen": *„Pip nahm einen Bleistift und begann, seine Gedanken niederzuschreiben."*

Leo Tolstoi in „Anna Karenina": *„Anna nahm einen Bleistift und begann, in ihr Tagebuch zu schreiben."*

Fjodor Dostojewski in „Schuld und Sühne": *„Raskolnikow nahm einen Bleistift und begann, seine Gedanken aufzuschreiben."*

Gabriel Garcia Marquez in „Hundert Jahre Einsamkeit": *„Aureliano nahm einen Bleistift und begann, seine Gedichte zu schreiben."*

Haruki Murakami in „Naokos Lächeln": *„Toru nahm einen Bleistift und begann, in sein Notizbuch zu schreiben."*

Kazuo Ishiguro in „Was vom Tage übrigblieb": *„Stevens nahm einen Bleistift und begann, seine Erinnerungen niederzuschreiben."*

Margaret Atwood in „Der Report der Magd": *„Offred nahm einen Bleistift und begann, ihre Gedanken aufzuschreiben."*

Toni Morrison in „Menschenkind": *„Sethe nahm einen Bleistift und begann, ihre Geschichte zu schreiben."*

Ich habe gerade entschieden, die Technik in diesem Buch statt eines Exkurses über Radiergummis zu verwenden, von denen ich nun wirklich überhaupt nichts verstehe. Das liest sich dann jetzt so:

Ulli Tückmantel in „Das Bleistiftbuch": *„Der Autor nahm einen Bleistift und schrieb, die Leserinnen und Leser sollten, falls der Bleistift ihrer Wahl nicht selbst über einen Radierer verfüge, einen Radierer MONO XS von Tombow oder einen Plast-0120 von Läufer kaufen, mehr gebe es dazu einfach nicht zu sagen."*

Thomas Manns Crayon

So in etwa stellte Thomas Mann sich eine Sex-Szene vor: Hans Castorp (Christoph Eichhorn) leiht sich bei Clawdia Chauchat (Marie-France Pisier) einen Bleistift. Screenshot aus der „Zauberberg"-Verfilmung von Hans W. Geißendörfer aus dem Jahr 1982.

Thomas Mann (1875-1955, Nobelpreis 1929) hatte sehr klare Vorstellungen von einem Schriftsteller seines Kalibers: *„Da sein ganzes Wesen auf Ruhm gestellt war, zeigte er sich, wenn nicht eigentlich früh reif, so doch, dank der Entschiedenheit und persönlichen Prägnanz seines Tonfalls früh für die Öffentlichkeit reif und geschickt. Beinahe noch Gymnasiast, besaß er einen Namen. Zehn Jahre später hatte er gelernt, von seinem Schreibtische aus zu repräsentieren, seinen Ruhm zu verwalten in einem Briefsatz, der kurz sein musste (denn viele Ansprüche drängen auf den Erfolgreichen, den Vertrauenswürdigen ein), gütig und bedeutend zu sein. Der Vierziger hatte, ermattet von den Strapazen und Wechselfällen der eigentlichen Arbeit, alltäglich eine Post zu bewältigen, die Wertzeichen aus aller Herren Ländern trug.*

Ebensoweit entfernt vom Banalen wie vom Exzentrischen, war sein Talent geschaffen, den Glauben des breiten Publikums und die bewundernde, fordernde Teilnahme der Wählerischen zugleich zu gewinnen. So, schon als Jüngling von allen Seiten auf die Leistung -- und zwar die Außerordentliche -- verpflichtet, hatte er niemals den Müßiggang, niemals die Fahrlässigkeit der Jugend gekannt." [198]

Mit dieser Charakterisierung Gustav von Aschenbachs im *„Tod in Venedig"* meinte Thomas Mann in seiner unvergleichlichen Bescheidenheit selbstverständlich sich selbst. Und Bedeutendes, Weltliteratur gar, wie *„jene anderthalb Seiten erlesener Prosa, deren Lauterkeit, Adel und schwingende Gefühlsspannung binnen kurzem die Bewunderung vieler erregen sollte"* [199] (Aschenbach stalkt eher unlauter und wenig erhaben einen polnischen Jugendlichen), schreibt ein Großschriftsteller natürlich nicht mit so einem profanen Ding wie einem Bleistift. Bei Mann steht der Bleistift eher für „Unerzähltes" im weitesten Sinne, in seinem Jahrhundertroman „Der Zauberberg" gar für das ihm eigentlich Unerzählbare. Oder wie es das Buddenbrookhaus in einer Überschrift zur aktuellen Romanausstellung[200] recht knackig zusammenfasst: *„Liebe, Tod und Fieberkurven: Die Geheimnisse des Bleistifts"* [201]. Der Zauberberg erzählt auf 1000 Seiten die Geschichte des jungen Hamburger Ingenieurs Hans Castorp, der eigentlich nur seinen Vetter in einem Sanatorium in Davos besuchen will, aber am Ende sieben Jahre als Möchtegern-Kranker in der überspannten Parallelwelt der Schweizer Berge verbringt und die russische Mitpatientin Clawdia Chauchat anschmachtet, bevor der Weltkrieg alle Insassen des Berghofs zur Abreise zwingt.

In den beiden Bänden der Zauberberg-Erstausgabe von 1924 kommt das Wort „Bleistift" 29-mal vor, und weil Thomas Mann ja immer etwas dicker auftragen muss, zusätzlich 14-mal die französische Bezeichnung „Crayon". Das ist bei Mann ein sicheres Zeichen, dass dieses mit dem Zaunpfahl gewunkene Leitmotiv unbedingt etwas bedeuten will. Auf Seite 131 begegnet Madame Chauchat ihm erstmals bewusst, wobei Hans Castorp flüchtig bemerkt, *„dass sie breite Backenknochen und schmale Augen* *hatte ... Eine vage Erinnerung an irgendetwas und irgendwen berührte ihn leicht und vorübergehend, als er das sah ...".*

Das Objekt der Erinnerung holt ihn im Traum ein: Es ist ein Mitschüler namens Pribislav Hippe, den er als 13-Jähriger aus der Ferne angeschmachtet hat, und den Mann beschreibt als *„offenbar das Produkt einer alten Rassenmischung, einer Versetzung germanischen Blutes mit wendisch-slawischem – oder auch umgekehrt. (...) seine Augen, blaugrau oder graublau von Farbe (...) zeigten einen eigentümlichen, schmalen und genau genommen sogar etwas schiefen Schnitt, und gleich darunter saßen die Backenknochen, vortretend und stark ausgeprägt, – eine Gesichtsbildung, die in seinem Falle durchaus nicht entstellend, sondern sogar recht ansprechend wirkte, die aber genügt hatte, ihm bei seinen Kameraden den Spitznamen „der Kirgise" einzutragen."*[202] Castorp sorgt sich *„um die geistige Rechtfertigung seiner Empfindungen oder gar darum, wie sie etwa notfalls zu benennen gewesen wären".*

Zu deutsch: Der schwule Hans hat eine Vorliebe eher slawische Typen. Schließlich traut Hans sich, Pribislav vor einer Zeichenstunde anzusprechen, um sich von ihm einen Bleistift zu leihen:

„Und so stand er denn nun im Gewühle des Klinkerhofes wirklich vor Pribislav Hippe und sagte zu ihm:

„Entschuldige, kannst du mir einen Bleistift leihen?"

Und Pribislav sah ihn an mit seinen Kirgisenaugen über den vorstehenden Backenknochen und sprach zu ihm mit seiner angenehm heiseren Stimme, ohne Verwunderung oder doch ohne Verwunderung an den Tag zu legen.

„Gern", sagte er. „Du mußt ihn mir nach der Stunde aber bestimmt zurückgeben." Und zog sein Crayon aus der Tasche, ein versilbertes Crayon mit einem Ring, den man aufwärts schieben mußte, damit der rot gefärbte Stift aus der Metallhülse wachse. Er erläuterte den einfachen Mechanismus, während ihre beiden Köpfe sich darüberneigten.

„Aber mach ihn nicht entzwei!" sagte er noch.

Wo dachte er hin? Als ob Hans Castorp die Absicht gehabt hätte, den Stift etwa nicht zurückzuerstatten oder gar ihn fahrlässig zu behandeln.

Dann sahen sie einander lächelnd an, und da nichts mehr zu sagen blieb, so kehrten sie sich erst die Schultern und dann die Rücken zu und gingen."[203]

Mann schildert, dass Castorp den Bleistift etwas zuspitzt *„und von den rot lackierten Schnitzeln, die abfielen, bewahrte er drei oder vier fast ein ganzes Jahr lang in einer inneren Schublade seines Pultes auf, – niemand, der sie gesehen hätte, würde geahnt haben, wie Bedeutendes es damit auf sich hatte".* Das sexuell aufgeladene Leitmotiv nimmt vorweg, was in einem Mann-Text unweigerlich folgen muss. Im Verlauf der Handlung leiht sich Hans Castorp am Rande einer Karnevalsfeier schließlich auch bei Madame Chauchat einen Bleistift, die er zum ersten Mal anspricht und duzt:

„Hast du nicht vielleicht einen Bleistift?"

(...)

„Ich?" antwortete die bloßarmige Kranke auf das *„Du"* ... *„Ja, vielleicht".* *Und allenfalls war in ihrem Lächeln und ihrer Stimme etwas von der Erregung, die auftritt, wenn nach langem, stummem Verhältnis die erste Anrede fällt, – einer listigen Erregung, die alles Vorangegangene in den Augenblick heimlich einbezieht. „Du bist sehr ehrgeizig ... Du bist ... sehr ... eifrig",* fuhr sie in ihrer exotischen Aussprache mit fremdem r und fremdem, zu offenem e zu spotten fort, wobei ihre leicht verschleierte, angenehm heisere Stimme das Wort „ehrgeizig" auch noch auf der zweiten Silbe betonte, so daß es völlig fremdsprachig klang, – und kramte in ihrem Ledertäschchen, blickte suchend hinein und zog unter einem Taschentuch, das sie zuerst zutage gefördert, ein kleines silbernes Crayon hervor, dünn und zerbrechlich, ein Galanteriesächelchen, zu ernsthafter Tätigkeit kaum zu gebrauchen. Der Bleistift von damals, der erste, war handlich-rechtschaffener gewesen.*

„Voilà", sagte sie und hielt ihm das Stiftchen vor die Augen, indem sie es zwischen Daumen und Zeigefinger an der Spitze hielt und leicht hin und her schlenkerte.

Da sie es ihm zugleich gab und vorenthielt, nahm er es, ohne es zu empfangen, das heißt: hielt die Hand in der Höhe des Stiftes, dicht daran, die Finger zum Greifen bereit, aber nicht vollends zugreifend, und blickte aus seinen bleifarbenen Augenhöhlen abwechselnd auf den Gegenstand und in Clawdias tatarisches Gesicht. Seine blutlosen Lippen standen offen, und sie blieben so, er benutzte sie nicht zum Sprechen, als er sagte:

„Siehst du wohl, ich wusste doch, dass du einen haben würdest."

„Prenez garde, il est un peu fragile", sagte sie. „C'est à visser, tu sais."

Und indem ihre Köpfe sich darüber neigten, zeigte sie ihm die landläu-fige Mechanik des Stiftes, aus dem ein nadeldünnes, wahrscheinlich har-tes, nichts abgebendes Graphitstänglein fiel, wenn man die Schraube öff-nete.

Sie standen nahe gegeneinander geneigt. Da er im Gesellschaftsanzug war, trug er heute abend einen steifen Kragen und konnte das Kinn darauf stützen.

„Klein, aber dein", sagte er, Stirn an Stirn mit ihr, auf den Stift hinunter mit unbewegten Lippen und folglich unter Auslassung des Labiallautes.

„Oh, auch witzig bist du", antwortete sie mit kurzem Lachen, indem sie sich aufrichtete und ihm das Crayon nun überließ." [204]

Der Französisch-Anteil nimmt im Laufe des weiteren Gesprächs massiv zu, der erste Band steuert recht wörtlich und zielstrebig auf einen Höhe-punkt zu, den der Erzähler freilich nur andeutet:

„Damit glitt sie vom Stuhl, glitt über den Teppich zur Tür, in deren Rah-men sie zögerte, halb rückwärts gewandt, einen ihrer nackten Arme erho-ben, die Hand an der Türangel. Über die Schulter sagte sie leise:

„N'oubliez pas de me rendre mon crayon."

Und trat hinaus." [205]

Die Einladung, ihr den Bleistift wiederzugeben, dürfte Hans Castorp nach allgemeiner Interpretation angenommen haben. Falls Sie den „Zau-berberg" noch nicht gelesen hatten, dann wissen Sie jetzt, wie Thomas Mann sich vor 100 Jahren eine Sex-Szene vorstellte. Wenn Sie sich fragen, was diesen überladenen Lübecker Marzipanstil, der in seinen bedeutungsheischenden Eindeutigkeiten platt bis zum Unkünstlerischen ist, nobelpreisverdächtig gemacht hat – da sind wir schon zwei. Vielleicht erhielt ihn auch deshalb ausdrücklich für die Buddenbrooks und nicht für den Zauberberg. Dass es für jemand, der sein Bildungsbürgertum lediglich schauspielert (Thomas Mann hatte kein Abitur, er wäre beinahe am Realschulabschluss gescheitert), natürlich ein „Crayon" statt bloß eines Bleistifts sein muss – geschenkt. Wie so häufig schreibt Mann im Zauberberg nicht nur sein vorgetäuschtes Wissen bei anderen ab. Auch seine Figuren basieren auf autobiografischen Vorbildern und sind dem Leben abgeschrieben. So ist die Echt-Person hinter dem angeschmachteten Pribislav Hippe ein Mitschüler Manns namens Williram Timpe[206], und tatsächlich lieh sich Thomas Mann einst auf dem Schulhof von ihm einen Bleistift, der für ihn entsprechend sexuell aufgeladen gewesen sein dürfte.

Noch plakativ platter als die Romanvorlage kommt die Verfilmung daher, in der Hans W. Geißendörfer (Drehbuch und Regie, Szenen-Foto am Eingang des Kapitels) 1982 die Schüler-Szene mit dem Bleistift gleich an den Anfang des Films stellt. In nahezu bildgleicher Einstellung wiederholt er diese Szene später zwischen Castorp und Madame Chauchat. Er kann es auch nicht bei der Andeutung belassen, er muss uns mit in Clawdias Schlafzimmer nehmen. Die Verfilmung fiel bei fast allen Kritikern durch – nicht zuletzt wegen der Umsetzung des Bleistift-Leitmotivs und der von schmachtender Musiksoße übergossenen Körpererkundung. Der Kritiker des damals einflussreichen „film-dienst" hielt Geißendörfer bei Erscheinen des Films vor: *„Er begreift nicht, was Thomas Mann alles an der Liebe als Phantasieleistung darstellen wollte, als er Hans Castorp die Erfüllung seiner existenzaufwertenden Liebe zur „kirgisenäugigen" Madame Chauchat, einer Mitpatientin, versagte – während Geißendörfer grobschlächtig gerade diesen parabolischen Drehpunkt zu Gunsten einer „Betterfüllung" aufhebt, bei deren Darstellung man momentan gar Beate Uhse als Mitproduzentin vermutet."*[207]

Claudius Seidl hat in einem Aufsatz darauf hingewiesen, der Zauberberg selbst sei bereits Thomas Manns „bester Film", den man eigentlich gar nicht mehr verfilmen müsse, weil er selbst schon extrem filmisch erzählt sei: *„Und wenn die Einladung auf ihr Zimmer sich ausgibt als die Mahnung Claudia Chauchats, er, Castorp, möge nicht vergessen, ihr den Stift zurückzubringen, und mehr gibt es in diesem Kapitel, in dieser Szene dazu nicht zu sagen: Dann ist das eine Ellipse, so elegant und subtil erotisch, wie sie Ernst Lubitsch dann, später in Hollywood, in seinen wunderbaren Komödien inszenierte."*[208] Seidl hat offenbar etwas gröbere Vorstellungen von Subtilität, im Grundsatz aber recht. Hans W. Geißendörfer nahm am Feuilleton und der Öffentlichkeit für die schlechten Kritiken furchtbare Rache, indem er sie zwischen 1985 und 2020 jeden Sonntag in der ARD mit 1765 Folgen „Lindenstraße" quälte, in denen alles Elend der Welt in plumpester Inszenierung in die deutschen Wohnzimmer gekübelt wurde.

Morgenroth, der mit Petroski rätselt, ob es sich bei Madame Chauchats kleinem silbernem Crayon (*„dünn und zerbrechlich, ein Galanteriesächelchen, zu ernsthafter Tätigkeit kaum zu gebrauchen"*) um einen Drehbleistift von A.W. Faber gehandelt haben könnte, schließt sich der von Mann offenkundig und unzweifelhaft als Zeichnung der Castorpschen Geschlechtsausstattung intendierten Beschreibung für mein Verständnis etwas vorschnell an, wenn er daraus in Bezug auf den tatsächlichen Stift schlussfolgert: *„Er passt bestens zur exklusiven und unwirklichen Atmosphäre des Sanatoriums. Edel und unnütz."*[209]

Es ist viel wahrscheinlicher, dass Manns Beschreibung realistisch wiedergibt, was sich tatsächlich am Ende des 19. und Beginn des 20. Jahrhunderts nicht selten in den Handtäschchen von Damen gehobener Gesellschaftsschichten befunden haben dürfte: ein kleiner Bleistift für eine „Tanzkarte".

Bei Bällen wurde Damen gleich am Eingang ein kleines Geschenk überreicht, die sogenannte „Damenspende". Das war oftmals ein kleines Büchlein oder ähnliches, das dem Zweck diente, die „Tanzkarte" der Dame darin aufzubewahren. Oft war die Damenspende daher mit einem kleinen Bleistift versehen, der teils auch als Verschluss diente. 2017 zeigte die

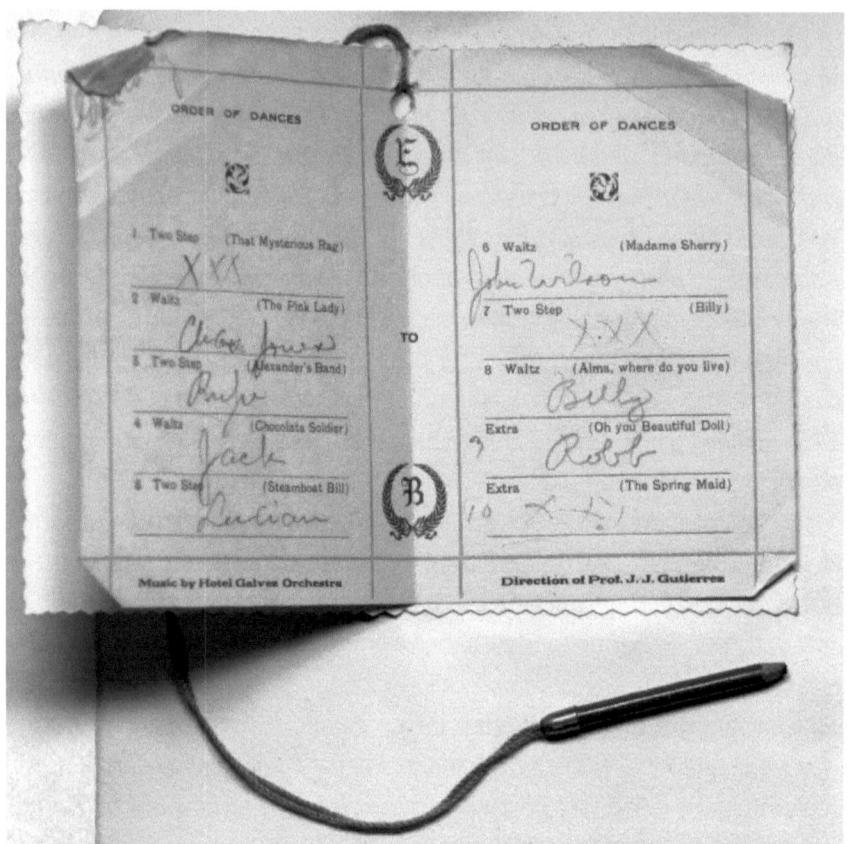

Tanzkarte aus dem Jahr 1912 mit anhängendem Bleistift des Hotel Galvez an der texanischen Atlantik-Küste. Foto: Courtesy of Special Collections, University of Houston Libraries.

Wienbibliothek eine kleine Ausstellung solcher Damenspenden und erläuterte dazu:

„Die Gepflogenheit der Ballveranstalter, den Damen beim Betreten des Ballsaales ein Geschenk zu überreichen, hat sich bis in unsere Zeit erhalten. Während man gegenwärtig jedoch als Ball- oder Damenspenden Miniaturparfumflacons, Ohrstecker, Konfektdöschen und Sektgutscheine verteilt und damit nicht zuletzt der höhere Preis der Damenkarte erklärlich wird, erfüllten Damenspenden ursprünglich einen gesellschaftlich höchst

wichtigen Zweck: Die Damenspende enthielt die Tanzkarte, welche über den Verlauf eines Abends und gelegentlich über das weitere Leben der Frau entscheiden konnte.

Während auf den modernen Ballveranstaltungen auch die jüngeren Gäste bereits paarweise eintreffen, Lebens- und Tanzpartner vielfach bereits identisch sind, stellte der Tanzball bis weit in das 20. Jahrhundert hinein ein wichtiges Instrument des offiziellen Flirt- und Heiratsmarktes dar. Die unverheiratete junge Frau wurde, nach absolviertem Tanz- und Gesellschaftsunterricht, in Begleitung der Eltern oder auch einer Anstandsdame auf den Ball geführt. Mit der in der Damenspende enthaltenen Tanzkarte warteten die Damen auf interessierte Herren, denen ein Tanzversprechen gegeben werden konnte. Die Namen der Partner notierte die Dame an der Stelle der jeweiligen Tänze. Das Kennenlernen von Tanzpartnern und die gesellschaftlichen Konventionen folgende Organisation des Abends beanspruchte Zeit, worin der ursprüngliche Zweck der Saaleröffnung lange vor Beginn des Balles begründet ist. War der Name eines Tanzpartners in der Ballspende festgehalten, so galt der Tanz als verbindlich versprochen und die Tänzerin als nicht mehr frei, die Herren dagegen waren "engagiert". "[210]

Das Büchlein als Damen- oder Ballspende, französisch „Carnet de bal", mit der darin enthaltenen wichtigen Tanzkarte und dem unverzichtbaren Bleistift, war transkontinental in allen adeligen und bürgerlichen Gesellschaften üblich, die sich der europäischen Zivilisation zugehörig empfanden. Je nach Veranstalter und Prestige reichte die Gestaltung von einfachen Pappkarten in Texas (siehe Foto) bis hin zu Elfenbein-Kästchen und Silberschmiede-Arbeiten in Frankreich und Wien. Im Konrad-Adenauer-Haus in Bonn hat sich eine Tanzkarte aus der Jugend von Emma Adenauer erhalten, bevor sie ihren späteren Ehemann Konrad kennenlernte[211].

Meinen Humor trifft der unschuldige Zufall, dass sich im Buddenbrookhaus – ganz ähnlich wie im Nachlass Goethes – ein Thomas Mann zugeschriebener mechanischer Bleistift erhalten hat. Offenbar ist die Quellenlage im Fall von Thomas Mann aber eindeutiger. Ein Volontär des

Museums führt den Stift in einem YouTube-Video mit weißen Handschuhen wie eine museale Kostbarkeit vor, muss aber auf der Tonspur einräumen, dass Thomas Mann den vergoldeten Nippes erst im hohen Alter geschenkt bekam und bereits nach wenigen Wochen weiterverschenkte: *„1955 am 6. Juni ist Thomas Mann 80 Jahre alt geworden, und zu diesem Anlass hat er den Bleistift geschenkt bekommen, und zwar von seinem damaligen Verleger Gottfried Bermann Fischer. Thomas Mann hat ihn dann ungefähr 4 bis 7 Wochen lang besessen, und dann hat er ihn weiterverschenkt, interessanterweise an einen mehrjährigen Arbeitskollegen von Gottfried Bermann Fischer, nämlich an den Verleger Fritz Landshoff. Der hat den in Amsterdam angesiedelten Querido-Verlag, einen Verlag für Exilliteratur, geleitet, und wahrscheinlich in den Niederlanden ist es auch zur Übergabe des Stiftes gekommen."* [212]

Da kann man nur sagen: Das war knapp. Denn Mann starb bereits am 12. August 1955 in Zürich nach einem abgebrochenen Urlaub im niederländischen Noordwijk aan Zee, wo er im Grandhotel Huis ter Duin residierte. „Urlaub" bedeutete: Thomas Mann reiste mit Frau Katia und Tochter Erika sowie 11 Koffern per Flugzeug an; er hielt Vorträge in Amsterdam und Den Haag, wurde von der niederländischen Königin Juliana empfangen, empfing den deutschen Botschafter, traf Hinz und Kunz und besuchte nebenbei noch eine Ballettaufführung im Casino von Noordwijk, wo er sich wohl besonders für einen jungen amerikanischen Tänzer interessierte...[213]

In der Interimsausstellung des Buddenbrookhauses während des Umbaus (voraussichtlich bis 2028) wird der Stift in der Station „Rebellion" gezeigt, in der es um die Entscheidung der Brüder Thomas und Heinrich Mann geht, Schriftsteller zu werden. Auch wenn er den Drehbleistift vermutlich nie benutzt hat: „Rebellion" mit einem vergoldeten Bleistift hätte Thomas Mann zumindest ähnlich gesehen.

In der Literaturgeschichte des 20. Jahrhunderts kann man sich zu Thomas Mann, dem hochstapelnd selbsternannten Verkörperer deutscher Kultur, kaum einen unfreiwillig größeren Kontrast denken als Vladimir Nabokov (1899-1977): Geboren in einer einflussreichen St. Petersburger

Aristokratenfamilie, ab 1918 erstes Exil in London und Berlin (wo sein Vater ermordet wurde), ab 1936 zweites Exil in Frankreich und den USA, wo er seinen Lebensunterhalt als Literaturprofessor verdiente, und ab 1961 schließlich Übersiedlung in die Schweiz, wo er sich bis zu seinem Lebensende im Palace-Hotel in Montreux niederließ und ein Stück des Glanzes zurückerhielt, den er seit seiner Kindheit vermisste. Nabokov hielt Thomas Mann für einen Schwindler („Big Fake"). In der Besprechung des 21. von 24 Bänden der von Dieter E. Zimmer bei Rowohlt ausgezeichnet herausgegebenen gesammelten Werke Nabokovs[214] hält Ulrich M. Schmid dazu fest: *„Er monierte, dass Thomas Manns Figuren klischeehafte Konstruktionen seien, die in durchsichtiger Weise für diese oder jene allgemeine Idee stehen: «Sie wollen eine rührende Figur? Vier Zutaten reichen: Frau, alt, klein, arm. Da haben Sie sie. Sie wollen einen stolzen Aristokraten? Bitte sehr - Monokel, Gamaschen, Schnurrbart, Hund.» Nabokovs Indignation wurde möglicherweise noch durch das vergebliche Warten auf den Nobelpreis verstärkt, für den er sich durchaus zu Recht als valablen Kandidaten sah - 1974 stand er mit Saul Bellow und Graham Greene auf der short list des Komitees."* [215]

Nabokov, unzweifelhaft einer der besten Erzähler des vergangenen Jahrhunderts (vielleicht aber eher ein Schriftsteller für Schriftsteller:innen, wie Velázquez der Maler der Maler:innen war), hasste Verallgemeinerungen, und weder eine Bleistift-Symbolik als Leerstelle für Unerzähltes wie in den Zitaten am Ende des voranstehenden Kapitels noch Manns verklemmt-verquere Phallus-Metapher wären ihm jemals unterlaufen. In seinem vorletzten Roman „Durchsichtige Dinge" findet der Protagonist Hugh Person in dem Hotelzimmer, in dem er später sterben wird, einen Bleistift. Genauer: Eine verkantete Schublade, die sich zunächst nicht öffnen lässt, spuckt ihn aus, bzw. in Nabokovs Worten: „exmittierte ihn". Diesen Bleistift sieht Hugh Person kurz an, ehe er ihn zurücklegt. Was dann folgt, ist eine derart ausführliche und ausufernde Beschreibung des Bleistifts (der übrigens für die folgende Geschichte gar keine Rolle spielt), dass exakt gar kein Raum für irgendeine inhärente oder intendierte Symbolik bleibt, die über die Spitze des Bleistifts hinausreichen würde:

„Er war keine sechseckige Schönheit aus Virginischem Wacholder oder afrikanischer Zeder, der der Name des Herstellers in Silberfolie aufgeprägt ist, sondern ein sehr schlichter, runder, technisch gesichtsloser alter Bleistift aus billigem Kiefernholz, das schmuddelig lila gefärbt war. Er war zehn Jahre zuvor von einem Tischler verlegt worden, der die Examinierung, geschweige denn die Reparatur des alten Tisches nie zu Ende führen sollte, da er ein Werkzeug holen gegangen war, das er niemals fand. Jetzt kommt der Akt der Aufmerksamkeit.

In dieser Tischlerwerkstatt, und lange vorher in der Dorfschule, war der Stift bis auf zwei Drittel seiner ursprünglichen Länge aufgebraucht worden. Das nackte Holz seines angespitzten Endes war zu einem bleiernen Pflaumenblau gedunkelt und verschmolz also farblich mit der stumpfen Graphitspitze, die einzig ihr blinder Glanz von dem Holz unterschied. Ein Messer und ein Messinganspitzer hatten sich gründlich an ihm zu schaffen gemacht, und wenn es erforderlich wäre, könnten wir das komplizierte Schicksal der Späne verfolgen, alle in frischem Zustand auf der einen Seite blassviolett und auf der anderen lohfarben, doch nunmehr zu Staubatomen reduziert, deren weite, weite Streuung einer atemlosen Panik gleichkommt, aber man sollte darüberstehen, man gewöhnt sich ziemlich rasch daran (es gibt schlimmere Schrecken). Alles in allem ließ er sich dank seiner altmodischen Machart gefügig anspitzen. Etliche Saisons zurückgehend (jedoch nicht bis zu Shakespeares Geburtsjahr, als die Graphitmine entdeckt wurde), und die Geschichte des Dings in Richtung Jetzt aufnehmend, sehen wir, wie sehr fein gemahlenes Graphit von jungen Mädchen und alten Männern mit feuchtem Ton gemischt wird. Diese Masse, dieser gepresste Kaviar wird in einen Metallzylinder getan, der ein blaues Auge hat, einen Saphir mit einem ausgebohrten Loch, und durch diese Düse wird der Kaviar gezwängt. Es tritt als eine fortlaufende appetitliche dünne Stange aus (achte auf unsern kleinen Freund!), die so aussieht, als bewahrte sie die Gestalt des Verdauungstrakts eines Regenwurms (aber pass doch auf, pass doch auf, lass dich nicht ablenken!). Es wird jetzt in Stücke geschnitten, die der Länge dieser speziellen Bleistifte entsprechen (wir erhaschen einen Blick auf den, dem das Schneiden obliegt, den alten Elias Borrowdale, und sind schon im Begriff, uns wie Mäuschen auf einem Nebeninspektionsgang seinen Unterarm hinaufzustehlen, doch halten wir ein, halten ein und weichen zurück in unserer Eile, das individuelle Segment nicht aus dem Auge zu verlieren). Sehen, wie es gebacken wird, sehen, wie es in Fett gekocht wird (hier eine Aufnahme des wolligen Fettspenders, der gerade geschlachtet wird, eine Aufnahme des Schlächters, eine Aufnahme des Schäfers, eine Aufnahme des Vaters des Schäfers, eines Mexikaners) und wie man das Segment in den Holzschaft einpasst.

Jetzt wollen wir aber bloß unser kostbares bisschen Graphit nicht aus dem Auge verlieren, während wir das Holz zurichten. Hier ist der Baum! Diese spezielle Kiefer! Sie wird gefällt. Nur der Stamm, seiner Rinde entkleidet, wird gebraucht. Wir hören das Jaulen einer jüngst erfundenen Motorsäge, wir sehen, wie Stämme getrocknet und glatt gehobelt werden. Hier ist das Brett, das die Umhüllung des Stifts in dem (immer noch nicht geschlossenen) flachen Schubfach liefern wird. Wir erkennen seine Anwesenheit in dem Stamm, wie wir den Stamm im Baum erkannten und den Baum im Wald und den Wald in der Welt, die Jack baute. Wir erkennen diese Anwesenheit an etwas, das uns vollkommen klar ist, aber keinen Namen hat und sich so wenig beschreiben lässt, wie jemandem ein Lächeln beschrieben werden kann, der niemals lächelnde Augen gesehen hat.

So entfaltet sich denn in einem einzigen Augenblick das gesamte kleine Drama vom kristallisierten Kohlenstoff und der gefällten Kiefer bis zu diesem bescheidenen Schreibgerät, diesem durchsichtigen Ding. Ach, der feste Stift, den Hugh Persons Finger kurz betasten, entgeht uns irgendwie immer noch! Aber er selber nicht, o nein. "[216]

Wow, oder?

Nabokovs vorletztes Buch erschien 1972. Dass ein Bleistift-Enthusiast wie Nabokov „mal eben" (dafür musste er reichlich lesen) die komplette Entstehungsgeschichte des modernen Bleistifts abspult, ist vielleicht nicht so verwunderlich. Die Schlusssätze dieses Abschnitts sind jedoch nur richtig zu verstehen, wenn man weiß, dass es Stimmen aus dem Totenreich sind, die diesen Roman erzählen. Ihnen, selbst „durchsichtige Dinge", entgeht vielleicht der feste Bleistift Hugh Persons, aber nicht er selbst – und das meint das Wesen und die Idee des Bleistifts (sowie natürlich Hugh Person selbst) gleichermaßen.

Der schweizer Journalist Manfred Papst erinnerte jüngst in der NZZ an eine Episode aus der Kindheit Nabokovs, die ein Licht darauf wirft, wie sehr ihn Bleistifte immer schon beschäftigten. Der kränkliche Junge liegt geschwächt im Bett und stellt sich vor, wie seine Mutter sich im Pferdeschlitten vom Stadtpalais zum Newski-Prospekt fahren lässt, wo sie wie jeden Tag ein erlesenes Geschenk für ihn kauft:

„Vor seinem geistigen Auge sieht er, wie sie die Papeterie Treumann betritt und wieder verlässt. Der livrierte Diener trägt ihr ein zierliches Päckchen hinterher: einen Malstift vielleicht? Doch als sie sein Zimmer betritt, ist das Paket gross und schwer. Es enthält einen riesigen, kantigen Faber-Bleistift, über einen Meter lang und entsprechend dick. Er diente als Schaufensterdekoration und war eigentlich unverkäuflich. Doch die Mutter wusste, dass sich ihr Söhnchen das, was am wenigsten zu haben war, am meisten wünschte, und hatte den Angestellten dazu gebracht, an höherer Stelle eine Sondererlaubnis zu erwirken. Obwohl der monströse Stift zum praktischen Gebrauch völlig ungeeignet und auch gar nicht bestimmt war, handelte es sich nicht um eine Attrappe. Er war aus edlem Holz, die Spitze aus echtem Grafit – und als Nabokov ihn einige Jahre später seitlich anbohrte, entdeckte er zu seinem Entzücken, dass die Mine bis hinten durchging: «Ein vollkommener Fall von ‹l'art pour l'art›», vermerkte er." [217]

Weiter weg von Thomas Mann kann man nicht sein.

Exkurs: Auf die Spitze getrieben

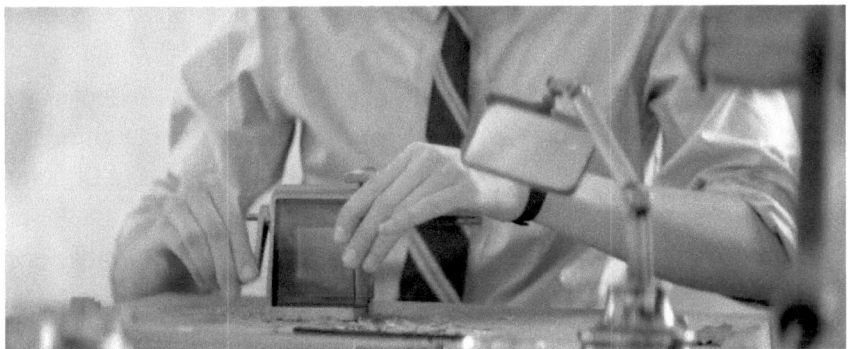

Screenshot aus „I'm a Sharpener", Kurzfilm von Mahdi Lepart, Frankreich 2013.

Beim Anspitzen schlägt für jeden Bleistift die Stunde der Wahrheit. Vor allem wenn Sie ungespitzte Bleistifte kaufen, ist das Anspitzen der erste Test, bei dem Sie das Wichtigste über ihren Stift erfahren: Sitzt die Mine wirklich mittig im Stift? Sind die beiden Holzhälften das Schaftes zueinander passend und auch ordentlich verleimt? Wie bruchsicher und gut spitzbar ist die Mine? Noch vor dem Schreiben können Sie beim Spitzen feststellen, dass auch bei den Markenherstellern bisweilen ganze Qualitäts-Welten zwischen den Spitzenprodukten und den Standard-Bleistiften liegen. Das setzt allerdings voraus, dass Sie einen ordentlichen Anspitzer und keinen Stifte-Häcksler benutzen.

Der von den Stifte-Marktführern dominierte „Industrieverband Schreiben, Zeichnen, Kreatives Gestalten e.V." (ISZ) behauptet in einer Broschüre über die Qualitätsmerkmale für gängige Spitzertypen von Blei- und Farbstiften: *„Die häufigsten Reklamationen bei holzgefassten Stiften sind nicht auf die Stifte, sondern auf ungeeignete oder stumpfe Spitzer zurückzuführen."* [218] Was der ISZ weiter dazu auszuführen hat, ist mehr verschweigende Stifte-Reklame als wirkliche Spitzer-Information. Im Schreibwarenhandel dominieren in der Regel Plastik-Anspitzer mit zwei Öffnungen. Faber-Castell beschreibt das so: *„Für verschiedene Stifte mit unterschiedlichen Anwendungen gibt es auch entsprechende Spitzer mit*

111

zum Teil angepassten Winkeln. Je härter die Mine ist, umso spitzer der Anspitzwinkel. Bleistiftspitzer haben üblicherweise einen 21°-Winkel, während die Spitze von Buntstiften üblicherweise etwas stumpfer sein kann (ca 24°)."[219]

Nehmen wir das mal für den Anfang so hin (der ISZ nennt im Gegensatz zu Faber-Castell als gängige Winkel 22° ± 1° für normale Bleistifte und 30° ± 2° das Stifteformat Jumbo und Buntstifte[220]). Die kleinere Öffnung an diesen Anspitzern ist in der Regel für Blei- und Buntstifte bis 8mm Durchmesser geeignet, die größere für maximal 11 bis 12mm bzw. das Format Jumbo gedacht. Der Kern eines solchen Handanspitzers sind seine Klingen. Ich wüsste in einem normalen Haushalt keine andere Tätigkeit, bei der eine Messerklinge ähnlich heftig belastet wird wie beim Spitzen eines Bleistifts: Sie schnitzt sehr hartes Holz weg, und noch dazu muss sie ein keramisches Ton-Graphit-Gemisch schneiden. Dabei kann selbst eine sehr harte Klinge nicht besonders lange scharf bleiben. Daher gilt tatsächlich die von Faber-Castell aufgestellte Faustregel: *„Ein Spitzer sollte nach 12 'durchgespitzten' Stiften erneuert werden, um die erwartete und gewünschte Bleistiftspitze zu erhalten und ärgerlichen Spitzenbruch zu vermeiden."*[221]

Wieso der Spitzer? Warum nicht lediglich die *Klinge*? Es ist ärgerlich, dass die großen Stiftehersteller ganz überwiegend Bleistiftanspitzer anbieten, bei denen die Klinge fest verbaut ist und nicht gewechselt werden kann. Das macht die meisten Plastik-Anspitzer zu Wegwerfprodukten, die als Verbundstoffe aus Kunststoff und Edelstahl kaum recycelt werden können, was wiederum in absurdem Widerspruch zu den aufwändigen (und teils gesetzlich vorgeschriebenen) Nachhaltigkeitsbemühungen bei den verwendeten Stift-Hölzern steht.

So richtig der Hinweis ISZ-Hinweis ist, dass ungeeignete und stumpfe Spitzer auch den besten Bleistift kaputtmachen, so gilt allerdings auch umgekehrt, dass Top-Anspitzer mit anspruchsvoller Schnitt-Performance schonungslos die mindere Güte von Billig-Bleistiften entlarven – und eben auch von Billig-Bleistiften mit teurem Markenaufdruck.

In diesem Exkurs machen wir es für meine Verhältnisse schon so kurz wie möglich (Anspitzer sind nun einmal nicht der Schwerpunkt dieses Buchs), aber nicht kürzer: Das Anspitzen mit einem Taschenmesser habe ich nie ausprobiert, weil es mir einfach zu unpraktisch ist. Mir passt es eigentlich schon nicht, wenn ein Spitzer kein Gehäuse zum Auffangen der Bleistiftspäne hat, ich also nicht in einem Café damit arbeiten kann (es stehen ja heute nirgendwo mehr Aschenbecher, in die man hineinspitzen könnte). Es gibt exakt zwei deutsche Hersteller von Hand-Anspitzern, deren Produkte ich ausdrücklich empfehle[222]. Beide Unternehmen sitzen – wie sollte es auch anders sein – nicht sonderlich weit von Nürnberg entfernt in Erlangen.

1.) Die <u>Möbius + Ruppert</u> GmbH & Co. KG (oft M+R abgekürzt) hat 1922 mit der Fertigung von Bleistiftspitzern aus Kunstharz, Magnesium und Zink-Druckguss begonnen. Am bekanntesten dürften die kleinen Messing-Anspitzer von M+R des Typs „Granate" sein.

2.) Die <u>KUM</u> GmbH & Co. KG Kunststoff- & Metallwarenfabrik ist nach eigenen Angaben der älteste noch existierende Hersteller von Bleistiftanspitzern (gegründet 1919) und hat den Anspruch, die besten Anspitzer der Welt zu produzieren (Export in mehr als 80 Ländern)[223].

Die in Erlangen von M+R und KUM angeführte kleine Spitzer-Industrie beliefert zusammen nach wie vor zu etwa 75 Prozent den Weltmarkt für Bleistiftspitzer[224]. Der entscheidende Vorteil der Anspitzer sowohl von M+R als auch von KUM liegt darin, dass bei ihnen in der Regel die Klingen austauschbar sind. Zumindest KUM liefert bei vielen Modellen auch gleich ein oder zwei Austauschklingen mit. Das sollte man bei Modellen, die im Einzelfall bis zu 25 Euro kosten, im Sinne der Langlebigkeit auch erwarten dürfen. KUM legt großen Wert auf die Qualität der verwendeten Messer: *„Unsere Messer werden mit einer Messtoleranz von 5/100 mm gefertigt. Ebenso bedeutend ist die Härtung dieser Messer. Wir härten den Stahl mit 64 HRC. Zum Vergleich und zum Verständnis: Spitzenmesser für die Anwendung in der Küche weisen höchstens 53 HRC auf."*[225]

HRC ist eine amerikanische Maßeinheit zur Angabe von Stahlhärten. Mit einer Rockwell-C-Härte von 64 liegen die KUM-Klingen knapp unter sehr gut veredelten Spezial-Rasierklingen im Kosmetik-Segment (z.B. Augenbrauen-Rasur). Eine solche Kombination von Härte mit großer Schnittschärfe ist mit rostfreiem Chromstahl, den Sie zum Beispiel von einem handelsüblichen Monoblock-Besteckmesser (WMF-Standard Cromargan 18/10) kennen, bei dem Griff und Klinge durchgängig aus dem gleichen Material sind, nicht zu erzielen. Die Chrom-Partikel in diesen Stahlsorten würden zu einem Ausfransen der Klinge führen, wenn deren Schnittkante in einem flacheren (= schärferen) Winkel geschmiedet würde.

Daher setzt KUM auf Carbonstahl, wie er zum Beispiel für sehr teure Rasiermesser verwendet wird. Ich weiß nicht, warum KUM in seiner Werbung so zurückhaltend ist, aber die schärfsten Messer in Ihrer Küchenschublade nehmen sich im Vergleich zu einem KUM-Spitzmesser vermutlich wie ein Gurkenhobel gegenüber einem Samurai-Schwert aus. Diese Schärfe in Kombination mit der Standhaltigkeit von 64 HRC hat einen physikalischen Preis (irgendwas ist ja immer): Kohlenstoffstahl ist rostanfällig, weshalb KUM seine Messer nach eigenen Angaben durch Politur, Ultraschall-Reinigung und den Überzug mit Öl schützt. Das nutzt sich allerdings alles sehr schnell ab. Meine Empfehlung: Lagern Sie solche Anspitzer unbedingt trocken. Wenn Sie sie im Auto liegenlassen, können Sie sie auch gleich wegwerfen.

Für Leute wie mich, die ihre Bleistifte nahezu ausschließlich zum Schreiben benutzen, mag das nicht wirklich wichtig sein, aber neben den sehr guten Messern begeistert mich an den Anspitzern von M+R und KUM, dass beide Hersteller Modelle anbieten, die einen deutlich flacheren (also spitzeren) Anspitzwinkel als den von Faber-Castell beschriebenen einen 21°-Standard haben.

Was ist daran klasse? Zu allererst: Es sieht einfach blendend aus! Wenn Ihr Geschäft „Text" ist, können Sie in einem Job-Meeting mit nichts mehr Aufmerksamkeit erregen, als wenn Sie ihre Notizen mit einem Blackwing 602 machen (zu diesem Stift an anderer Stelle mehr), den Sie mit einem

„Langkonus"-Anspitzer geschärft haben. Praktisch daran ist: Eine längere und spitzere Spitze führt grundsätzlich dazu, dass Sie länger schreiben können ohne nachspitzen zu müssen.

Die verschiedenartigen Bleistiftspitzen, die mit heute selten gewordenen Anspitzer-Modellen zur erzielen sind, dienten (und tun es teils bis heute) einem jeweils spezialisierten Gebrauch, wie die „Kleine Anspitzer-Fibel" einen Aufsatz aus der „Wochenschrift für Papier" von Ende 1939 zitiert: *„Die verschiedenen Verwendungszwecke des Bleistiftes gaben ihm auch eine ganze Reihe verschiedener Spitzformen. Der normale Schreibstift hat eine nicht zu lange, gleichmäßig auslaufende Spitze. Sie ermüdet am wenigsten bei flottem langem Schreiben. Der Techniker jedoch kommt mit dieser Schreibspitze schon nicht mehr aus. Er braucht für seine Aufriss- und Konstruktionszeichnungen eine sehr lange Bleistiftspitze. Für besonders präzis auszuführende Zeichnungen reicht jedoch auch diese Spitzel nicht aus, wenn es darauf ankommt, mit Bruchteilen von Millimetern genau zu zeichnen, dann verwendet man eine noch längere Spitze, etwa die Hohlspitze. Bürofarbstifte, Magazinstifte, überhaupt alle Bleistifte mit dickem Minenkern verlangen wieder eine ganz andere Spitze. Hier ist eine kegelförmige kurze Spitze das Richtige."* [226] Meine Schreiberfahrung sagt: Auch wenn es „nur" Schreiben ist, macht die Spitze einen erheblichen Unterschied für das Schreibgefühl ganz unabhängig einer technischen Notwendigkeit.

Um nun zur sogenannten „Langkonus"-Spitze zu kommen, sind bei den Handspitzern zwei technische Ansätze gebräuchlich, für die es aus unerfindlichen Gründen keine vernünftigen deutschen Bezeichnungen gibt, obwohl deutsche Anspitzer diesen Markt dominieren:

a) <u>One-Step-Anspitzer</u>

One Step bedeutet: Die lange Spitze wird hier in einem Spitzvorgang hergestellt. Aus dem M+R-Sortiment funktionieren so zum Beispiel die Modelle „Astor" und „Castor". Der sehr teure Anspitzer von Blackwing funktioniert mit einer deutschen Klinge nach dem gleichen Prinzip. Das Modell „Pollux" [227] (derzeit mein absoluter Lieblingsspitzer) setzt da noch

M+R Handanspitzer „Castor", der Bleistift ist ein frischer Blackwing 602.

eine Besonderheit drauf: Er liefert nicht nur eine lange, sondern aufgrund des entsprechend gebogenen Messers eine ganz leicht konkave Spitze ab, die ich sehr elegant finde. Aber Vorsicht: Der Pollux ist ein Stifte-Killer (zumindest meiner); alles, was weicher als HB ist, frisst er zum Frühstück.

b) Zwei-Phasen-Langkonusspitzer

Diese Spitzer sehen auf den ersten Blick so aus, wie der Standard-Zwei-Loch-Spitzer für Blei- und Buntstifte von 8 und 11 Millimeter Durchmesser. Bei einem Zwei-Phasen-Langkonusspitzer sind aber beide Öffnungen zum Gebrauch nacheinander gedacht. Im ersten Schritt wird nur das Holz von der Mine abgenommen, die ca. 0,5 Zentimeter freigelegt wird. Im zweiten Schritt wird in der zweiten Öffnung dann die Mine gespitzt (und im Gebrauch bei Bedarf nachgespitzt). Das KUM-Spitzenprodukt aus Magnesium hört verdient auf den Namen „Meisterwerk". Im Kunststoffblock am Kopf des Spitzers, der ein „Überspitzen" verhindert, sind zusätzlich zwei Ersatzmesser untergebracht. KUM weist zurecht darauf hin, dass die Voraussetzung für ein perfektes Ergebnis im Stift liegen: zentrierte Mine, erstklassiges Holz. „Stifte zweiter und dritter Qualitätsstufe scheitern hier."[228] Was nach meiner Erfahrung zutrifft und vielleicht der zuverlässigste Test für die Güte von Bleistiften ist. Der selbsternannte „beste Bleistift der Welt" (Dixon Ticonderoga, mehr

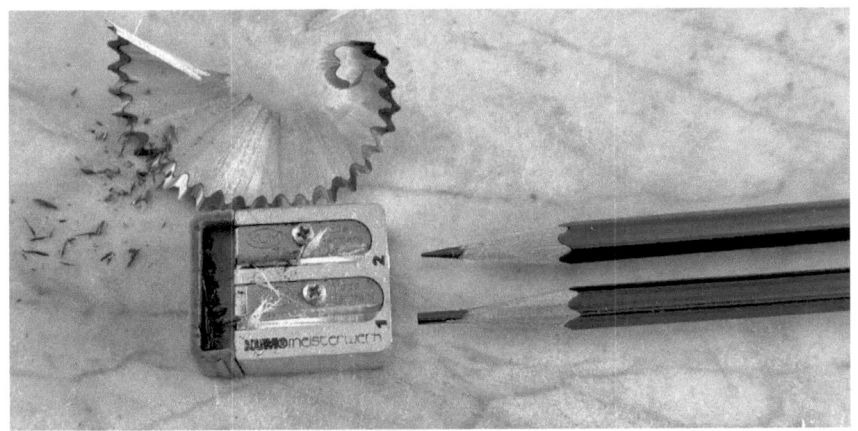

Im KUM-„Meisterwerk" wird der Stift in zwei Phasen auf die Longkonus-Spitze gebracht. In Phase 1 wird das Holz von der Mine entfernt, in Phase 2 die Mine spitz geschnitten. Der Kunststoff-Kopf (links) verhindert in Phase 1 ein „Überspitzen". Sollte jedoch genau da gewünscht sein (also ein Freilegen der Mine von mehr als 0,5 Zentimeter Länge), so kann man den Schutz entfernen.

dazu an anderer Stelle) überlebt weder den Pollux noch das Meisterstück. Der Blackwing 602 dagegen blüht in diesen Spitzern regelrecht auf.

Um Missverständnissen vorzubeugen: M+R und KUM sind bei weitem nicht die beiden einzigen Hersteller, die Anspitzer mit interessanteren Winkeln als dem 21°-Standard und sehr guten Messerklingen anbieten. Wenn Sie Freude an dem Thema finden, so liefert der Bleistift-Blog von Dr. Matthias Meckel eine umfangreiche Liste von Anspitzern mit den jeweiligen Winkelangaben[229].

Wenn Sie mit Bleistiften die meiste Zeit am heimischen Schreibtisch oder im Büro schreiben oder zeichnen, dann sind „Spitzmaschinen" eine gute Alternative zu Handspitzern. Der Spitzvorgang ist allerdings ein völlig anderer: Holz und Mine werden nicht mit einem Messer „geschnitzt", sondern mit einer Fräse in Form gebracht. Den Unterschied sieht man im Auffangbehälter der Maschinen: Statt der fächerartigen Schitz-Girladen aus dem Handspitzer finden sich dort eher leicht geringelte Krümel wieder. Auch bei den Spitzmaschinen müssen Sie sich vor dem Kauf sehr genau

Tischspitzer mit Kurbel (jeweils auf der Rückseite) von links nach rechts: Faber-Castell 180984, Dahle 155, Carl Angel 5 und MZSX.

informieren, was die einzelnen Modelle können bzw. was für Spitzen sie produzieren. Ich habe für diese Buch nur wenige, einigermaßen preiswerte Kurbel-Spitzer ausprobiert (unter 30 Euro). Bei (fast) allen ärgerlich: Die Hersteller halten es (wie auch bei den Handspitzern) nicht für nötig, den Spitzwinkel anzugeben; diese Information muss man sich meist „Irgendwo" besorgen. Und die besten Spitzer sind nicht nett zu den Stiften: Während des Spitzens wird der Stift von einer Art Vorsatz gehalten, dessen metallische Klemmen üble Kerben im Stifztholz hinterlassen. Von den vier getesteten Modellen – Faber-Castell 180984, Dahle 155, Carl Angel 5 und ein chinesischer No-Name „MZSX" – wäre meine Empfehlung der japanische Carl Angel 5, den es auch noch in den Varianten Premium und Royal gibt. Warum? Er macht eine wirklich schöne Longkonus-Spitze; beim Premium-Modell ist diese sogar wie bei dem M+R-Handspitzer Pollux leicht konkav.

Der einfache Faber-Castell-Kurbelspitzer (unter 10 Euro) ist ordentlich verarbeitet. Die Fräse ist leicht zu reinigen und liefert die übliche Standard-Spitze ab. Wer damit zufrieden ist, bekommen viel Spitze für kleines Geld.

Von oben nach unten: Anspitz-Ergebnisse der Tischspitzer Faber-Castell 180984, Dahle 155, Carl Angel 5 und MZSX.

Bei dem Dahle habe ich vielleicht das falsche Modell erwischt. Der 1930 gegründete Traditionshersteller (inzwischen Teil einer Unternehmensgruppe) war über viele Jahrzehnte *der* deutsche Standard-Büroausrüster und bekannt für seine sehr guten Fräsen. Das Modell 155 macht eine schöne, etwas längere Spitze, aber ich habe Probleme mit dem Vorsatz, der den Stift beim Spitzen festhält. Dessen Federzug rastet nirgends ein, so dass jedes Mal das Einführen und Befestigen des Stifts bei zeitgleichem Festhalten des Vorsatzes etwas frickelig gerät (vielleicht stelle ich mich aber nur etwas ungeschickt an). Ich finde auch den Verschluss, der die Fräse mit der Kurbel im Gehäuse hält, etwas leichtgängig. Über den China-Spitzer ist nicht viel zu sagen. Sein mehr als 3 Zentimeter langer Konus ist dann aber selbst mir zu lang (optisch) und im übrigen zu Material-verschwendend.

Das mit Abstand lustigste Buch zum Thema stammt von dem amerikanischen Künstler David Rees und hört auf den schönen Titel „Die Kunst, einen Bleistift zu spitzen"[230]. Eigentlich bestand Rees' Geschäftsmodell darin, Leuten auf der Straße anzubieten, ihre Bleistifte für 12,50 Dollar pro Stück (!) professionell anzuspitzen; zum gespitzten Stift gab es dann jeweils ein Zertifikat und natürlich Späne des Spitzvorgangs in einem Tütchen dazu. Die Idee, daraus ein Buch zu machen, erschien dann wohl etwas lukrativer. Das Buch ist witzig und selbst noch in der Taschenbuchausgabe sehr liebevoll gestaltet. Meine Lieblingskapitel sind

„Bleistiftanspitzen durch die Kraft des Geistes" und der Anhang „Weine, die wie Bleistifte schmecken". Leider erfahren sie von Rees praktisch nichts über verschiedene Anspitzer, als Einkaufsratgeber (so ist das Buch ja auch nicht gedacht) ist das – natürlich ikonisch gelbe – Büchlein leider unbrauchbar.

Das Buch hat offenbar den französischen Regisseur Mahdi Lepart zu einer sehr eigenwilligen Verfilmung mit schönen Bildern und noch schöneren Menschen inspiriert: „I'm a sharpener" (Screenshot am Eingang dieses Exkurses) tut so, als gäbe es professionelle Bleistiftanspitzer wie David Rees wirklich. Inhaltsangabe des 14-minütigen Kurzfilms: *„Harris Tindall ist ein Bleistiftspitzer. Als letzter Nachkomme einer Familie, die sich ganz dieser jahrhundertealten Kunst verschrieben hat, verfeinert der Anspitzer jeden Tag die Mine der Bleistifte, um die Persönlichkeit und die Emotionen seiner Kunden zu berücksichtigen. An dem Tag, an dem eine etwas zu neugierige Journalistin kommt, um eine Reportage über diesen seltsamen Handwerker zu drehen, enthüllt sich Harris plötzlich selbst..."* [231]

Etwas praktischer: Auf der Internetseite patent-infos.de[232] von André Grahl zur Geschichte der Bleistiftspitzer und Bleistift-Spitzmaschinen bekommen Sie einen Eindruck, wie tief man in die Technik-Geschichte des Anspitzens einsteigen kann, wenn man es ganz genau wissen will.

Und noch eine ganz andere Dimension des Anspitzens macht der japanische Hersteller NJK[233] auf, der seinen Instagram-Auftritt der Ästhetik von Bleistiftspänen verschrieben hat, die im Englischen etwas weniger hölzern „Pencil Flakes" heißen[234]. Unter dem entsprechenden Hashtag, teils auch unter „Pencil shavings", finden sie im Netz jede Menge hinreißend schön fotografierte Anspitzabfälle.

Der Bleistift als Schriftsteller:innen-Werkzeug

Wie für ein Comic ausgedacht: Vladmir Nabokov, 1958 in Ithaca, New York, auf dem Beifahrersitz eines Autos, während er mit Bleistift auf Karteikarten an einem Manuskript arbeitet. Zeichnung nach einem Foto von Carl Mydans.

Als ich im Sommersemester 1988 zum Studium unter anderem der Neuen Deutschen Literaturwissenschaft in Freiburg ankam, war nach drei Jahren der Rauch der großen Habilitationsschlacht um Friedrich Kittlers

„Aufschreibesysteme"[235] nebst ihres Verfassers scheinbar wirkungslos verzogen (Kittler begegnete mir erstmals in dem dämlichen Zitat, Rockmusik sei der Missbrauch von Heeresgerät[236]). Die anerkennungssüchtige Literaturwissenschaft der Zeit interessierte sich für allen möglichen linguistischen und soziologischen Kiki am Text, jedoch nicht für etwas so vermeintlich Profanes wie die Frage, welche Auswirkungen das verwendete Schreibwerkzeug eigentlich auf das Aufschreiben und damit auf das literarische Ergebnis hat.

Diese Ignoranz trieb mitunter lustige Blüten: Über Michael Ende gibt es die schöne Geschichte einer Doktorarbeit, in der es unter anderem um die Interpunktion in Endes Bildungs-Roman „Die unendliche Geschichte" (1979) gehen soll. Die Dissertation soll dabei die Frage aufwerfen (und wohl mit inhaltlicher Begründung beantworten), warum im ganzen Buch kein einziges Mal ein Semikolon verwendet wird; ein Strichpunkt also. Anlässlich einer Michael-Ende-Ausstellung 2020 in der Casa di Goethe in der Via del Corso in Rom erzählte Endes langjähriger Weggefährte, der Komponist Wilfried Hiller bei Radio Vatican, Michael Ende selbst habe dazu gesagt: *„Also weißt du, wenn sie mich angerufen hätte, wäre es sehr schnell klar gewesen. Meine Schreibmaschine hatte ganz einfach keine solche Taste!"* [237] Das ist keineswegs unwahrscheinlich. Schreibmaschinen-Klassiker wie die schweizerische Hermes Baby gibt es zum Beispiel tatsächlich trotz QWERTZ-Tastatur (die im Buch eine Rolle spielt) auch ohne ;-Taste.

Damit es ein Buch über Bleistifte bleibt: Es gibt Notwendigkeiten des Aufschreibens, die sich aus der Publikationsweise ergeben. Im Buchzeitalter muss es irgendwann eine gültige und sehr reduzierte Text-Fassung geben, die gedruckt werden kann (das handschriftliche Mittelalter kannte die Notwendigkeit dieses Zwischenschritts zur Publikation nicht). Der Text, der sich in eine Druckschrift verwandeln soll, ist bis zum Ende des 19. Jahrhunderts in der Regel eine Handschrift. Mark Twains *„Life on the Mississippi"* von 1883 gilt als das erste Buch, dass einem Verlag als maschinengeschriebenes Typoskript übermittelt wurde[238] (wobei Mark Twain es wohl nicht selbst tippte). Wo nicht äußere Umstände, wirtschaftliche Not oder sonstige Zwangslagen die Wahl des Schreibwerkzeugs bestimmen, ist es vom Ende des 19. Jahrhunderts bis mindestens Januar 1984 (Markteinführung des Apple Macintosh) in das persönliche Belieben der Schreiber:innen gestellt, ob sie gleich mit einer Schreibmaschine oder zunächst handschriftlich mit einem (beliebigen) Stift zu Werke gehen, wobei die Auswahl immer größer und immer technischer wird.

Der Bleistift ist in nur wenigen Fällen (zumindest der „berühmten" Literatur) das Werkzeug erster Wahl, doch es gibt echte Überzeugungstäter:innen. Wenige Jahre nach dem Erscheinen von „Lolita" (1955) hielt der Life-Fotograf Carl Mydans (1907-2004) fest, wie Vladimir Nabokov arbeitete: In dieser Fotoserie sitzt Nabokov auf dem Beifahrersitz eines großen amerikanischen Autos. Er hat Karteikarten auf einem Klemmbrett als Unterlage und schreibt darauf mit Bleistift. Mydans, damals einer der berühmtesten Foto-Reporter der USA, fertigte etliche Schriftsteller-Portraits als journalistische Auftragsarbeiten an. Er fotografierte unter anderem auch Thomas Mann, Gertrude Stein, William Faulkner und James Baldwin.

Was bei den Nabokov-Fotos nach einer etwas absurden Pose aussieht, ist es offenkundig nicht: *„Selbst nach den Maßstäben eines Genies waren Vladimir Nabokovs Arbeitsgewohnheiten seltsam"*, befand das Time-Magazin 2009 in einem Artikel[239] über Nabokovs letzten, unvollendeten Roman: *„Einen Großteil von Lolita schrieb er auf dem Rücksitz des Familienautos, einem schwarzen Oldsmobile von 1946. (Er sagte, dies sei der einzige Ort in Amerika gewesen, an dem er nicht von Lärm und Zugluft geplagt wurde.) Er benutzte kein normales Papier. Stattdessen schrieb er mit Bleistift auf Karteikarten, die seine Frau Vera später für ihn abtippte."*

Der akribische Literatur-Konstrukteur Nabokov soll dem Vernehmen seines Umfelds nach auf den Karteikarten gefühlt mehr radiert als geschrieben haben. Angesichts der teils überragenden erzählerischen Präzision besonders in „Lolita" ist diese berichtete Arbeitsweise, die bei einem gut trainierten Schreiber zu einer massiven Verdichtung von Sprache und Motiven fast führen muss, glaubwürdiger als alles, was Thomas Mann über seine angebliche, aber faktisch nicht vorhandene Schreib-Disziplin erfunden hat.

Falls Sie „Lolita" nur dem Titel nach kennen: Es ist eines der besten Bücher der Weltliteratur und hat mit Pornographie nichts zu tun. Der Erzähler mit dem absurden Pseudonym „Humbert Humbert" schreibt aus seiner Todeszelle. Er hat über mindestens zwei Jahre die anfangs 12-jährige Dolores Haze sexuell missbraucht, quer durch die USA entführt und schließlich einen Nebenbuhler aus Eifersucht getötet. Im Vorwort warnt der (fiktive) Herausgeber die Leser:innen, H.H. sei „ein leuchtendes Beispiel moralischen Aussatzes". Auf den folgenden 500 Seiten wird H.H. seine Leser:innen versuchen zu überzeugen, dass er kein „keuchender Verrückter" (Vorwort) ist, sondern er seine Verbrechen aus „Liebe" begeht. Das ganze Buch enthält nicht eine einzige obszöne Vokabel, während „H.H." vom ersten Absatz an keine Anstalten macht, seine obszöne polymorph perverse Besessenheit auch nur im Ansatz zu verstecken. Und der erste Absatz lautet:

„Lolita, Licht meines Lebens, Feuer meiner Lenden. Meine Sünde, meine Seele. Lo-li-ta: die Zungenspitze macht drei Sprünge den Gaumen hinab und tippt bei Drei gegen die Zähne. Lo. Li. Ta." [240]

Man ahnt förmlich, wie viele Notizen, Radierungen, Neu-Notierungen und nochmalige Notierungen es auf Nabokovs Karteikarten brauchte, bis diese Sätze exakt so saßen. Wenn Sie eine Seite weiterblättern, finden Sie eines der besten literarischen Beispiele für das Stilmittel der „Ellipse", des Erzählens durch Auslassung und Fertigstellung der Szene im Kopf der Lesenden:

„Meine sehr photogene Mutter starb durch einen bizarren Unfall (Picknick, Blitz), als ich drei war (...)" [241]

Sollte Sie das auf die Lesespur von Nabokovs Ansichten über gute und schlechte Literatur setzen, so empfehle ich unbedingt seine *„Vorlesungen über westeuropäische Literatur"* und darin ab Seite 705 den Essay *„Die Kunst der Literatur und der Normalverstand"* (Normalverstand ist eine treffende Übersetzung von „common sense", und kaum etwas verachtete

Nabokov mehr als diese Art von Verallgemeinerung, die im Deutschen schrecklicherweise meist mit „gesundem Menschenverstand" gleichgesetzt wird; ich komme darauf im Kapitel „Geist & Graphit" zurück). Im Vorwort zu diesen Vorlesungen schreibt John Updike über Nabokov:

„Als Vortragender war er enthusiastisch, elektrisierend, engelsgleich. Meine Ehefrau, die an den letzten Kursen teilnahm, die Nabokov – im Frühjahr und Herbst 1958 – abhielt, bevor er, durch Lolita plötzlich reich geworden, sein Freisemester antrat, das nie zu Ende gehen sollte, war derart in seinem Bann, dass sie trotz hohen Fiebers seine Vorlesung und gleich anschließend das Krankenhaus aufsuchte. «Ich war mir ganz sicher, dass er mir beibringen würde, wie man liest. Ich war davon überzeugt, dass er mir etwas geben könnte, das mein ganzes Leben anhalten würde – und genau so war es.» Bis zum heutigen Tag kann sie Thomas Mann nicht ernst nehmen und hat kein Jota von jenem zentralen Dogma aufgegeben, das sie als «Nabokov» mitgenommen hat: «Stil und Aufbau machen das Wesen eines Buches aus; große Ideen sind großer Quatsch.»" [242]

Solche apodiktischen Urteile produzierte Nabokov am Fließband, und man hört förmlich den Stempel der Endgültigkeit laut aufs Papier klatschen. Dass jemand, der Aufbau und Stil für die wichtigsten literarischen Qualitäten hält, mit Karteikarten und Bleistiften zu Werke geht, ist naheliegend. Im Vorwort der Drehbuchfassung von „Lolita" teilt Nabokov über seine Arbeitsweise und sein Werkzeug mit: *„Nach einem gemütlichen Mittagessen, das von der deutschen Köchin zubereitet wurde, die zum Haus gehörte, verbrachte ich weitere vier Stunden in einem Liegestuhl zwischen Rosen und Spottdrosseln, mit linierten Karteikarten und einem Blackwing-Bleistift, um die Szenen, die ich mir am Morgen ausgedacht hatte, zu kopieren und zu wiederholen, durchzustreichen und neu zu schreiben."* [243]

Dass Nabokov zu den bekennenden Fans des legendären „Blackwing"-Bleistifts gehört, verwundert bei seiner Arbeitsweise wenig. Der „Blackwing 602", 1934 von Eberhard Faber als vergleichsweise teurer Premium-Bleistift markteingeführt, war für mehrere Jahrzehnte für etliche US-

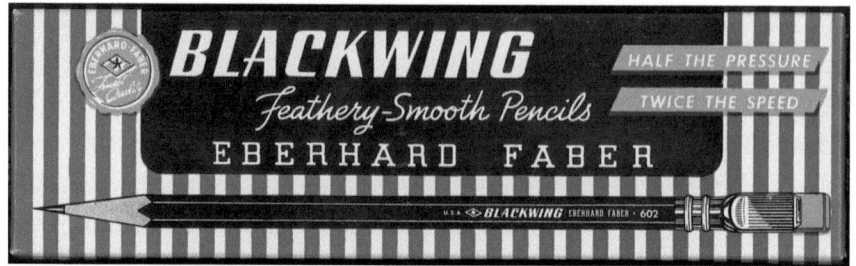

Der berühmteste Bleistift der US-Kultur: Der Blackwing 602 von Eberhard Faber wurde von 1934 bis 1998 produziert. Neben dem rechteckigen, austauschbaren Radiergummi war vor allem seine Mine besonders: Sie schrieb dunkel und weich wie mindestens 2B, war aber hart und haltbar wie HB.

Künstler:innen in Literatur, Kunst und Musik das Schreib- und Zeichenwerkzeug erster Wahl. Um keinen zweiten Bleistift ist in der US-Kultur jemals ein solcher Hype entstanden – und das praktisch völlig ohne Werbung; in Europa hat es eine vergleichbare Begeisterung für ein bestimmtes Bleistift-Modell nie gegeben. *„Die graphitgraue Lackierung, das kultige foliengeprägte Logo und der verstellbare Radiergummi in einer verlängerten Zwinge sind die Markenzeichen seines unverwechselbaren Erscheinungsbildes. Aber es ist nicht das Aussehen des Blackwing, das ihn so hochgeschätzt machte, sondern das, was in ihm steckt: die ungewöhnlich glatte, weiche und dennoch langlebige Mine, die den Slogan „Halber Druck, doppelte Geschwindigkeit" inspirierte",* versuchte Sean Malone (1970-2020) auf seinen „BlackwingPages"[244] die Faszination für den Kult-Bleistift zu erklären.

Für einen Bleistift mit einer so glatten und scheinbar weichen Mine habe die Spitze des Blackwing viel länger gehalten als man erwartet habe, eigentlich kaum kürzer als bei einem #2-Stift. Ob man wirklich nur den „halben Druck" gebraucht habe, um „doppelt so schnell" zu schreiben, könne man dahingestellt lassen, so Malone. Aber die Eigenschaften der Mine machten es leicht zu verstehen, warum der Blackwing bei Schriftstellern und Redakteuren beliebt gewesen sei: *„Eine Analogie lässt sich mit dem Langstreckenlauf ziehen: Pro Schritt während eines Marathons gerechnet,* bedeutet ein Schuh, der nur ein paar Unzen mehr wiegt, mehrere hundert Pfund zusätzliches Gewicht, das der Läufer trägt, was zu größerer Ermüdung führt. Ein weich schreibender Bleistift, der etwas weniger Druck erfordert, kann dem Schreiber auch die Arbeit erleichtern, besonders während Marathon-Lektoratsessions." Malones jahrelange akribische Recherchen zur Geschichte des Blackwing und seiner Fans dürften die maßgebliche Basis für die spätere (nicht unumstrittene) Renaissance des heutigen Blackwing gelegt haben.

Truman Capote („Frühstück bei Tiffany") soll die Blackwings massenhaft in der Nachttischschublade gehortet haben. Quincy Jones (Musiker und Produzent von Michael Jackson; 28 Grammys) soll ständig einen unter dem Pullover getragen haben. Stephen Sondheim (bedeutendster Musical-Komponist des 20. Jahrhunderts) schrieb mit nichts anderem. Unter Walt Disneys Animations-Zeichnern soll der Blackwing-Kult soweit gegangen sein, dass Shamus Culhane (er animierte die „Heigh-Ho"-Sequenz in Schneewittchen) sich 1996 mit einem Blackwing in der Hand begraben ließ[245]. Das am häufigsten zitierte Aushängeschild für den Blackwing, dessen Produktion 1998 eingestellt wurde, nachdem die Maschine zur Herstellung der Radiergummi-Halterung kaputt war und auch nur noch 1100 Dutzend pro Jahr hergestellt wurden, war der Nobelpreisträger John Steinbeck.

Steinbecks Sohn Tom hat in einem Video für den heutigen Blackwing-Hersteller das Ritual seines Vaters geschildert, mit dem er beim Schreiben zu Werke ging: Er spitzte zunächst 24 Bleistifte an und stellte sie mit der Spitze nach oben in die erste von zwei identischen Holzkästlein. Er schrieb meist auf gelben DIN-A4-Papier-Blocks, sogenannten „legal pads". Mit jedem Bleistift schrieb er so lange, bis die Spitze seiner Meinung nach nicht mehr spitz genug war. Er stellte den gebrauchten Stift mit der Spitze nach unten in das zweite Kästchen und nahm den nächsten Stift. Laut Tom war das in der Regel nach vier oder fünf Zeilen der Fall. Wenn alle 24 Bleistifte von einem Kästchen in das andere gewandert waren, spitzte Steinbeck alle Bleistifte mit einem elektrischen Spitzer erneut an und begann von vorne. Laut Tom „verbrauchte" er an manchen Tagen mehr als 100 Bleistifte.[246]

Für ihre Interview-Reihe „Art of Fiction" stellte die „Paris Review" in der Ausgabe 48 im Herbst 1969 Zitate von John Steinbeck über seine Arbeit zusammen; Steinbeck, der im Dezember des Vorjahres gestorben war, hatte aus gesundheitlichen Gründen daran nicht mehr mitwirken können. In den zusammengestellten Zitaten findet sich die Quelle für das „Steinbeck Trio", die von ihm verwendeten Stifte „Mongul" und „Blackwing" von Eberhard Faber sowie den Blaisdell Calculator, den Steinbeck sich wohl als Reklamestift bei der Twentieth Century-Fox einsteckte:

„Bei den Bleistiften habe ich die Wahl zwischen dem schwarzen Calculator, der von Fox Films gestohlen wurde, und diesem Mongol 2 3/8 F, der ziemlich schwarz ist und seine Spitze gut hält - viel besser sogar als die Fox-Bleistifte. Ich werde mir noch sechs oder vielleicht vier weitere Dutzend davon für meine Bleistiftablage zulegen.

Ich habe eine neue Art von Bleistift gefunden - den besten, den ich je hatte. Natürlich kostet er auch dreimal so viel, aber er ist schwarz und weich, bricht aber nicht ab. Ich glaube, ich werde immer diese Stifte benutzen. Sie heißen Blackwings und sie gleiten wirklich gut über das Papier.

Wissen Sie, ich bin wirklich dumm. Jahrelang habe ich nach dem perfekten Bleistift gesucht. Ich habe sehr gute Stifte gefunden, aber nie den perfekten. Und immer lag es nicht an den Bleistiften, sondern an mir. Ein Bleistift, der an manchen Tagen in Ordnung ist, ist an einem anderen Tag nicht gut. Gestern zum Beispiel habe ich einen speziellen Bleistift benutzt, weich und fein, und er glitt wunderbar über das Papier. Heute Morgen versuche ich es mit derselben Sorte. Und sie zerbrechen mir. Die Spitzen brechen und die Hölle ist los. Das ist der Tag, an dem ich auf dem Papier herumstochere. Heute brauche ich also einen härteren Bleistift, zumindest für eine gewisse Zeit. Ich benutze welche, die mit 23 nummeriert sind. Ich habe eine Plastikbox, ihr wisst schon, und darin befinden sich drei Arten von Bleistiften für Tage mit harter Schrift und Tage mit weicher Schrift. Nur manchmal wechselt das mitten am Tag, aber wenigstens bin ich dafür gerüstet. Ich habe auch ein paar superweiche Bleistifte, die ich nicht sehr oft benutze, weil ich mich so zart wie ein Rosenblatt fühlen muss, um sie zu benutzen. Und das ist bei mir nicht oft der Fall. Aber wenn ich solche Momente habe, bin ich vorbereitet. Es ist immer gut, vorbereitet zu sein. Bleistifte sind für mich eine große Ausgabe, und ich hoffe, Sie wissen das. Ich kaufe immer vier Dutzend auf einmal. Wenn in meiner normalen Schreibposition das Metall des Radiergummis meine Hand berührt, lege ich diesen Bleistift zurück. Dann bekommen Tom und Catbird [Anm. d. Verf.: seine beiden Söhne] sie. Und sie brauchen Bleistifte. Sie brauchen eine Menge Bleistifte. Dann habe ich diese Art von Bleistift und er ist zu weich. Immer wenn man so ein Ding sieht - die Spitze ist kaputt.

Ich habe schöne Vorurteile, faule und angenehme. Ich habe den Eindruck, dass jeder gerne ein Exzentriker ist oder sein will, und das ist meine Exzentrik, meine Bleistiftfummelei. Sie ist nicht sehr schädlich. Vielleicht habe ich andere, die es mehr sind. Der elektrische Bleistiftspitzer mag als unnötige Ausgabe erscheinen, und doch habe ich nie etwas gehabt, das ich mehr benutzt habe und das mir mehr geholfen hat. Die vielen Bleistifte, die ich täglich benutze, ich weiß nicht wie viele, aber mindestens sechzig, mit einem Handspitzer zu spitzen, würde nicht nur zu lange dauern, sondern auch meine Hand ermüden. Ich spitze sie gerne alle auf einmal, dann muss ich es an diesem Tag nie wieder tun. Sie werden sagen, ich habe genug Zeit für einen Tag verschwendet, aber ich habe auch noch etwas anderes geschafft. Ich habe das Gefühl der Eile verloren, mit dem ich diese Arbeit begonnen habe, und das ist genau das, was ich vorhatte zu tun." [247]

Das hat mit der Verwendung des Bleistifts als einer Art Schnellschreibwerkzeug wie bei Goethe, weil man das Genie kaum halten kann, oder der Naturnähe-Simulation von Robert Burns nichts mehr zu tun. Vor ein paar Jahren versammelte die „Paris Review" 64 schriftstellerische Testimonials, um sie über Arbeitsweise mit dem Bleistift berichten zu lassen; bei fast allen war der Bleistift ein Teil der persönlichen Arbeitsroutine, aber weder das einzige Werkzeug noch wirklich unverzichtbar wie bei Nabokov und

Steinbeck. In Sachen Bleistift-Verwendung ragt aktuell ein einziger deutschsprachiger Autor wirklich hervor: Peter Handke.

Der Literaturnobelpreisträger von 2019 ist mit 82 Jahren die letzte noch halbwegs lebende Legende im Jurrassic Park der „Suhrkamp-Kultur", die bis etwa 1990 die Gralsburg des intellektuellen Lebens der alten Bundesrepublik war. Bei nüchterner Betrachtung träfe wohl eher zu: ihr geistiges Gehege. Nach dem frühen Ruhm (1966 „Publikumsbeschimpfung", 1968 „Kaspar") war Handke in den folgenden Jahrzehnten vor allem mit persönlichen Krisen, der peniblen Bewirtschaftung seiner Position als Suhrkamp-Säulenheiliger, gelegentlichen Höhenflügen (Drehbuch „Der Himmel über Berlin" für Wim Wenders, 1987) und seinem vollständigen moralischen und intellektuellen Bankrott (2006 Grabredner für den serbischen Völkermord-Verbrecher Slobodan Milošević) beschäftigt.

Ab den 1990er Jahren hatte Handke seine egomanische Werkpolitik (Aufmerksamkeitsressourcen erzeugen, Lektürekontexte vorgeben, Rezeptionsgruppen erschließen, Devotionalien für den Autographenhandel herstellen etc.) darauf ausgerichtet, sich künftig vorrangig für seinen „Klassiker der Moderne"-Status statt für die sinkende verkaufte Auflage bezahlen zu lassen. Seitdem produziert Handke unter Glas lesbare Ausstellungsstücke für die Museums-Vitrinen des vermachteten und hochsubventionierten deutschsprachigen Literaturbetriebs.

2007 verkaufte Handke einen Teil seines „Vorlasses" (also seines Nachlasses zu Lebzeiten) an die Österreichische Nationalbibliothek. Für die *„mehrere tausend Blatt (...) handschriftlichen Werkmanuskripte, Notizen und Materialsammlungen Handkes aus den letzten beiden Jahrzehnten"* zahlte der österreichische Staat 500.000 Euro mit der *„Option im Vertrag, weitere Manuskripte anzukaufen, die noch auftauchen"* [248]. Da mochten die Deutschen natürlich nicht nachstehen: 2008 kaufte das Deutsche Literaturarchiv Marbach (DLA) Handke 66 Tagebücher aus den Jahren 1975 bis 1990 ab; Preis unbekannt. Im Oktober 2017 dann lud die deutsche Kulturstiftung der Länder zu vorgerückter Abendstunde zu einem

Öffentliche Präsentation des Erwerbs von 151 Handke-Notizbüchern 2017 in Marbach, Preis ungenannt. Pressefoto: Deutsches Literaturarchiv

Presse- und Fototermin in das DLA nach Marbach, um dort einen hübschen bunten Haufen Papier in Anwesenheit des Verfassers zu präsentieren: *„Eigenhändig Handke".* Mit einem abermals nicht genannten Betrag habe die Stiftung den Ankauf von 151 Notizbüchern (das DLA bezeichnet sie als Tagebücher) mit etwa 23.500 Seiten handschriftlicher Notizen und Zeichnungen Handkes aus den Jahren 1990 bis 2015 erworben; für das Verständnis von Handkes Werk seien sie von „überragender Bedeutung"[249].

Bei der Präsentation der Online-Edition im Herbst 2024 – von Handkes 300 Notizbüchern mit rund 75.000 Seiten wollen das DLA und die Österreichische Nationalbibliothek 75 online erschließen; 21 sind bereits zugänglich – kann nicht einmal FAZ-Kommentator Andreas Kilb vollständig ernst bleiben*: „Dann kommt er selbst aufs Podium und lässt sich von den Veranstaltern der Edition ausfragen, mit geringem philologischen Ertrag. ‚Es war halt so', sagt er, ‚etwas flog mich an', und daraus sei ‚eine Art geschriebenes Gestammel' entstanden, eine Augenblicks-Chronik: ‚Dieser seltsame Enthusiasmus, alles zu erleben. Seltsam.'"*[250]

Was dem „geschriebenen Gestammel" eine besondere Aura verleiht: Seit dem „Versuch über die Müdigkeit", dem ersten von drei „Versuchen", entstanden im März 1989, schreibt Handke alle literarischen Manuskripte mit Bleistift. *„Der Bleistift nimmt als Instrumentarium in Peter Handkes Schreiben eine zentrale Position ein – als mystifiziertes Arbeitsgerät und als literaturmotivisches Moment",* verkündete die Universitätsbibliothek

Klagenfurth Ende 2017 anlässlich einer Ausstellung, die „die drei hand-schriftlichen Versuche in einer von Handke signierten Faksimileausgabe" als „Kostbarkeiten der Bibliothek" zeigte[251]. Der Literaturwissenschaftler Michael Hansel, Mitarbeiter am Österreichischen Literaturarchiv, hat da-rauf hingewiesen, dass Handkes Aussagen über seine Hinwendung zum Bleistift nicht zu trauen ist. Während er gegenüber Journalisten das Ende seiner Weltreise und den Ärger mit einer spanischen Schreibmaschinen-Tastatur als Auslöser benannt habe, seien Bleistiftmanuskripte sowie seine Hommagen an den Bleistift bereits von 1976 bis 1980 entstanden[252]. Die Bekenntnispassage

---

Was entspricht mir als Werkzeug? Nicht die Kamera,
auch nicht die Schreibmaschine (und nicht die Füllfe-
der oder der Pinsel). Aber was entspricht mir als
Werkzeug? Der Bleistift

---

aus der „Geschichte des Bleistifts"[253] wiederum soll laut Hansel mit dem Kugelschreiber geschrieben worden sein. Es bleiben als Erklärungsansätze schließlich Handkes Hang zu ausgedehnten Reisen (eine Schreibmaschine ist da ein unpraktischer Begleiter), sein Hang zum Schreiben im Freien und seine Poetologie, *„in der das Sprachbild als Bildsprache verstanden und die Bildempfindung mittels Sprache ausgedrückt wird"*. [254]

Da ich mir keine große Mühe gegeben habe zu verbergen, dass ich nicht wirklich zu Handkes Fanclub gehöre (ich halte ihn für einen pathologischen Narzissten und Scharlatan), wird es Sie nicht weiter wundern, dass ich sein „geschriebenes Gestammel" durchweg für unlesbaren Attitüde-Stuss halte. In der Eröffnungsrede zur oben erwähnten Ausstellung hat Dominik Srienc Handkes Bleistift-Arbeitsweise so geschildert:

„In den Notizbüchern hält Handke Gedanken fest, es existieren aber keine Konzeptblätter oder Werkpläne – die erste handschriftliche Fassung

dieser Texte stellt gleichzeitig die Reinschrift dar, die der Autor dem Verlag abgibt.

Ein erster optischer Befund zeigt: Das Manuskript weist einen einheitlichen Schriftduktus auf und der Text ist konsequent linksbündig ausgerichtet. Die Bleistiftschrift ist kalligraphisch sorgfältig geformt, gut lesbar und zieht sich gleichmäßig geradlinig, in regelmäßigen Zeilenabständen, deren Konstanz man problemlos ein Linienblatt unterlegen könnte, durch alle Seiten, ein wohlgeformtes Bleistiftmanuskript – das in den Rang eines ästhetischen Kunstwerks gehoben wird. Seitlich am Rand hält Handke in den Bleistiftmanuskripten das jeweilige Schreibdatum (ab und an auch die Uhrzeit) fest und manchmal auch den Ort, an dem er geschrieben hat. Meist ist es die unmittelbare Umgebung – hier etwa: 15. März Linares, Eukalyptuslichtung, Gründonnerstag. Das Manuskript des Versuchs ist während der 14 Schreibtage vom 11. März 1989 bis 25. März 1989 auf 23 Blattseiten angewachsen. Tag für Tag, konstante Niederschrift. Auch das Ende wird im Manuskript vermerkt: Linares, 25. März 1989, 17 Uhr? - Schon auf dem letzten Blatt werden unter das Ende des Textes, welches mit einem vertikalen Strich markiert ist, mehrere Einfügungen sowie ein Nachtrag vermerkt. Für den Autor ist der literarische Schreibprozess nicht abgeschlossen. Der Niederschrift erfolgen nachträgliche Einfügungen und Ergänzungen, zieht sich bis Druckfahnen.

Die Wertigkeit der Arbeit mit dem Bleistift im Schreibprozess erfährt aber auch beim fertigen Produkt eine Aufwertung, so ziert jeweils die erste Bleistiftseite des Manuskripts die Cover aller fünf Versuche bis hin zum jüngsten Versuch über den Pilznarren (2013)." [255]

Das dürfte alles zutreffen, nur arbeitet so kein normaler Mensch beim Abfassen eines Manuskripts. Was bei einem „Hymniker des Bleistifts" (Hansel über Handke) selbst seinen Anhängern auffallen müsste, ist der der nicht ganz unwesentliche Umstand, mit welcher unglaubwürdigen Wurstigkeit Handke das zentrale Arbeitsgerät seines Schaffens angeblich behandelt. In seiner Diplomarbeit „Peter Handke und der Bleistift" [256] schafft es Srlenc, nicht einen einzigen von Handke bevorzugten Bleistift konkret zu benennen; keine Minenstärke, keine Marke, keine Machart, nichts. Das ist schon seltsam für einen Autor, der über die von ihm verwendeten Notizbücher zumindest eine Abneigung ganz offen benennt: *„Ich nehm, was kommt. Nur keine Moleskine. Manchmal sogar Moleskine, wenn sonst nichts da ist"*, zitierte der Deutschlandfunk Peter Handke aus einem Gespräch mit Ulrich von Bülow (Leiter der Abteilung Handschriften am DLA)[257]. Sowohl Srienc als auch Hansel fällt zu den verwendeten Bleistiften nicht mehr ein, als Handkes Dank aus „Mein Jahr in der Niemandsbucht" an das verbrauchte Material eines gescheiterten Schreibjahres anzuführen:

„So viele Bleistifte verbrauchte ich in diesem einen Jahr, dass die Lade von den darin geschichteten Stummeln schon klemmt, und von jedem habe ich mich, auf einem anderen Blatt, schriftlich verabschiedet: »Danke, spanischer Bleistift! Danke, jugoslawischer Bleistift! Danke, weißer Bleistift vom Hochzeitsreise-Hotel in Nara, Japan! Danke, zweiundzwanzigster schwarzer Cumberland-Bleistift! Danke, Bleistift aus dem deutschen Freilassing, auch wenn das vielleicht kein schöner Ort ist! Danke, Bleistift aus der Buchtbuchhandlung, auch wenn deine Mine beim Spitzen immer wieder herausbrach!«" [258]

Gute Nacht John-Boy, Licht aus, Elizabeth!

Handkes Schreib-Gestammel wird für mich etwas genießbarer, wenn ich mir vorstelle, all seine Meilensteine des inhaltsfreien Publizierens seien die gescheiterten Versuche eines Schülers von Hanns-Josef Ortheil. Ortheil (Jahrgang 1951), selbst Autor von mehr als 70 semi-erfolgreichen Büchern, wurde 1990 erster Dozent für Kreatives Schreiben an einer deutschen Universität (Hildesheim). Zu den Absolventinnen gehören unter anderem die Erfinderin des Okapi-Bestsellers, Mariana Leky, die Springer-Nervensäge Ronja von Rönne und etliche Inhaber:innen von Literatur-Subventionspreisen aus Städten mit unter 100.000 Einwohnerinnen und Einwohnern. Laut Klappentext seines gerade erschienenen Lehrbuchs *„Nach allen Regeln der Kunst. Schreiben lernen und lehren"* [259] ist Ortheils Lehre seit 30 Jahren unkonventionell und erfrischend gegenwartsbezogen.

Mit Vergnügen sehe ich Handke vor meinem geistigen Auge unruhig auf dem scheinbar Einfachsten hin und her rutschen. „Das Schreiben beginnt mit dem Sitzen auf einem Stuhl an einem Tisch", belehrt ihn Ortheil gütig[260], „es ist der Tisch, an den man im besten Fall Tag für Tag zurückkehrt, um an ihm zu arbeiten." Handke umkrampft einen Bleistift, kurz vor der Explosion, und krakelt mit knarzender Mine „Die Überlebenden sehen die Gnadenbilder" auf das Papier. Ortheil reicht ihm mit sanfter Hand-Schulterauflage das Büchlein „Schreiben über mich selbst [261]", geschrieben von Ortheil, zufällig auch herausgegeben von Ortheil, in dem Handke allerdings nicht vorkommt. „Die große Phantasie – geht vorbei; sorgt aber für die abbaufähigen Einschlüsse", murmelt Handke drohend. Er zittert bereits in kaltschwitzender Wut, als Ortheil noch einmal kehrt macht und ihm freundlich „Schreiben dich am Leben" [262] reicht: „Vielleicht passender, natürlich auch von mir, aber Sie kommen vor." Handke, der keine Punkte hinter seine Sätze macht, brüllt jetzt „Ich beende das Jahr mit tintenbeschmierten Händen; und ich schwöre den Sternen und dem Rauschen des Windes die Treue", und man ahnt wie John Wick das gemacht hat, drei Leute mit einem Bleistift umbringen, so dass es die Russen-Mafia noch heute schaudert!

Sie verzeihen die kurze Handke-Entgiftung. Die Verwendung des Bleistifts als Werkzeug des Schriftstellers sowie als Gegenstand des Schreibens werden bei Handke um die Dimension erweitert, dass seine Bleistift-Notizen unabhängig ihres literarischen Inhalts materiell selbst in den Rang von Kunstwerken erhoben sind – ob zu Recht oder zu Unrecht. Dass die Verwendung des Bleistifts tatsächlich einen Einfluss auf das Geschriebene hätte, in dem Sinne, dass es mit einem Kugelschreiber oder einem Füller zu einem anderen Ergebnis geführt worden wäre, lässt sich nicht belegen.

Unser wilder Ritt durch die Geschichte des Schreibens mit Graphit, der im britischen Borowdale mit den Keswick-Schafen begann, endet im amerikanischen Idaho, wo in den kleinen Städten Sun Valley, Ketchum und Hailey der jährliche „Schafsumzug" mit großer Parade der Tiere im Oktober stattfindet. Zu diesem Zeitpunkt werden die Schafherden von den

Bergen zu ihren Winterweiden zu getrieben. Das „Trailing of the Sheep" ähnelt dem Almabtrieb in Österreich und hält die Tradition der Schafhaltung im Westen der Vereinigten Staaten hoch. In Ketchum kaufte Ernest Hemingway 1959 ein Haus, in dem er seine letzten Lebensjahre verbrachte. Dort überarbeitete er das Manuskript von *„Paris – ein Fest fürs Leben"*, nachdem er 1956 in Paris Koffer voller Notizbücher wiedergefunden hatte, die er 1928 (!) im „Ritz" deponiert hatte. Körperlich und psychisch am Ende, seines Heims und aller Bücher auf Kuba beraubt, die meisten seiner Freunde tot, erinnerte sich Hemingway der 1920er Jahre in Paris, als es für die Zukunft nichts brauchte als ein gutes Café, ein Notizbuch und einen Bleistift:

„Ein Mädchen kam ins Café und setzte sich allein an einen Tisch dicht am Fenster. Sie war sehr hübsch, ihr Gesicht frisch wie eine neu geprägte Münze, falls man Münzen aus glattem Fleisch und vom Regen erfrischter Haut prägte, und ihr Haar war schwarz wie ein Krähenflügel und knapp und schräg über der Wange gestutzt.

Ich blickte sie an, und sie beunruhigte mich und erregte mich sehr. Ich wünschte, ich hätte sie in der Story oder sonst wo unterbringen können, aber sie hatte sich so gesetzt, dass sie die Straße und den Eingang beobachten konnte, und ich wusste, dass Sie auf jemanden wartete. Also schrieb ich weiter.

Die Geschichte schrieb sich selbst, und ich hatte große Mühe, mit ihr Schritt zu halten. Ich bestellte einen zweiten Rum St. James, und ich beobachtete das Mädchen, wann immer ich aufblickte oder wenn ich meinen Bleistift mit dem Bleistiftanspitzer anspitzte und sich die Späne auf der Untertasse meines Getränks ringelten.

Ich habe dich gesehen, du Schöne, und jetzt gehörst du mir, auf wen du auch wartest und wenn ich dich nie wiedersehe, dachte ich. Du gehörst mir und ganz Paris gehört mir, und ich gehöre diesem Notizbuch und diesen Bleistift."[263]

Die Jahre, in denen Hemingway mit einem Bleistift Paris erobern kann und an die er sich am Ende seines Lebens im fernen Idaho erinnert, sind die gleichen, in denen Virginia Woolf in London so tun muss, als wolle sie einen Bleistift kaufen, um als respektable Frau das Haus überhaupt verlassen zu können.

Exkurs: Der beste Bleistift der Welt

Kleine Auswahl aus der Menge der Stifte, mit denen ich mich für dieses Buch gründlicher beschäftigt habe.

Wenn Sie sich etwas intensiver mit Bleistiften beschäftigen, können Sie am Ende die Frage, welches denn nun der beste Bleistift der Welt ist, ehrlicherweise nur mit dem Satz beantworten:

Der beste Bleistift der Welt ist der, der am besten zu Ihnen passt – und ich habe keine Ahnung, welcher das ist.

Ich benutze Bleistifte ausschließlich zum Schreiben (mit Ausnahme ganz weniger Skizzen; da sollte ich mich endlich mehr trauen). Das Schreiben genieße ich, seit ich das erlernte Vorurteil abgelegt habe, der „normale" Schreib-Bleistift sei ein „HB", und der Bleistift überhaupt nur eine Vorstufe zum Füller.

HB ist mir persönlich in den meisten Spielarten zu blass und meist auch zu hart. (Fast) alle Stifte, die ich wirklich gut finde, haben die Minenstärke B oder 2B, aber mit 3B wie Günter Grass oder Heinrich Böll würde ich nicht schreiben wollen. Hinzu kommt: „Mechanische" Bleistift habe ich ganz außer Acht gelassen, weil sie mich einfach überhaupt nicht ansprechen. Vielleicht ist aber für Sie etwas dabei?

Es gibt natürlich objektive Qualitätskriterien des Materials und der Verarbeitung. Beispiel: Faber-Castell und Staedler zum Beispiel legen die Minen (maschinell) von oben präzise in die vorgeleimten „Brettchen" ein. In chinesischen Produktionen werden Minen teils von der Seite in die Brettchen „geschossen". Das kann theoretisch klappen. Taugt das Holz etwas? Sitzt die Mine mittig? Ist die Graphit-Ton-Mischung sauber und ordentlich gebrannt? Stimmen Lack und Tauchkappe? Taugt (falls vorhanden) der Radiergummi etwas? Alles das kann man messen, nur: Wie der Stift in Ihrer Hand liegt, ob Sie ihn mögen, ob er für Ihre Zwecke taugt – darüber sagen alle diese Kriterien erst einmal nur bedingt etwas aus. Und dass Sie auch einen passenden Anspitzer brauchen, kommt noch dazu.

Ich bin (wie wahrscheinlich viele Fans von Schreibgeräten) eine ganze Zeitlang davon ausgegangen, am Ende werde der „neue" Blackwing 602 alle anderen Stifte aus dem Rennen schlagen – das tut er nicht. Er liegt für mich sehr weit vorne. Aber dort liegen gleichauf auch die beiden japanischen Bleistifte „Mono 100" von Tombow und der „Mitsubishi Hi-Uni" in der Stärke B, und wenn ich zwischen allen drei wählen müsste, dann würde es eher der Mono 100 als der Blackwing.

Bei den „Großen Vier" aus Nürnberg hat sich meine Wahrnehmung verschoben: Lyra hatte ich gar nicht mehr auf dem Schirm (zu Recht, wie sich zeigte), Schwan sagte mir eigentlich nichts (hier gab es eine Überraschung), der deutsche Gold-Standard ist mit dem „Castell 9000" (und dem „Grip 2001") von Faber-Castell gesetzt. Eigentlich. Inzwischen habe ich für mich Staedler mit den „Noris"-Stiften aus Kunstholz und vor allem den „Lumograph"-Stiften wiederentdeckt.

Aus reiner Neugier habe ich Stifte aus Nachbarländern ausprobiert (Bruynzeel aus den Niederlanden und Caran D'Ache aus der Schweiz), und was zum Beispiel der indische Marktführer für einen Markt mit 1,4 Milliarden Menschen herstellt. Teils traurig fasste sich an, was einst klangvolle Bleistift-Namen waren (schlimm: Dixon Ticonderoga und Koh-I-Noor). Regelrecht verliebt habe ich mich in Bleistifte, deren Beschaffung mich regelmäßig in den Wahnsinn treibt: Fast alles von Musgrave, einem der nur noch sehr wenigen echten US-Hersteller, finde ich großartig.

Vielleicht lesen Sie die folgenden Beschreibungen von Stiften weniger als „Best of"-Liste, sondern mehr wie einen Reiseführer, dem Sie Anregungen für den Einstieg in die Suche nach „Ihrem" Stift entnehmen können. Das erspart Ihnen nicht die Suche, aber in der liegt ja auch der eigentliche Spaß. Und wenn es gut läuft, betreten Sie schreibend, spitzend und radierend neue Räume mit neuen Horizonten des „Denkens mit der Hand".

Die Bewertungen können Ihnen vielleicht etwas streng, vielleicht sogar übertrieben vorkommen. Daher zur Erinnerung: Für 30 Worte auf einem Einkaufszettel, das Kreuzworträtsel, ein Sudoko oder die Bohrlochmarkierung auf der Wand reicht der Gratis-Holzbruch von Ikea. Hier jedoch geht es darum, ob Sie mit diesen Stiften gut schreiben können. Schreiben meint: Gedanken zu Papier bringen, in vollständigen Sätzen, über viele Zeilen und Seiten hinweg, möglichst ermüdungsfrei, und ob der jeweilige Stift dabei eine Hilfe oder eine Hürde ist.

Hier ist vielleicht eine gute Stelle um zu betonen, was selbstverständlich sein sollte: Alle Produkte, die in diesem Buch beschrieben werden, habe ich zu Testzwecken ganz normal im Handel erworben, ohne irgendwelche Rabatte oder sonstige Vergünstigungen. Ich stehe mit keinem Hersteller oder Händler in irgendeiner Geschäfts- oder sonstigen Beziehung, ich erhalte keine Warenproben, Test-Gegenstände oder ähnliches. Ich halte das alles für unsittlich; an so etwas beteilige ich mich nicht.

Die Rückkehr des „deutschen" Bleistifts: Blackwing 602

Der neue Blackwing 602: Japanische Mine in kalifornischer Zeder.

Es ist eine Geschichte wie für ein Drehbuch gemacht: Mitte des 19. Jahrhunderts machen sich deutsche Bleistifthersteller auf, den amerikanischen Markt zu erobern: Edward Weissenborn ist 1860 an der Gründung der ersten amerikanischen Bleistiftfabrik beteiligt. 1861 wird die „Eberhard Faber Pencil Company" gegründet. Heinrich Berolzheimer (1836-1906) ist 1868 mit der Gründung der späteren „Eagle Pencil Company" schon spät dran. Eagle wird eine der größten Bleistift-Fabriken der USA. Vor allem aber aus Eberhard Fabers Fabrik kommen im 20. Jahrhundert nicht nur bis zu einem Drittel aller in den USA hergestellten Bleistifte[264], sondern wahre amerikanische Bleistift-Ikonen: Der „Mongol", der „Van Dyke" und schließlich 1934 der „Blackwing 602". Das Rennen um die besten deutsch-amerikanischen New Yorker Bleistifte haben die Fabers gegen die Berolzheimers gewonnen.

Der „Blackwing 602" ist ein Nischenprodukt mit einer sehr illustren, aber wirtschaftlich unbedeutenden Anhängerschaft. 1998 wird die Produktion eingestellt – und der Wahnsinn beginnt. Von Jahr zu Jahr steigen jetzt die Preise für Blackwings, die noch irgendwo in den Regalen liegen. Der Preis eines einzelnen ungespitzten Original-Blackwings, der früher für 50 Cent zu haben war, steigt nun auf mehr als 100 Dollar. Irgendwann stellt die „California Cedar Products Company" fest, dass der Name „Blackwing" nicht weiter genutzt wird – und kauft ihn 2008 für weniger als 400 Dollar. Es folgt eine jahrelange Entwicklung, um einen „neuen" Blackwing zu kreieren, der optisch eine 1:1-Kopie sein soll, aber am liebsten noch besser als das Original. 2011 ist es soweit, „Cal Cedar" bringt den neuen Blackwing 602 auf den Markt, der Chairman and CEO des Familienunternehmens ist am Ziel.

Sein Name: Charles „Woodchuck" Berolzheimer.

Im 21. Jahrhundert schicken sich jetzt die Berolzheimers an, aus dem einst rivalisierenden Faber-Produkt den erfolgreichsten Boutique-Bleistift der Welt zu machen. Der CalCedar-Blackwing ist heute schon für Luxus-Bleistifte (in Deutschland kosten 12 Blackwings gern 43 Euro und mehr), was Moleskine für die einstige „Wachstuchkladde" war – und natürlich gibt es Blackwings und Moleskines auch längst im Kombi-Paket[265].

Ich könnte hier schreiben, was ich will, den verspäteten Siegeszug dieses „deutschen" Bleistifts, dessen Original in Deutschland nie verkauft wurde, wird das weder noch weiter befördern noch aufhalten. Er ist die Bleistift-Ikone, die jede:r will, die oder der im Prinzip ja gern mit Bleistift schriebe, in Wahrheit aber vor allem ein Signature-Spielzeug haben will. Lassen Sie uns sehen, was er kann.

Schreibfluss & Schwärze: Sean Malone hatte 2016 noch Eberhard Faber IV (1936-2022) sprechen können, der als letzter CEO die „Eberhard Faber pencil company" an die Verwandtschaft von Faber-Castell verkaufte. Eberhard Faber IV verriet ihm über die Besonderheit des Original-Blackwings: *„Der ursprüngliche Blackwing wurde 1934 eingeführt. Das Blei war eine Formel, die mein Vater (Eberhard L. Faber, 1893-1945) entwickelte. Er war Chemiker und entwickelte die meisten unserer Bleiformulierungen zu dieser Zeit. Die Blackwing war, glaube ich, die erste wachsimprägnierte Mine, die unter anderem deshalb so geschmeidig war. Sie war bei Leuten* *beliebt, die Kreuzworträtsel lösten, weil sie sich gut auf Zeitungspapier schreiben ließ.* "[266]

Der neue „Blackwing 602" hat wie das Original keine direkte Angabe zur Minenstärke, sie dürfte aber etwa „HB" bis „B" entsprechen. Der Graphit-Auftrag ist richtig dunkel. Das aufgedruckte Versprechen „Half the pressure, twice the speed" trifft zu. Der Stift gleitet wirklich wie von selbst über das Papier. Wenn Sie eine flüssige Handschrift haben, die mehr dem Eiskunstlauf als Stakkato-artigen Papierberührungen gleicht, dann ist diese Mine das sinnlichste Schreiberlebnis, das Sie je hatten. Kein Kratzen, kein Stoppen, keine lauten Geräusche. Selbst wenn man praktisch gar keinen Druck außer dem natürlichen Gewicht der Hand und des Schreibflusses ausübt, schreibt der Blackwing 602 dunkler als jeder handelsübliche HB-Stift kurz vor der Gewaltanwendung. Gleichzeitig hat die Graphitmine die interessante Qualität, fast so lange spitz wie eine HB-Mine zu bleiben. Die Notwendigkeit zum Nachspitzen hält sich in Grenzen. Das ist einfach toll. Der Versuch, mit dem Remake einen echten Premium-Bleistift zu erschaffen, ist Charles „Woodchuck" Berolzheimer absolut gelungen.

Handgefühl & Verarbeitung: Der sehr satt lackierte Sechskant liegt angenehm und rutschfest in der Hand. Die Haptik entspricht der edlen dunkelgrauen Erscheinung. Der goldene Aufdruck unterstreicht diese sehr wertige Anmutung – die allerdings im Gebrauch nicht lange durchhält. Es reichen normaler Handhabungs-Abrieb und ein wenig Handschweiß, um den Goldaufdruck in atemberaubendem Tempo verschwinden zu lassen (ich frage mich vor allem, wo der Goldaufdruck bleibt; Spuren habe ich nirgendwo entdeckt). Ähnliches habe ich bei keinem einzigen anderen Stift erlebt.

Die Besonderheit der Mine legt nahe, dem Blackwing 602 einen Long-Konus-Spitzer zu gönnen (oder wenigstens den etwas länger spitzenden Carl Angel-5 Tischanspitzer). Im Handspitzer sind die Holzflocken fest und zusammenhängend, da wird erstklassiges Holz verwendet. Der Stift spitzt sich trotzdem sehr leicht (auch im Pollux von M+R). Ich habe nicht vor, irgendwem sein Geschäft zu verderben, aber wenn Sie in Erwägung ziehen, sich einen der teuren One-Step-Long-Point-Handspitzer von Blackwing (mit deutscher Klinge) zuzulegen – werfen Sie doch mal einen Vergleichsblick auf die um mehr als die Hälfte preiswertere aktuelle Long-Point-Palette der KUM-Spitzer; Zufälle gibt's...

Radiergummi & Sonstiges: Der abenteuerlich am Kopf verbaute Radiergummi – rechtwinklig, nachschieb- und austauschbar in einem Clip im Clip sitzend – ist wesentlich für die spektakuläre Optik des Blackwing 602. Der Legende nach soll der Ausfall der uralten Maschine, mit der diese Einheit hergestellt wurde, mit zur Produktionseinstellung des Originals beigetragen haben[267]. Optisch ist der Nachbau perfekt gelungen, und vielleicht habe ich ja bloß Pech. An bisher jedem meiner neuen Blackwings fing die runde Metallklemme mit dem Radiergummi nach kurzer Zeit an, sich zu drehen; manchmal fiel sie einfach ab. Eigentlich fiel sie immer ab, wenn ich den Stift in einem Federmäppchen im Büro-Rucksack mit zur Arbeit nahm.

Nach drei Dutzend Stiften aus drei verschiedenen Produktionszeiträumen ist mein Glaube an „Pech" inzwischen etwas überstrapaziert und ich halte es für wahrscheinlicher, dass hier Design-Wille auf technisches Unvermögen trifft. Ich betrachte es auch nicht als meine Aufgabe als Kunde, jeden einzelnen 3,50-Euro-Stift mit einem Klecks Sekundenkleber zu versehen, damit ich den Radierer benutzen kann. Das deutsche Fachwort für diese Produktqualität, es tut mir leid, heißt „Schrott".

Hersteller & Historie: Eberhard Faber IV verkaufte die „Eberhard Faber pencil company" 1987 an Faber-Castell, die den Blackwing 602 unter ihrem Namen bis 1994 herstellten. Faber-Castell verkaufte die Produktlinie dann an die Sanford Division von Newell Rubbermaid, die ihn für vier weitere Jahre im Portfolio behielt. Zehn Jahre später trat dann Charles „Woodchuck" Berolzheimer auf den Plan, der den Remake-Stift schließlich in das Portfolio der „California Cedar Products Company" aufnahm. Die Berolzheimer-Familie hatte das 1917 gegründete Unternehmen in den 1920er Jahren gekauft. Als Charles den Markennamen Blackwing kaufte, stellte Cal Cedar bereits Bleistifte unter dem Markennamen „Palomino" her und war mit pencil.com schon in den Online-Handel eingestiegen. Ab 2011 kamen die ersten „Palomino Blackwings" auf den Markt. Schon für die Palominos wurden kalifornische Weihrauchzeder und eine japanische Graphitmine verwendet, der neue Blackwing 602 wird nun direkt in Japan hergestellt.

Darin dürfte auch das Qualitätsgeheimnis des Stifts liegen. Als verspätete Industrienation mühte sich Japan noch bis weit in die 1960er Jahre, zu den deutschen Bleistiften aufzuschließen bzw. diese zu übertreffen. Vor allem, was damals an Forschung in die Graphitminen gesteckt wurde, sichert japanischen Stiften bis heute eine führende Qualität. Kalifornisches Holz, japanische Minen, ein ikonisches Design und aggressives Marketing dürften den CalCedar-Blackwing 602 auf Jahre hinaus zu *dem* Boutique-Bleistift schlechthin machen.

Sollten Sie ihn ausprobieren? Natürlich! Und wenn Sie dadurch auf den Geschmack kommen, mehr (und am besten täglich) mit Bleistiften zu schreiben, dann tasten Sie sich weiter vor zu anderen Premium-Bleistiften. Ich könnte mir vorstellen, dass Sie dann bei Bleistiften landen, deren Holz- und Graphit-Qualität in der gleichen Liga (oder darüber) angesiedelt sind, aber deutlich weniger Produktions-Mängel aufweisen. Das können der Tombow Mono 100 oder der Mitsubishi Hi-Uni sein (deren Minen alle anderen toppen), der rätselhafterweise sogar bei seinem eigenem Hersteller dramatisch unterbewertete Mars Lumograph von Staedler oder der vermeintlich schlichte Gold-Standard aller Bleistifte, der Faber-Castell „Castell 9000".

Bruynzeel: Besser als eine Frikandel

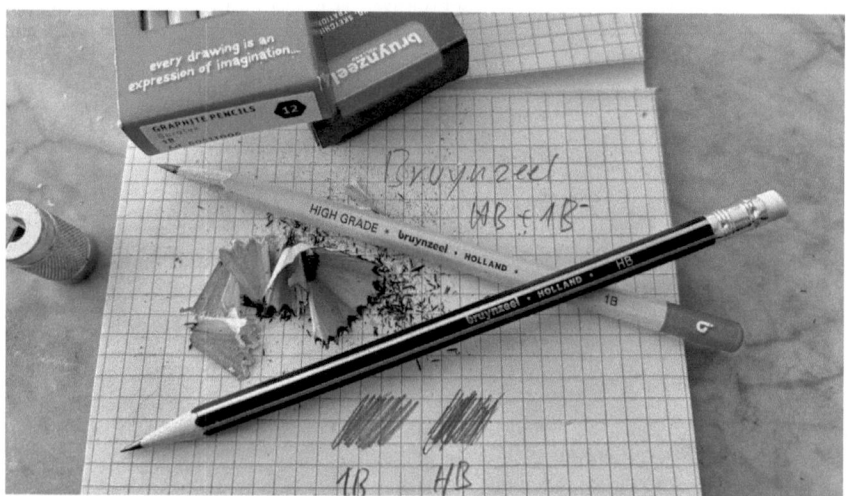

Seit 1948 der Schul-Bleistift der Niederlande: Holländische Bleistifte von Bruynzeel (inzwischen made in China) – von erstaunlich guter Qualität.

In meinem Lieblingsnachbarland gibt es bis heute jede Menge lokale Produkte und Marken, die man in deutschen Geschäften nie finden wird. Für viele niederländische Unternehmen ist der 80-Millionen-Menschen-Markt Deutschland einfach zu groß, das Risiko des Markteintritts zu hoch. Gleichzeitig sind die Niederlande als Markt eigentlich zu klein für bestimmte nationale Produktionen (zum Beispiel Autos). Bis zum Zweiten Weltkrieg gab es für die Niederlande keinen vernünftigen Grund, sich an einer eigenen Bleistiftproduktion zu versuchen. Nach dem Krieg allerdings schon: Die bisherigen Beschaffungsmärkte Deutschland, Österreich und Tschechoslowakei fielen vorerst aus.

Daher schob die niederländische Regierung die Gründung einer eigenen Produktion an. Bis heute gibt es Bleistifte der Marke „Bruynzeel" mit dem stolzen Aufdruck „Holland" in jedem Supermarkt der Niederlande, und die meisten niederländischen Kinder dürften mit ihnen Schreiben gelernt haben (und es bis heute tun).

Schreibfluss & Schwärze: Ausprobiert habe ich den Bruynzeel Burotek „High Grade" in der Stärke 1B und einen HB mit Radiergummi aus der Serie „Teens". Beide Stifte sind in China hergestellt und verfügen über zunächst überraschend gute Graphitminen. Der Graphit-Auftrag ist wirklich schön dunkel (auch bei dem HB-Stift), die Minen gleiten einigermaßen gut über das Papier, das verwendete Holz ist okay, die Verarbeitung auch. Wie viele chinesische Stifte sind die Bruynzeels etwas lauter beim Schreiben, liegen aber weit unter dem Lärmpegel der echten Krachmacher. Beide neigen beim sehr scharfen Anspitzen zum Bruch der Spitz-Kante, wenn sie mit mittlerem Druck aufs Papier aufgesetzt werden.

Handgefühl & Verarbeitung: Beide Stifte haben einen Sechskant-Schaft, wobei der „High Grade" glanzlackiert ist. Das fasst sich (für mich) deutlich angenehmer an als der matte Stift mit den silbernen Kanten-Linien aus der Teens-Serie. Das fühlt sich ein bisschen nach Plastik an. Die Lackierung ist satt und fehlerfrei, die Minen sitzen mittig in den Stiften. Beide lassen sich gut und leichtgängig anspitzen. An den Anspitz-Flocken sieht man, dass das Holz keine Top-Qualität ist, aber durchaus im oberen Segment mitspielt. Gleiches gilt auch für das abgeschnittene Graphit: Durchgängig fein ist es nicht, aber auch nicht grob oder brockig. Was hier an Material verarbeitet wurde, ist deutlich höherwertiger als die Inhaltsstoffe von so manchem Frikandel in einem Strand-Paal an der holländischen Küste.

Radiergummi & Sonstiges: Der Burotek wäre mit geringem Aufpreis auch mit Radiergummi erhältlich. Am HB-Stift ist ein weißer Radiergummi mit silberner Metallklemme fest angebracht; das Ergebnis ist in Ordnung. Die Aufdrucke beider Stifte sind sehr ordentlich. Für Stifte, die deutlich unter einem Euro/Stück gehandelt werden (und zudem aus China stammen!), bieten beide Stifte ein wirklich gutes Preis-Leistungsverhältnis. Dafür, dass ich nur einmal ausprobieren wollte, mit was die Nachbarn so schreiben, bin ich insgesamt positiv überrascht.

Hersteller & Historie: 1948 suchte die niederländische Regierung nach einem Weg, um das Bildungssystem und die Wirtschaft mit Bleistiften zu versorgen, da die europäischen Lieferanten ausgefallen waren. Sie stattete den Unternehmer Cornelis Bruynzeel (1875-1956), der eigentlich Holztüren, Treppen, Schulbänke und Küchen in Zaandam (Noord-Holland) herstellte, zum Erwerb der nötigen amerikanischen Maschinen mit Devisen aus und verlangte eine Produktion innerhalb von sechs Monaten. *„Obwohl Bruynzeel ein Holzexperte war, war das Bleistiftgeschäft für ihn völlig neu. Dies verursachte am Anfang einige Probleme. Nach dem Krieg waren die Rohstoffe knapp, und da die richtigen Materialien nicht verfügbar waren, mangelte es an Qualität. Dennoch gelang es ihm nach sechs Monaten, die erste Lieferung Bleistifte auszuliefern. Nach dieser ersten Charge steigerte sich die Qualität der Stifte aufgrund verschiedener technologischer Entwicklungen und Innovationen immer weiter"*, heißt es etwas geschönt in der Firmengeschichte[268].

Inzwischen werden die Stifte in China hergestellt. 1997 wurde die Marke von dem japanischen Schreibwarenhersteller Sakura Color Products Corporation (Osaka) übernommen. Seit 2016 wird Bruynzeel (unter anderem mit Stifte-Editionen für das Rijksmuseum) wieder etwas „niederländischer" vermarktet und gehört nun zum Portfolio von Royal Talens, einem der traditionsreichen Hersteller von Künstlerfarben in den Niederlanden. Royal Talens gehört ebenfalls zum Sakura-Konzern. Produkte von Royal Talens werden grundsätzlich auch in Kreativ-Märkten und Geschäften für Künstler:innen-Bedarf in Deutschland vertrieben, das Bleistift-Sortiment von Bruynzeel habe ich dort allerdings noch nicht gesehen.

Das Caran-d'Ache-Schaufenster im Berner Hauptbahnhof: Scrennshot aus dem Trailer zum Buch „Die Caran d'Ache Saga" von Ralph Brühwiler[269].

Ich kenne in Europa kein anderes Land, dessen Einwohner:innen es offenbar als nationale Pflicht empfinden, wirklich alle von ihnen über sich selbst verbreiteten Klischees so sehr zu erfüllen wie die bünzlige Schweiz. Sollten Sie in der folglich etwas anstrengenden Konversation mit Schweizerinnen und Schweizern überprüfen wollen, ob ihr Gegenüber sich bloß in helvetischer Zurückhaltung übt oder bereits verstorben ist, versuchen Sie es mit folgender Frage: *„Wie war es für Sie als Kind, als Sie das erste Mal vor dem Caran-d'Ache-Schaufenster im Berner Hauptbahnhof standen?"*

Es wird dann etwas Merkwürdiges im schweizerischen Gemüt vor sich gehen. Das „Caran-d'Ache-Schaufenster" (das es in mehreren Schweizer Bahnhöfen gab oder immer noch gibt) war in Bern seit 1957 mit mechanischen Bären-, Ingel- und Hasen-Puppen bestückt, die die jeweils neusten Schreibwaren von Caran d'Ache präsentierten. Generationen von Schweizerinnen und Schweizern drückten sich vor diesem höchsten Ausbund von Swissness ergriffen die Nasen platt. In Schweizer Medien herrscht regelmäßig Aufruhr, wenn sie die Gefahr wittern, Caran d'Ache könne die Schaufenster-Gestaltung ändern oder gar aufgeben[270].

So durchschnittlich wie ein #2-Stift nur sein kann: Der „Edelweiss"-HB-Bleistift von Caran d'Ache.

Die aktuelle Caran d'Ache-Geschäftsführerin Carole Hübscher, deren Familie 1947 die Firmenmehrheit kaufte, erklärte zwei Jahre nach ihrer Amtsübernahme in einem Interview, sie hoffe, dass es das Schaufenster noch lange geben werde: *„Die kleinen Bären und Hasen, die dort zeichnen, gehören zur DNA unserer Firma. Das Schaufenster ist in fast 60 Jahren eine Berner Institution geworden. Die Leute treffen sich explizit beim Caran-d'Ache-Schaufenster. Es kostet uns viel Geld, doch ich gebe es lieber fürs Schaufenster aus als für eine andere Marketing-Aktion. Das Schaufenster gehört zum Traum, den wir dem Publikum übermitteln möchten."* [271]

Der klassische Schulbleistift von Caran d'Ache mit dem Namen „Edelweiss" gehört zu den großen Langweilern im Test. Mutmaßlich ist er das billigste Produkt im Sortiment von Caran d'Ache und ansonsten das perfekte holzgewordenen Mittelmaß eines #2-Stifts.

Schreibfluss & Schwärze: Wenn Sie nicht als Schweizer:in aus Nationalstolz zur Benutzung dieses Stifts verpflichtet sind, dann gibt es wenig Gründe, für das gleiche Geld nicht etwas mit mehr Charakter zu nutzen.

Der „Edelweiss" hat für einen HB-Stift einen mittleren Schreibfluss und eine mittlere Schwärze. Er ist mittellaut und mittelgleitfähig. Er war der einzige Bleistift im Test, den ich gleich mehrfach in einem Café habe liegenlassen. Ich hatte schlicht vergessen, dass er da war. Ich nehme an, dass das, was ich an ihm todlangweilig finde, das absolut Schweizerische an ihm ist und ich demnächst mit Einreise-Verbot belegt werde.

Handgefühl & Verarbeitung: Caran d'Ache legt großen Wert darauf, dass der „Edelweiss"-Bleistift (wie alle ihre Produkte) unverändert in der Schweiz hergestellt wird. Auffällig ist vor allem die Optik in knallrotem Lack mit dem weißen Aufdruck und einem kleinen Edelweiß-Symbol. Der Druck ist gestochen scharf, was das Durcheinander der verwendeten Schriftarten allerdings unvorteilhaft betont. Bei dem Sechskant-Schaft wurde auf eine Schlusskappe verzichtet. Das kalifornische Holz ist ordentlich, die Kanten fühlen sich trotz des Lacks etwas rau und (sorry) billig an.

Radiergummi & Sonstiges: Das Modell Edelweiss gibt es nicht mit Radiergummi. Aktuell wird der Stift bei Caran d'Ache in jeweils anderer Lackierung außer in HB nur in 2H (Grün), 3B (Grau) und F (Blau) angeboten, daneben gibt es einen namenlosen gelben HB-Stift mit Radiergummi sowie diverse Sondereditionen aus Schweizer Holz (3 Stifte für 30 Euro).

Hersteller & Historie: Das Unternehmen wurde 1915 als „Fabrique Genevoise de Crayons" in Genf gegründet und stellte Bleistifte aus Zedernholz her. 1924 kaufte es der Börsenmakler Arnold Schweitzer und benannte die Fabrik in „Caran d'Ache" um, was auf Russisch (gesprochen: Karandasch) „Bleistift" bedeutet.[272] Es gibt zwei verschiedene Erklärungen, wie es dazu kam. Die langweilige: Schweitzers Frau war in Russland aufgewachsen und wollte es so[273]. Die lustigere: Schweitzer soll ein Fan des russisch-französischen Karikaturisten Emmanuel Poiré (1858-1909) gewesen sein, der sich „Caran d'Ache" als Pseudonym zugelegt hatte[274]. Viele Jahre hatte das Unternehmen als Markenzeichen einen spektakulären Jugendstil-Schriftzug; zum 100. Geburtstag 2015 gab es ein neues Design.

Der Tod einer Legende: Dixon Ticonderoga

Von oben nach unten: Dixon Ticonderoga aus Mexiko (ungespitzt), Dixon Ticonderoga aus China, Ticonderoga-Klon „Temagraph" der Marke Lyra aus China, Ticonderoga-Klon „Temagraph" der Marke Lyra aus China ohne Radiergummi (alle drei maschinell vorgespitzt). Die Stifte sind gelb lackiert, glitzernd grün beschriftet, in der gleichen Farbe sind Radiergummi-Klemme und Stiftende (Lyra ohne Radiergummi) gestaltet.

In Deutschland kannte man ihn nur aus Filmen, aber in den USA war der „Dixon Ticonderoga" lange Zeit *der* #2-Bleistift schlechthin, eine echte amerikanische Ikone. Vom ersten Schultag bis zum Collage-Test sind die meisten US-Amerikaner:innen mit dem „Ticonderoga" aufgewachsen. Sein Name rührt nicht nur vom Ort eines Graphit-Vorkommens her, das Joseph Dixon für die Stifte nutzte, sondern war auch der Ort einer Schlacht des amerikanischen Unabhängigkeitskrieges 1777 gegen die Briten. Der Stift wurde 1913 eingeführt und hat seine unverwechselbare Optik seitdem praktisch nicht geändert: Der Schaft satt sonnig Gelb lackiert, nachdem Koh-I-Noor 1888 Gelb als *die* Bleistiftfarbe eingeführt hatte, dazu kam (etwa ab den 1940er Jahren) eine leuchtend grüne Messingzwinge am Stiftende mit einem rosa Radiergummi. Schulen kauften ihn jahrzehntelang in Massen, später war er Eltern meist zum Kauf vorgeschrieben (zumindest an sehr vielen Schulen). Und der „Dixon Ticonderoga" #2 war billig, zu Beginn des 20. Jahrhunderts billiger als all die deutsch-amerikanischen Premium-Stifte. Er war allerdings so billig, dass er nicht mehr billiger werden konnte, als in den 1990er Jahren chinesische Nochbilliger-Stifte den amerikanischen Markt fluteten.

Und dann ging es ziemlich schnell abwärts. 2005 landete die Marke schließlich bei der italienischen Fila-Gruppe, wie 2008 auch die deutsche Marke „Lyra", 1806 gegründet und später als „Johann-Froescheis Lyra Bleistift Fabrik" eine der „Großen Vier" in Nürnberg (mit Faber-Castell, Staedler und Schwan-Stabilo). Kaum war Fila Eigentümerin von „Ticonderoga", schloss man die Fabriken in den USA und fertigte die Stifte zunächst in Mexiko, inzwischen in China, demnächst oder heute schon wohl auch in Indien.

Laut Fila (so erzählt der Konzern es seinen Investoren) hat „Ticonderoga" in den USA immer noch einen Marktanteil von 50 bis 55 Prozent[275], beworben wird der „Ticonderoga" weiterhin unverdrossen als „bester Bleistift der Welt". Das ist er nicht. Er ist ein Zombie; der mit Abstand schlechteste Stift, der einen Premium-Anspruch erhebt, der mir bisher begegnet ist. Wie rustikal (zutreffender wäre: rücksichtslos) Fila mit Tradition und Marken-Führung umgeht, demonstrierte der Konzern auf der „Paperworld", der inzwischen eingestellten Frankfurter Weltleitmesse für Schreibwaren. Dort wurde 2010 der italienische Fila-Stift „Temagraph" plötzlich als Stift der aufgekauften deutschen Marke „Lyra" präsentiert – als 1:1-Klon des „Ticonderoga", von der gelben Farbgebung über die grüne Metallklemme bis zum rosafarbenen Radiergummi[276]. Wie vollkommen beliebig Fila dabei mit der eigenen „Temagraph"-Geschichte umsprang, kann man heute noch in einem Beitrag von Penciltalk aus dem Jahr 2009 sehen[277].

Die amerikanische „#2"-Ikone „Ticonderoga" gibt es nicht mehr. Es gibt lediglich Bleistifte, die noch so aussehen, teils auch so heißen, aber keine Seele haben. So überzogen ich die Kritik an Cal Cedars neuem Blackwing bisweilen finde, so unverständlich ist mir, wie offenbar gleichgültig die

USA das Verschwinden des Bleistifts hinnehmen, der im 20. Jahrhundert „seit den Tagen der Schulhäuser mit nur einem Raum", wie die New York Times vor 50 Jahren schrieb[278], eines der wichtigsten Kulturwerkzeuge Amerikas war.

Schreibfluss & Schwärze: Schreibe ich mit dem „Ticonderoga" (2 HB Soft) so, wie ich es mit meinen übrigen Bleistiften gewohnt bin, denke ich jedes Mal: „huch, ist da eine Kappe auf dem Stift"? Der Farbauftrag ist bei normalem Schreiben ohne zusätzlichen Druck sehr blass. Das Ergebnis ist ein so dünner Graphit-Auftrag, dass er auf Recycling-Papier kaum lesbar ist. Nur mehr Druck schafft Abhilfe, und immerhin hält die Mine den erstaunlich gut aus. Der Preis dafür sind schnelle Ermüdung und mit Pech eine verkrampfte Hand. Die Mine ist erwartungsgemäß laut, kratzig und der Schreibfluss ungleichmäßig. Das gilt vor allem für die Stifte aus mexikanischer Produktion, bei den chinesischen ist es etwas besser. Die chinesischen Stifte müssen allerdings etwas früher nachgespitzt werden; die Mine tendiert eher Richtung Härtegrad B. Bei den Stiften, die ich für dieses Buch ausprobiert habe, schnitt der Tyconderoga-Klon von „Lyra" noch am besten ab.

Handgefühl & Verarbeitung: Ich habe zunächst eine Packung mit zwei Dutzend Stiften aus mexikanischer Produktion getestet, die eine Fülle von Unsauberkeiten aufwiesen. Da war der Lack ungleichmäßig aufgetragen, teils die Radiergummis nicht richtig eingeklemmt, manche Minen saßen alles andere als mittig im Stift. Obwohl der gelbe Lack ein bisschen Mattglanz hat, fasste sich der Stift regelrecht stumpf an. Die mexikanische Charge wurde ungespitzt geliefert; der Stift überlebt weder den „Pollux" noch den „Castor" von M+R, auch mit dem „Meisterwerk" braucht man ihm nicht zu kommen. Der Lack der chinesischen „Ticonderogas" ist minimal blasser, aber gleichmäßiger, das Handgefühl etwas besser. Es scheint aber auch besseres Holz verwendet worden zu sein, das sich besser und leichter spitzen lässt (natürlich nicht mit dem „Pollux").

Radiergummi & Sonstiges: Grundsätzlich machen die chinesischen „Ticonderogas" einen etwas besseren Eindruck als die mexikanischen (beide laut Packung 2022 hergestellt). Dafür hat in China beim Platzieren der Radiergummis gelegentlich offenbar stumpfe Gewalt eine vernünftige Maschinen-Einrichtung ersetzt. Sowohl in der chinesischen wie auch der mexikanischen Variante sind die Radiergummis Mist, eine kleine Schraffur-Fläche des eigenen Stifts können sie von glattweißem 70gr/m^2 Briefpapier nicht rückstandsfrei entfernen. Gleiches gilt für den Klon von Lyra.

Die Stifte in Deutschland zu besorgen, ist (wie bei eigentlich allen internationalen Stiften) ein teurer Spaß, da Fila den deutschen Markt mit dem „Ticonderoga" gar nicht ansteuert. In den USA kostet aktuell (Frühjahr 2025) ein chinesisches Päckchen mit 48 Stiften bei Walmart ganze 9,74 US-Dollar. Daher muss man bei der Bewertung auch mal realistisch sein: Würde mir in Deutschland ein Hersteller ein Dutzend Bleistifte für 2,50 Euro anbieten, würde ich überhaupt nicht in Erwägung ziehen, diesen Mist zu kaufen. Dieser Preis sagt eindeutig, dass es sich um kein hochwertiges Produkt handeln *kann* – und ganz sicher nicht um den besten Bleistift der Welt.

Hersteller & Historie: Der „Ticonderoga" wurde auch unter der Regie von Dixon über die Jahrzehnte nie so unverändert produziert wie beispielsweise (zumindest optisch) der „Castell 9000" von Faber-Castell. Der Bleistift-Enthusiast Bob Truby hat in seinem Online-Museum 60 Modellvarianten des „Ticonderoga" zusammengetragen[279]. 2018 veröffentlichte die Washington Post eine ausführliche Recherche, wie Fila/Ticonderoga einerseits aufgehört hat, ein amerikanischer Bleistift-Hersteller zu sein, und gleichzeitig versucht, chinesische Konkurrenten mit amerikansichen Schutzzöllen belegen zu lassen[280]. Der Artikel, erschienen zweiten Jahr der ersten Amtszeit von Donald Trump, endet mit einem Ausblick, der die Fila-Gruppe als Ticonderoga-Eigentümer 2025 erneut treffen könnte:

„Dixons Glück mit der Handelspolitik der US-Regierung könnte bald enden. Um zu verhindern, dass China Unternehmen wie Dixon nach Asien lockt, hat Trump damit gedroht, alle Produkte, die in die USA geliefert werden, mit hohen Zöllen zu belegen. Dies könnte unweigerlich einen Großteil der Produktionsstätten von Dixon treffen und das Unternehmen

vor die Entscheidung stellen, ob es seine Aktivitäten erneut verlagern oder die Preise für seine US-Bleistifte im nächsten Sommer steigen soll - genau dann, wenn die Schulanfangszeit wieder beginnt."

Vielleicht wird man dem heutigen „Ticonderoga" am ehesten gerecht, wenn man ihn aus amerikanischer Perspektive bewertet. 2020 ging der Produkttest-Ableger „Wirecutter" der New York Times der Frage nach, ob der „Ticonderoga" wohl wirklich der beste Bleistift der Welt sei („das glauben wir nicht"). Dazu ließ sie unter anderem Profi-Schreiber:innen aus dem eigenen Haus mit abgeklebten Stiften schreiben, darunter zwei Sorten Ticonderogas (es gibt inzwischen auch schwarze statt gelbe). Das Ergebnis: *„Die Ticonderoga-Bleistifte sind gut, aber sie sind nicht annähernd so gut wie die besten Bleistifte - oder die günstigsten. Bei den Schreibfähigkeiten bewerteten unsere Tester die Ticonderoga (gelb) Bleistifte als drittbeste (...). Die Ticonderoga (schwarz) Bleistifte belegten den achten Platz (...). Beide Ticonderogas boten eine mittelmäßige Leistung bei der Anspitzqualität, obwohl der gelbe Stift etwas besser spitzte. Andererseits hatte der schwarze Ticonderoga den besten Radiergummi aller Bleistifte, die unsere Mitarbeiter getestet haben, während der Radiergummi seines sonnenblumenfarbenen Gegenstücks eher durchschnittlich war."*[281]

Made in Bollywood: Hindustan Pencils

Von links: Der indische Standard-Bleistift „Nataraj" und die Premium-Version „Apsara" von Hindustan Pencils, dem indischen Marktführer.

Der erstaunliche Erfolg von Romain Puértolas Roman um den betrügerischen Fakir Ayarajmushee Dikku Pradash und seinen Ikea-Bleistift hätte eigentlich mit einer einzigen humorlosen Frage des Lektors bei seinem Verlag Le Dilettante erledigt sein können: „Wieso fliegt er zu Ikea nach Paris? Ikea hat fünf Stores in Indien!" Im Gegensatz zu Ayarajmushee sind die meisten Inder auch nicht auf Bleistifte von Ikea angewiesen. Größter indischer Hersteller ist die Hindustan Pencils Pvt. Ltd. mit Sitz in Mumbai.

Hindustan Pencils hat vor allem zwei Marken: „Nataraj" ist der einfache Schul- und Bürobleistift und kostet aktuell 5 indische Rupien (50 Euro-Cent) pro Stück. Das ist bei einem durchschnittlichen Monatseinkommen knapp über 500 Euro kein Vermögen, aber auch nicht Nichts. Die ambitioniertere Marke ist „Apsara" und kostet 1 Rupie mehr, ist also bereits 20 Prozent teurer. Beide Marken sind in Deutschland vor allem bei britischen Ebay-Händlern zu unverschämten Preisaufschlägen zu bekommen.

Blickt man via Werbevideo in die Produktion von Hindustan Pencils[282], so stellt man nur wenige Unterschiede zu Faber-Castell und Staedler fest.

Vor allem das sorgfältige Einlegen der Minen erfolgt nahezu produktionsidentisch. Dass das, was man dann in der Hand hält, insbesondere chinesischen Schrott-Bleistiften haushoch überlegen ist, überrascht kaum. Ausprobiert habe ich zwei „Value Packs" (jeweils 10 Stifte, 1 Radiergummi und 1 Anspitzer), den „Nataraj 621 Bold HB", ausgewiesen als „writing pencil", und den „Apsara Platinum", ausgewiesen als „Extra Dark Pencil", aber ohne Angabe der Minenstärke. Für mich eine interessante Info: Aus dem Apsara-Pack wurden offenkundig schon in Indien Anspitzer und Bleistift gestohlen, was ja nichts anderes bedeutet, als: das sind begehrte Produkte.

Schreibfluss & Schwärze: Der „Nataraj" schreibt ohne großen Druck deutlich dunkler als andere HB-Markenstifte im mittleren Preissegment, er ist auch deutlich weicher als zum Beispiel ein Faber-Castell 1111 in HB. Komplett überlegen in allen Belangen – Schreibfluss, Sättigung, wenig Kratzigkeit – ist er dem schlechtesten Stift im Text, der Marken-Ruine „Dixon Ticondoroga". Ich habe nur wenige DIN-A5-Seiten zur Probe geschrieben, aber einen wirklich Qualitätssprung gegenüber dem „Nataraj" kann ich erst ab Stiften von der Güte des japanischen Tombow 8900 feststellen. Insgesamt aber ist der „Nataraj" ein mehr als ordentlicher Stift, der den Vergleich mit internationalen Standard-HB-Stiften nicht zu scheuen braucht.

Das erhöht natürlich die Erwartungen an den 20 Prozent teureren „Apsara", der daher dem Vergleich mit etwas besseren Stiften standhalten sollte – was er annähernd tatsächlich tut. Der „Apsara" ist wirklich noch etwas dunkler und weicher als der „Nataraj". Obwohl Hindustan Pencils keine Angaben zur Minen-Stärke macht, würde ich ihn irgendwo bei B bis 2B einordnen (seine Mine scheint minimal dicker als beim „Nataraj"). Er ist im Vergleich zu einem Castell 9000 Stärke B etwas rutschiger und schreibt sich etwas schneller stumpf, aber wirklich groß wird der Unterschied erst wieder ab der Liga „Tombow Mono 100 B".

Was die rein praktischen Ergebnisse angeht, bewegt sich Hindustan Pencils mit seinen Stiften durchaus auf internationalem Niveau.

Handgefühl & Verarbeitung: Beide Stifte liegen als Sechskant klatt lackiert angenehm in der Hand, wobei der Aufwand bei dem rot-schwarzen „Nataraj" sogar noch etwas größer erscheint – er ist allerdings auch nicht ganz gelungen. Der Lack ist teils ungleichmäßig, an einer Stelle sogar leicht verwischt, der goldene Marken-Aufdruck ist tief und klar. Misslungen ist die schwarze Tauchkappe, die mit einem weißen Lackring vom Rest des Schaftes abgetrennt ist. Dort bilden sich Lackbeulen. Die Lackierung ist beim silber-schwarzen „Apsara" deutlich besser gelungen, aber auch da ist in Sachen Sauberkeit noch Luft nach oben. Die Optik beider Stifte ist mir etwas zu Plastik-glänzend, aber die Gestaltung mag dem nationalen Geschmack geschuldet sein, wo ja auch mitten im Film plötzlich Bollywood-Hymnen geschmettert werden.

Radiergummi & Sonstiges: Beide Stifte kommen ohne Radiergummi, das es aber ja im Value Pack gratis dazu gibt (ich habe es nicht ausprobiert). Das wirklich dunkle Graphit neigt leicht zum Verschmieren. Beim Anspitzen macht die Mine des „Apsara" bereits im „Castor" von M+R schlapp, im Carl Angel 5 verhalten sich beide tadellos. Das ist deshalb erstaunlich, weil Hindustan Pencils selbst den „Apsara" mit einem kleinen „Long Konus"-Anspitzer aus Plastik anbietet (der bei mir ja leider geklaut war). Das Holz des „Nataraj" ist etwas ungleichmäßiger und spröder, das „Apsara"-Holz heller und gleichmäßiger. Im Handspitzer kommen mir beide etwas schwergängig vor. Beide Stifte sind ausdrücklich zum Schreiben gedacht, der „Nataraj" als „writing pencil" ausgewiesen, der „Apsara" „for good handwriting". Ich könnte mir vorstellen, dass die tatsächlichen Minen-Qualitäten erst beim Zeichnen und Skizzieren zum Vorschein kommen.

Hersteller & Historie: Hindustan Pencils brachte den „Nataraj"-Bleistift 1958 auf den Markt und ist nach eigenen Angaben der größte Bleistifthersteller Indiens. Zusammen mit anderen Schreibwaren liegt die Produktion bei 8 Millionen Bleistiften, 1,5 Millionen Anspitzern und 2,5 Millionen Radiergummis – pro Tag. Auf der Internetseite des Unternehmens, das sich seit seiner Gründung Ende der 1940er Jahre in Privatbesitz befindet, kann man den jeweiligen Stand der Bleistift-Tagesproduktion live nachlesen[283]. 1970 startete Hindustan Pencils die höherpreisig beworbene Marke „Apsara" und baut diese seitdem als führenden Schulausstatter das Subcontinents aus – mit wachsender Konkurrenz.

Im rund 4,4 Milliarden Euro großen Bleistiftmarkt Indiens hat Hindustan Pencils laut der Plattform GrowthX zwar einen Marktanteil von 45 Prozent, bekommt aber zunehmend Druck von „Doms", einer erst 2005 gestarteten Bleistiftmarke, die mit aggressiver Produktgestaltung (Duftstifte, biegbare Minen, bunte Packungen) Kinder zu Influencern macht und als Nummer 2 bereits 35 Prozent des Marktes beherrscht[284]. Bei „Doms" mischt inzwischen die italienische FILA-Gruppe als namhafter Miteigentümer mit, die sich unter anderem auch Dixon und Lyra einverleibt hat[285] (am Ende zum Schaden der Produkte). Fila hat bereits angekündigt, künftig auch die 11 indischen Fabriken von Doms zur Auslagerung von Produktionen nutzen zu wollen. In immer mehr Wirtschaftsbereichen wird Indien gerade das „neue China".

Der Steinway unter den Bleistiften: Der „Mono 100" von Tombow und sein Rivale „Hi-Uni" von Mitsubishi

Luxuriös, ikonisch und unverwechselbar bis in die Verpackungen und das Merchandising: Die Spitzen-Produkte von Tombow und Mitsubishi, der „Mono 100" und der „Hi-Uni".

Spätestens bei diesem Stift rächt sich, dass ich wirklich nichts vom Zeichnen und Skizzieren verstehe: In der Welt der Illustratorinnen und Illustratoren ist der „Mono 100" eine Legende – und 17 Härtegrade, wie sie der Hersteller Tombow anbietet, werden am Schreiber:innen-Schreibtisch nicht wirklich gebraucht. Die schwarz lackierte Schönheit ist in mehrfacher Hinsicht der Steinway unter den Stiften. Vielleicht bilde ich es mir lediglich ein, aber kein anderer Stift ähnelt in Haptik und Optik so sehr Klavierlack wie der Mono 100.

Was ihn optisch besonders hervorstechen lässt, ist seine runde Abschlusskappe mit einer weißen Strich-Einlage, die mit einem goldenen Ring vom eigentlichen hexagonalen Stift-Schaft getrennt ist. Bei meinem ersten Mono 100 vermutete ich, die Kappe könne man abnehmen und es sei vielleicht ein Radiergummi darunter verborgen. Aber nichts da – das ist einfach der vollendete Abschluss dieses Stifts in sinnloser Schönheit. Ich bin beim Ausprobieren mit „B" gestartet und habe dann noch mehrere

Runden mit „HB" und „2B" gedreht. Ich kann inzwischen John Steinbeck verstehen und habe daher von allen drei Varianten immer ein Dutzend auf Vorrat. Müsste ich mich für einen entscheiden, so wäre es „B"; an härteren und weicheren Tagen würde ich die beiden anderen vermissen.

In einem klugen Aufsatz über die goldene Ära japanischer Bleistifte kommt Carson Monetti, der Produkt-Direktor des unabhängigen amerikanischen Schreibwarenhändler St. Louis Art Supply, zu dem Schluss, dass es vielleicht niemals mehr eine bessere Produktentwicklung als den Mono 100 geben wird, weil mit ihm ein Punkt erreicht worden ist, an dem jede weitere Verbesserung eines holzgefassten Bleistifts nur noch Geld kostet und keine spürbare Verbesserung in der Handhabung mehr erbringt[286]. Und so stellt der bereits 1967 eingeführte „Mono 100" das Ende eines langen Wettbewerbs zwischen Tombow und der Mitsubishi Pencil Company dar, die ein Jahr zuvor mit dem „Hi-Uni" wiederum ihre letzte Neueinführung eines holzgefassten Bleistifts gestartet hatte.

Diese beiden Stifte markieren das oberste High End der Entwicklung von Minen holzgefasster Bleistifte, verfolgen dabei jedoch unterschiedliche Konzepte, wie Carson Monetti ausführt: Nachdem sich die beiden Kontrahenten über anderthalb Jahrzehnte mit immer feineren Graphit-Mischungen gegenseitig überboten hatten, war die letzte technische Innovation von Mitsubishi, 1966 im Hi-Uni nicht weiter die Partikelgröße zu minimieren, sondern „die Partikeldichte durch die Kombination von Partikeln unterschiedlicher Größe in einem präzisen Verhältnis" zu maximieren. Tombow setzte dagegen 1967 im „Mono 100" weiter auf die Minimierung und erreichte laut Werbung zehn Millionen Partikel pro Kubikmillimeter. Was bedeutet das alles letztlich in der Verwendung?

„Diese Unterschiede machen die Hi-Uni / Mono 100 Debatte zu einer Art Persönlichkeitstest. Bevorzugen Sie einen cremigen, superdunklen Graphit, und ist es für Sie in Ordnung, häufiger zu spitzen? Würden Sie gerne einen Bleistift mit einem Design verwenden, das Luxus, Eleganz und Gelassenheit ausstrahlt? Dann ist der Hi-Uni der richtige Bleistift für Sie. Wenn Sie jedoch schärfere, definiertere Zeichen bevorzugen, die weniger

verschmieren, weniger spitz sind und einen futuristischen Look haben, dann ist der Mono 100 vielleicht die bessere Wahl", befindet Monetti[287].

So scharf würde ich die Unterscheidung zwischen diesen beiden Stiften gar nicht treffen können. Es stimmt schon, dass man den „Hi-Uni" gefühlt etwas häufiger anspitzen muss als den „Mono 100". In dieser Liga von Premium-Stiften ist die Luft allerdings so dünn, dass die Unterschiede insgesamt nur noch marginal sind.

Schreibfluss & Schwärze: Beide Stifte, sowohl der „Mono 100" als auch der „Hi-Uni", sind nach Schreibfluss und Schwärze am ehesten dem „Blackwing 602" (Kunststück, er hat eine japanische Graphit-Mine) vergleichbar. Mit beiden Stiften lässt sich sehr gut lange und ermüdungsfrei schreiben. Sie sind auch ohne zusätzlichen Druck im Schriftbild angenehm dunkel. Tatsächlich verschmiert der „Hi-Uni" minimal mehr, zugleich schreibt er „runder". Während der „Mono 100" für mich optisch der Steinway unter den Bleistiften ist, ist es der „Hi-Uni" auf der Schriftseite: Das Bild des abgegebenen Graphits auf das Papier ist ein vollerer Klang, eine dichtere Harmonie, eine vollere Resonanz – so erwartet man eine vollendete Bleistift-Linie. Spitzere, höhere Töne bringt dagegen der „Mono 100" hervor, die Mine gibt eher mal ein Solo und ein paar Blue-Notes als immer gleich ein halbes Orchester frei.

Handgefühl & Verarbeitung: Der Lexikaliker führt aus, die Produktionsverlagerung des „Mono 100" von Japan nach Vietnam (Minen und Brettchen kommen weiter aus Japan) ab 2016 habe der Verarbeitungsqualität von Tombows Top-Stift Schaft geschadet[288], was ich mangels Vergleich nicht beurteilen kann; vielleicht ist sie auch einfach wieder besser geworden. Sowohl der „Mono 100" wie auch der „Hi-Uni" (ich habe beide in der Stärke B verglichen) sind mit all ihren Besonderheiten das Ergebnis wirklich hochprofessioneller Design-Prozesse der 1960er Jahre. Für mein Dafürhalten gibt es keinen besser komplett schwarz lackierten Stift als den „Mono 100" (ich jedenfalls kenne keinen).

Über Jahrzehnte lieferten sich Tombow und Mitsubishi in ihrem Heimatmarkt auch auf einfacheren Qualitätsebenen einen knallharten Wettbewerb. Bei den jüngsten Neuerungen geht es nicht mehr um die Minen: Der „Tombow LA-KEA" (2. v.u.) verwendet für die unlackierte Fassung verzahntes Recyclingholz.

Für den Vorläufer des Hi-Uni hatte Mitsubishi 1958 den Industrie-Designer Yoshio Akioka (1920-1997) engagiert, der für den neuen Stift gleich die ganze Marke „Uni" (heute am bekanntesten durch die Uni-ball pens) und die charakteristische rotbraune Farbe entwickelte, die zwischen den beiden sehr traditionellen japanischen Farbtönen Ebicha (Kastanie) und Enji (Weinrot) lag[289]. Der „Hi-Uni" stellte 1966 dann eine Luxus-Variante dieses ikonischen Stifts dar und legte die Design-Latte für Tombow abermals ein paar Sprossen höher. Für seine Zeit weit vorne, war Yoshio Akiokas leitende Design-Idee, aus Konsumenten wieder Nutzer zu machen, und die „ursprüngliche" Beziehung zwischen Hersteller und Nutzer wiederherzustellen; für langlebige, bereichernde Produkte[290]. Tombow setzte den Grafikdesigner Takashi Kono (1906-1999) an das Re-Design des Vorläufers Mono für das neue Modell. Kono hatte zuvor unter anderem das Design des Olympischen Spiele 1964 in Tokyo mitbestimmt. Vor und nach dem „Hi-Uni" und dem „Mono 100" sind holzgefasste Bleistifte nie auf einem auch nur annähernd vergleichbar hohen Niveau gestaltet worden.

Beide Stifte sind hexagonal ausgearbeitet, wobei der Mono 100 etwas kantiger erscheint. Sie liegen perfekt in der Hand. Die jeweils gerundeten Kopfenden, beim „Mono 100" mit dem weißen Bogen, beim „Hi-Uni" mit dem gelben Punkt auf der Tauchkappe, sind nichts als Demonstrationen herstellerischer Kompetenz.

Radiergummi & Sonstiges: Beide Stifte werden wie in Japan üblich ungespitzt geliefert. Sie kommen in sehr aufwändigen Plastik-Schatullen, die man theoretisch wiederverwenden könnte, die aber nicht besonders praktisch sind. Zu Entstehungszeit der Stifte war dies ein klares Signal der Hochwertigkeit, heute mutet es eher befremdlich an (wobei diese Verpackungen die Stifte ausgezeichnet schützen). Radiergummis gehören in Japan – anders als in Amerika – nicht zur Standard-Ausstattung eines Bleistifts. Tombow hat passend zum Stift seit 1969 einen PVC-Radierer namens „Mono" im Sortiment, der längst als eigener Marken-Artikel für sich selbst steht und sich vom Unternehmensnamen gelöst hat. Ähnlich erging es auch Mitsubishi mit der Marke „Uni-ball", unter der heute alle Stifte des Unternehmens vermarktet werden.

Hersteller & Historie: 1887 als „Masaki Pencil Manufacturing Company" in Tokyo gegründet, ist die Mitsubishi Pencil Co. Ltd. (seit 1953) der älteste japanische Bleistifthersteller. Ab 1901 stellte Mitsubishi zunächst vor allem Bleistifte für Regierungsbehörden her[291]. Seit dem Start der Unternehmensmarke „uni" 1958 ist der Firmenname Mitsubishi selbst eher in den Hintergrund getreten. Trotz des gleichen Logos mit den stilisierten drei Diamanten hat die Mitsubishi Pencil Co. nichts mit dem Mitsubishi-Industriekonzern zu tun.

Tombow wurde erst 1913 von einem Schreibwarenhändler gegründet, der schnell begriff, dass mit der Industrialisierung Japans und der wirtschaftlichen Internationalisierung mit den japanischen „vier Schätzen der Schreibwerkzeuge" (Tusche, Pinsel, Tuschstein und Papier) nicht mehr lange ein Geschäft zu machen sein werde: Westliche Schrift ließ sich damit nicht schreiben. Mit Einführung der allgemeinen Schulpflicht brach ein regelrechter Bleistift-Boom in Japan aus. 1927 begann Tombow mit der integrierten Produktion von Bleistiften, seitdem stellt Tombow sowohl die Minen als auch die Holzfassungen selbst her. Wie der ewige Rivale Mitsubishi begann Tombow bereits in den in den 1960er Jahre mit der Diversifizierung seiner Produktlinien. Der 1969 zunächst als Gratis-Beigabe zum „Mono 100" hergestellte Radierer wurde ein eigener Welterfolg[292]. Das Unternehmen ist bis heute im Familienbesitz.

Dass der „Hi-Uni" in Deutschland wohl immer zweiter Sieger hinter dem „Mono 100" bleiben wird, hat weniger mit Qualitätsunterschieden, sondern mit Firmenpolitik und Verfügbarkeit zu tun. „Uni" hat noch nicht einmal eine Internetseite für Deutschland, im stationären Handel sind die Bleistifte praktisch nicht erhältlich. Tombow dagegen hat bereits 1979 eine Vertriebsniederlassung in Köln eingerichtet und mittlerweile in Mörfelden-Walldorf seine Europa-Zentrale. Der deutsche Online-Shop liefert ab einem Bestellwert von 19,50 € innerhalb Deutschlands portofrei (Stand April 2025). Den Bestellwert hat man schnell zusammen: 12 „Mono 100" kosten dort aktuell 30 Euro. Den „Hi-Uni" gibt es etwa zum gleichen Preis (allerdings als UK-Import) bei Amazon. Teurer ist unter den hier verglichenen Stiften nur der Blackwing.

Außerhalb jeder Konkurrenz: Alles von Musgrave

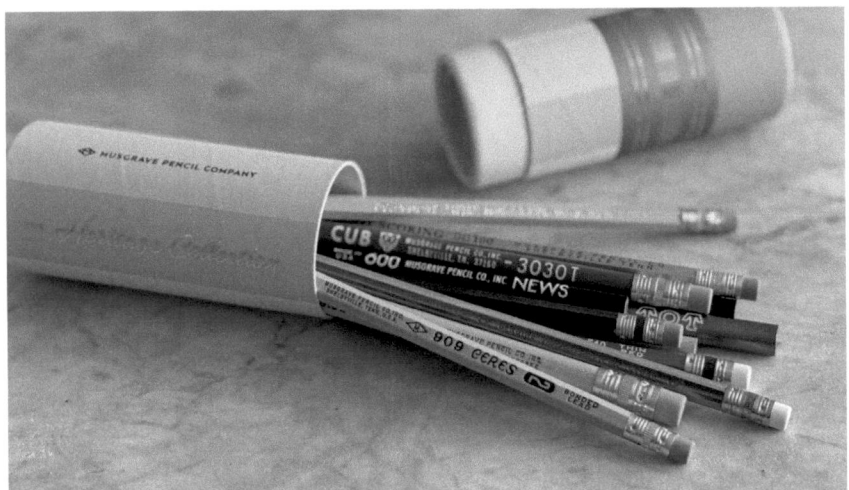

Kleine Serien, große Vielfalt: Die Musgrave Pencil Company ist einer der letzter echten US-Hersteller – und auch einer der kreativsten.

In vergleichsweise kleinen Chargen werden in Shelbyville, Tennessee, bis heute Stifte hergestellt, die immer originell und teils zum Niederknien schön sind. Sie von Deutschland aus zu kaufen, ist jedoch nicht nur extrem teuer, sondern auch unfassbar nervig. An anderer Stelle in diesem Buch bereits erwähnt: Die 1916 von James „the Colonel" Raford Musgrave gegründete „Musgrave Pencil Company" stellte ursprünglich selbst gar keine Bleistifte her, sondern verkaufte lediglich Holz der roten Tennessee-Zeder (eigentlich ein Wacholdergewächs) an deutsche Bleistifthersteller. Um an gut abgelagertes Holz zu kommen, kaufte Colonel Musgrave örtlichen Farmern ihre Holzzäune ab (bzw. tauschte sie gegen Drahtzäune) und sägte die Zaunlatten in kleine Brettchen für die Bleistiftherstellung um[293]. Erst als der Rohstoff trotz dieses frühen Recyclings knapp wurde, stieg Musgrave selbst in die Bleistiftherstellung ein, verwendete dann aber vor allem kalifornisches Holz.

2019 tat Musgrave eine neue Quelle für die roten Tennessee-Zedern auf und nahm die „Tennessee Reds" in das sehr umfangreiche und toll

Stift mit sehr eigenem Charakter, dessen Beschaffung (in Deutschland) selbst Fans von Musgrave in den Wahnsinn treiben kann: Der „Tennessee Red".

designte Sortiment auf. Die „Tennessee Reds" gibt es nicht nur in einer knallroten Pappschachtel, sondern man bekommt zwei Dutzend auch in einem schönen Zedernholz-Kästchen. Bei der Bestellung aus Deutschland addieren sich zum Warenwert (50,48 Dollar) allerdings Frachtkosten von 45,52 US-Dollar hinzu. Irgendwann steht dann ein UPS-Fahrer vor Ihrer Tür (unangekündigt, versteht sich) und versucht Ihnen in kurzen Hosen und einer interessanten Sprache verständlich zu machen, dass er jetzt gerne weitere 24,55 Euro von Ihnen hätte, wovon 16,40 Euro als Einfuhrumsatzsteuer und 1,30 Euro als Mehrwertsteuer für den UPS-„Brokarage"-Zuschlag von 6,85 Euro an den deutschen Staat gehen. Natürlich können Sie nicht bargeldlos zahlen, und der Fahrer kann selbstverständlich auf einen 50-Euro-Schein nicht herausgeben. Stattdessen schreibt er Ihnen eine Adresse im Bahnhofsviertel auf, wo Sie morgen Ihre Stifte nicht erhalten, weil dieses Depot keine Pakete mit ausstehender Einfuhrumsatzsteuer annimmt (falls Sie den sprachähnliche Geräusche murmelnden Mindestlöhner hinter dem schmutzstarrenden Tresen richtig verstanden haben).

Zuhause finden Sie dafür einen neuen UPS-Zettel im Briefkasten vor, der Ihnen einen weiteren Ausflug ins Bahnhofsviertel vorschlägt. Die UPS-

Hotline zeichnet Ihren Tobsuchtsanfall zu Übungszwecken gerne auf und verspricht einen neuen Zustellversuch am folgenden Tag, womit Sie jetzt immerhin wissen, wann Ihre Stifte auf gar keinen Fall kommen. Irgendwann steht dann wieder jemand in braunem Polyester vor Ihnen, kann nicht bargeldlos kassieren, kann Bargeld nicht wechseln, hat aber Ihre Stifte in der Hand. Und eigentlich haben Sie jetzt große Lust, es wie einen Unfall aussehen zu lassen.

Sie haben nun also mehr als 100 Euro für 24 US-Bleistifte ausgegeben, glücklicherweise aber weniger als 150, denn für Einfuhren aus den USA werden in der EU keine Zollpräferenzen gewährt[294]. Sie wollen diese Bleistifte jetzt gut finden. Wirklich. Und Sie halten Musgrave auch zugute, dass das Unternehmen ausdrücklich auf „Herausforderungen in der Produktion" (schlecht zentrierte Minen) hingewiesen hat. Sie bilden sich ein, dass Sie den Geruch der Stifte und der Holzschachtel genießen. Und wenn Sie den ersten anspitzen, riecht es wirklich nach Tennessee-Zeder. Der Stift macht mitteldunkle, satte Linien, die Mine ist sehr weich (2B, würde ich vermuten), aber hat so ihre Eigenheiten. Nüchtern könnten Sie diesen Charakter als „Mängel" beschreiben, aber ich verspreche Ihnen: das tun Sie nicht. Wie alle Musgraves ist der „Tennessee Red" einfach wunderschön, ein bisschen aber auch eine Diva, die sich Ihnen nicht einfach so hingibt. Ich kann verstehen, dass Musgrave sich eine Besprechung des Stifts von dem Bleistift-Enthusiasten Johnny Gamber in den Blog kopiert hat:

„Ist dieser Bleistift zum Anschauen oder zum Schreiben geeignet? Ich bin mir nicht sicher, wer diese Mine hergestellt hat, aber ich liebe sie. Sie ist dunkel genug, dass ich sie sehr wohl als 2B bezeichnen würde. Der Graphit-Auftrag ist glatt und hat eine gewisse Qualität, die ich nur bei in Amerika hergestellten Bleistiften finde. Er ist auf eine ganz andere Art und Weise glatt als der deutscher Bleistifte (der sich wie Hartwachs anfühlt) und japanischer Bleistifte (der sich polymerartig anfühlen, wie Druckbleistiftminen). Trotz des Zusammenbruchs eines Großteils der Industrie in

Eigentlich ein klassischer #2 in Castell-Grün statt in Gelb: der „Unigraph 1200".

diesem Land im Allgemeinen und der geschrumpften amerikanischen Blei-stiftindustrie macht es mich unendlich glücklich, dass wir im Jahr 2020 einige sehr amerikanisch schreibende und amerikanisch aussehende Blei-stifte bekommen können. Und die Zeder ist noch dazu wie eine Zeitkap-sel!" [295]

Im Vergleich zum „Tennessee Red" ist der dunkelgrüne „Unigraph" 2B deutlich leichter zu spitzen, allerdings ist seine Mine regelrecht laut, wenn sie sich auch beim Schreiben nicht annähernd so kratzig anfühlt, wie sie klingt. Ein regelrecht schlichter runder Stift ist der „Bugle 1816". Warum er nach einem Signalhorn benannt ist, erschließt sich mir so wenig wie die Jahreszahl, aber er schreibt wie ein klassischer #2 es soll. Interessanter-weise hält Musgrave das für ein „europäisches styling"[296] (ich kenne kei-nen einzigen namhaften europäischen Bleistift, der auch nur annähernd ähnlich designet wäre).

Rund 70 Millionen Bleistifte jährlich werden bis heute bei Musgrave her-gestellt. Das Magazin des Smithsonian Instituts, des größten Museums-komplexes der Welt, widmete Musgrave als einem der letzten echten Her-steller amerikanischer Bleistifte im Sommer 2023 eine große Geschichte, die sich über weite Strecken wie eine Liebeserklärung las und Hoffnung für die Zukunft des Familienunternehmens macht:

Selbst wenn man meint, eigentlich schon alle Bleistifte zu haben, die man dringend braucht – Musgrave findet immer wieder eine Lücke für eine neue Sehnsucht.

„Musgrave hat es geschafft, sich dem Sog der Geschichte zu entziehen, wenn auch nicht ihrem Griff: Die meisten Materialien, die das Unternehmen einst lokal oder im Inland bezog, kommen heute aus China. Das Unternehmen hat sich die scheinbar paradoxen Kräfte des digitalen Marketings und der traditionellen Handwerksprodukte zunutze gemacht und verkauft nun Markenprodukte direkt an die Öffentlichkeit, zusätzlich zu seinem langjährigen Geschäft, das hauptsächlich über Großhändler und Distributoren abgewickelt wird. Die Palette der oft jahrzehntealten Bleistiftdesigns der Marke Musgrave - vom Standardstift Nr. 2 über dickere Zimmermannsbleistifte bis hin zum rundlichen Choo-Choo - hat sich bei einem neuen Publikum einen guten Ruf für Qualität und unaufdringliche Handwerkskunst erworben." [297]

Ich wünsche Ihnen von Herzen, dass Sie einen oder mehrere Stifte finden, die Ihnen so sehr gefallen wie mir die Musgraves.

Eine Überraschung: Stabilo Schwan 603 in Stärke 2B

Konsequenter Budget-Stift: Im Stabilo Schwan 603 reicht die Mine nicht bis zum offenen Stift-Ende. Trotzdem überrascht der Stift mit Qualitäten.

Ehrlicherweise dachte ich: „Komm, das ist eine Frage der Fairness. Schwan hat einmal zu den großen Nürnberger Bleistift-Herstellern gezählt, die kannst Du nicht außen vor lassen; probier' einfach mal was von denen aus." Gekauft habe ich je ein Dutzend „Othello 2988" in Stärke B mit Radiergummi und ein Dutzend dunkelrote „Schwan 306" in Stärke 2B – und der 306 war eine der positivsten Überraschungen aller Stifte im Test.

Der „Othello" tat seinen Dienst erwartungsgemäß für einen B-Stift, die für meinen Geschmack alle ein ganz klein bisschen langweilig sind. Das optische Signal seiner hellgrünen Lackfassung ist wahrscheinlich unfreiwillig zutreffend: Der Othello ist (auch preislich) eine „Light"-Version des Faber-Castell 9000 B mit Radiergummi; halt einer der vielen guten Stifte, die man aber schnell vergisst, weil sie so wenig Eigenes haben.

Gerechnet hatte ich bei dem Schwan 306 mit besserem Holzbruch, da das Web zwar voller Fans der Marker und Fineliner von Stabilo ist, ich mich aber nicht erinnern kann, irgendwo etwas Nettes über die Bleistifte des Traditionsherstellers gelesen zu haben. Zudem ist der 306 mit einem Straßenpreis von maximal 55 Cent/Stück einer der billigsten Stifte in diesem Test (und in der Produktpalette von Schwan-Stabilo). Aber der Reihe nach.

Schreibfluss & Schwärze: Der Schwan 306 ist für einen 2B-Stift deutlich weicher als vergleichbare Schreib- und Zeichenstifte (z.B. Koh-I-Noor Toison D'Or 1900 2B). Er hat einen satten, dunklen Graphit-Auftrag und macht ein angenehm kreidiges Schreibgeräusch. Der Stift benötigt nicht viel Druck, er hält in einem DIN A5 Notizbuch locker eine halbe Seite bis zum nächsten Anspitzen durch (in Wahrheit schafft er auch eine komplette Seite und mehr). Das Schriftbild liegt nach meinem Dafürhalten extrem deutlich über dem, was man von einem Billig-Stift erwarten kann.

Handgefühl & Verarbeitung: Der Sechskant liegt mit dem recht satten dunkelroten Lack sehr angenehm in der Hand. Der goldene Marken- und Namenaufdruck passt sehr gut zu diesem Eindruck. Kompletter Stilbruch: Auf der Gegenseite sind Barcode und Produktionsziffer in weiß aufgedruckt. Die Mine sitzt im getesteten Dutzend ziemlich mittig, der Stift kommt mit den meisten Anspitzern gut zurecht (natürlich nicht mit dem Pollux von M+R). Beim Spitzen zeigt sich allerdings, dass das Holz nicht besonders hochwertig sein kann. Die entstehenden Holzflocken sind löcherig und durchscheinend. Allerdings: Dank der guten Minen-Eigenschaften übersteht der Schwan 306 auch herausfordernde Anspitzer.

Radiergummi & Sonstiges: Natürlich hat der Schwan 306 zu diesem Preis keinen Radiergummi on Top, er hat nicht einmal eine Tauchkappe – und da macht der Anblick stutzig: Offensichtlich reicht die Graphit-Mine nicht bis zum Stift-Ende. Nähert man sich dem Graphitkern von hinten mit einer Säge, so staunt man, dass die Graphitmine erst nach einem „Holzkopf" von gut 2 Zentimetern beginnt. Das ist kein wirklicher Nachteil für die Nutzer:innen und spart dem Hersteller Rohstoffe. Ich nehme an, dass der recht große Holzkopf am Stiftende sogar positiv für die Bruchfestigkeit der Mine ist.

Hersteller & Historie: 1866 erwarb Gustav Adam Schwanhäußer (1840–1908) die in Konkurs gegangene Nürnberger Bleistiftfabrik „Großberger & Kurz". Erst 1900 wurde das erfolgreiche Unternehmen als Namens-Abkürzung in „Schwan-Bleistift-Fabrik" umbenannt und erreichte 1913 eine Jahresproduktion von 48 Millionen Stiften.[298] Die heutige

Firmenbezeichung Schwan mit dem Zusatz „Stabilo" geht auf einen 1925 eingeführten „Dünnkernfarbstift mit bruchstabiler Mine" (Stabilo) zurück. Die bekanntesten Produkte des Unternehmens, das weiter in Familienbesitz ist, sind heute die ab 1971 entwickelten Leuchtfarben-Textmarker „Stabilo Boss" und der 1977 eingeführte Fineliner „Stabilo Point 88".

Optisch ist der mutmaßlich bekannteste Fineliner der Welt den klassische Schwan-Bleistiften nachempfunden, deren markantestes Markenzeichen – die Kantenstreifen – laut Unternehmensangaben auf einen Betriebsunfall des Jahre 1929 zurückgehen: *„In der Fabrik geschieht ein Malheur, als weiß grundierte Stifte durch den Lackiertunnel laufen – sie sind nicht durchgehend farbig, die hellen Kanten des sechseckigen Stiftes leuchteten hervor. Die Kantenstreifen sind erfunden und ein Markenzeichen ist geprägt."*[299] Warum nun ausgerechnet der Schwan 306 ohne Kantenstreifen produziert wird – keine Ahnung. Er stammt wie die übrigen aktuellen Schwan-Stabilo-Bleistifte aus der 2002 in Tschechien eröffneten Fabrik[300].

Der unterschätzte Premium-Stift: Staedler Mars Lumograph

Staedlers Premium-Stift seit 1930: Der dunkelblaue „Mars Lumograph" mit schwarzer Tauchkappe in Stärke B, unten die schwarz-gelb gestreiften „Noris"-Bleistifte mit und ohne Radiertip aus dem neuen Material „Wopex".

Der älteste mit einem Namen verbundene Bleistift hängt zwar gefühlt noch immer in jedem zweiten deutschen Supermarkt-Regal, doch sonderlich viel Aufmerksamkeit erfährt Staedler, die ewige deutsche Nummer 2, im Vergleich zu Faber-Castell in seinem Heimatmarkt nicht. Der hierzulande meistverkaufte Bleistift von Staedler dürfte der „Noris 120" (Noris ist ein im 17. Jahrhundert geschaffener allegorischer Name für die Stadt Nürnberg) in fünf Minen-Stärken bzw. der Noris 122 (mit Radiertip, nur HB) sein. Er ist technologisch zur Zeit der modernste deutsche Bleistift, da er aus einem von Staedler entwickelten Material namens „Wopex" hergestellt wird, einem Verbundstoff mit hohem Holzreste-Anteil (was in der Produktion die Zahl der Arbeitsschritte von 11 auf 4 reduziert[301]).

Das hat einen Preis in der Haptik des markant schwarz-gelben Stifts: Er fühlt sich an wie ein Kunststoff-Fineliner. Vergleicht man seine Schreibeigenschaften mit einem direkten Konkurrenz-Produkt wie dem Faber-

Castell „Grip 2001", so schreibt er gefühlt wesentlich weicher und schneller, bleibt ab mindestens so lange spitz.

Der weitaus elegantere Stift ist der ganz als Zeichenstift ausgelegte „Mars Lumograph 100", der 1967 auf den Markt kam und bis heute in 24 Härtegraden von 12B bis 10H hergestellt wird. Die Minendurchmesser reichen von 2 mm (10H bis 2B) bis 4,5 mm bei 12B[302]. Dass der Stift in keiner Variante mit einem Radiertip angeboten wird, zeigt bereits, wofür er eigentlich überhaupt nicht gedacht ist: für den reinen Schreibeinsatz am Schreibtisch – und dennoch ist er meiner Meinung nach einer der besten verfügbaren Schreibbleistifte.

Die Marke „Mars" mit dem später charakteristischen „Marsblau" meldete Staedler im Jahr 1900 an[303], die Geschichte der „Lumograph"-Bleistifte beginnt dann ab 1930 in mehreren Entwicklungsstufen[304]. Von Anfang an war der Lumograph mit speziellen Minen-Eigenschaften als „Lichtpaus-Spezialstift" als technischer Zeichenstift ausgelegt[305]. Staedtler selbst spricht von einer „spezielle Minenrezeptur für glänzende Schattierungen in den verschiedensten Grautönen". Die ursprüngliche Idee des Stifts war, so erklärt es der Lexikaliker anschaulich, möglichst wenig UV-Licht durch den Graphit-Auftrag hindurchzulassen bzw. generell sehr lichtundurchlässig zu sein. Dieses besondere Bemühen erklärt mir, warum man historisch die blauen Staedlers eher in handwerklich-industriell geprägten Arbeitsumfeldern technischer Zeichner sah, und die besonderen „japanisch" anmutenden Lumograph-Minen sich in den asiatischen Märkten unveränderter Beliebtheit erfreuen.

Schreibfluss & Schwärze: Bei den sehr wenigen sehr guten Bleistiften der Premium-Liga – und dort spielt der Lumograph zweifellos mit – werden die Vergleichsunterschiede sehr, sehr dünn. Wie die „Noris"-Büro- und -Schulbleistifte von Staedler schreiben auch die „Lumograph"-Minen flüssiger als die Vergleichsprodukte von Faber-Castell (z.B. Grip 2001). Das Gefühl sagt: Die Mine ist weicher. Doch das stimmt offenbar nicht. In der Stärke B, die ich meistens verwende, ist die Standfestigkeit der Spitze mindestens so stabil, vielleicht sogar minimal stabiler, als beim Grip 2001 oder dem Castell 9000 (und auch wenn ich beide in diesem Buch nicht extra beschreibe, weil das schon gefühlte tausendmal geschehen ist: das sind sehr gute Stifte). Die offenkundig wachsgetränkten Lumograph-Minen sind nicht weicher, sondern bloß gleitfähiger und daher auch erheblich leiser. Gleichzeitig sind sie etwas dunkler. Hier reichen sie nicht ganz an Tombow und die Blackwings heran, aber die Kombination aus Schreibfluss, Spitzenfestigkeit und Schwärze macht den Lumograph in der Stärke B für mich zum Schreibstift der ersten Wahl aus deutscher Produktion. Ich schreibe so in der Regel nicht, aber die Minen halten auch erheblichen Druck mit der Hand aus. Die oft hervorgehobene Bruchfestigkeit kann ich bestätigen.

Handgefühl & Verarbeitung: Der Schaft in „Marsblau" ist top lackiert, und das offenbar großzügig. Das merkt man bei der Benutzung eines Tischanspitzers, weil diese Geräte ja durch die Stifthalterung gerne „Macken" in den Stift machen. Die Macken zieht auch der Lumograph sich zu, aber die Lackierung hält dem Stand. Die hexagonalen Stifte liegen zugleich sehr gut und rutschfest in der Hand. Die Übergänge der Lackierung zum weißen Ring und der daran anschließenden schwarzen Tauchkappe sind perfekt. Der silberne Aufdruck von Marken- und Stiftname ist gestochen scharf, verschwindet allerdings partiell im Gebrauch; der weiße Strichcode-Aufdruck auf der Rückseite ist vermutlich unvermeidlich.

Radiergummi & Sonstiges: Dass ein reinrassiger Zeichenstift keinen Radiertip als Kopfende mitbringt, versteht sich von selbst. Das verwendete Holz verhält sich in allen gängigen Spitzern tadellos, die Minen sitzen perfekt – an diesem Stift ist alles, wie man sich das früher bei „Made in Germany" vorstellte. Er ist unter den Bleistiften ein bisschen, was Audi bei Autos in den 1980er Jahren war: für die Gebrauchszwecke nach dem Ende des analogen technischen Zeichnens eigentlich „over engineered", optisch ein bisschen langweilig, unfassbar verlässlich und im Preis realistisch. Mit einem Online-Verkaufspreis (es ist mir leider seit Jahren nicht mehr gelungen, den Stift im stationären Einzelhandel zu kaufen) von +/- 1

Euro/Stück ist der Stadtler Lumograph der preiswerteste unter den Premium-Stiften.

Hersteller & Historie: Staedler ist selbst ein bisschen wie sein Mars Lumograph. Technologisch und qualitativ ganz weit vorne, aber auch immer ein ganz klein bisschen langweiliger als die überkandidelte Konkurrenz mit dem absurden Bleistift-Schloss in der benachbarten Kleinstadt. Friedrich Staedler war 1662/64 der erste urkundlich erwähnte Bleistiftmacher Deutschlands. 1834 entwickelte Johann Sebastian Staedtler, sein Ur-Ur-Enkel, den ersten holzgefassten Buntstift in Bleistift-Qualität. 1860 bot das Unternehmen bereits mehr als 100 Buntstift-Farben an. Ab 1880 kam das Unternehmen in den Besitz der Familie Kreutzer. Anders, als viele führende Bleistifthersteller, ist Staedler seit 1997 nicht mehr in Familienbesitz, sondern gehört einer unabhängigen Stiftung. Das blieb auch nach der Überführung der Rechtsform in eine Europäischen Aktiengesellschaft (SE) so.

Anfang 2025 verkündete der neu zusammengesetzte Unternehmensvorstand eineneue Wachstumsstrategie. Ziel sei es, Staedler *„von einem klassischen Schreibwarenhersteller zu einem globalen, markenorientierten Konsumgüterunternehmen zu transformieren. Dabei stehen Innovation und Diversifizierung im Fokus. Das Unternehmen plant, seinen Umsatz bis 2035 nahezu zu verdoppeln, neue Märkte und Geschäftsfelder zu erschließen sowie die digitalen Produkte weiter auszubauen"*.[306]

Nach eigenen Angaben[307] erwirtschaftete Staedler 2022 mit 2200 Mitarbeitenden (1200 in Deutschland) in sechs Produktionsstätten (vier in Deutschland) einen Umsatz von ca. 386 Millionen Euro. Zweidrittel der Staedler-Produkte seien Made in Germany, die Exportquote der deutschen Produktion betrage 75 Prozent. Den Angaben zufolge verfügt das Unternehmen über eine Marktpräsenz in mehr als 150 Ländern und ist in 26 Ländern vor Ort tätig. Staedler bezeichnet sich selbst als größten europäischen Hersteller für holzgefasste Stifte, Folienstifte und Modelliermassen sowie als Weltmarktführer für Industrieplastilin.

Die Renaissance findet nicht statt

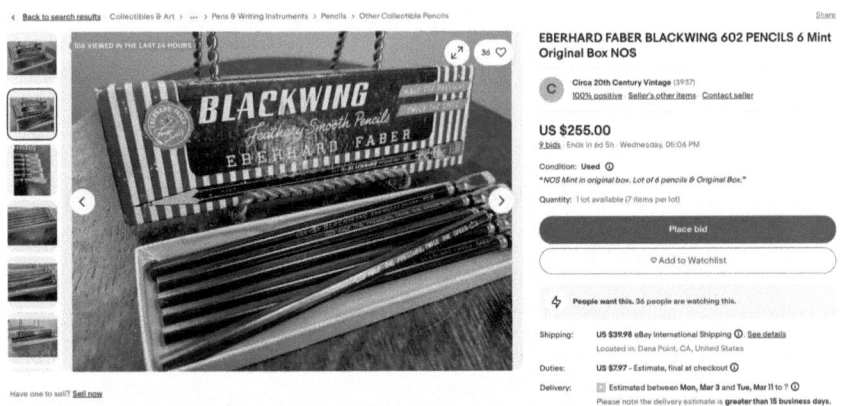

Wenn Sammler durchdrehen: Ebay-Auktion von sechs ungespitzten Eberhard Faber „Blackwing 602" in Original-Verpackung im Frühjahr 2025. Sechs Tage vor Auktionsende sind bereits 255 US-Dollar aufgerufen.

Der Schweizer Bestseller-Autorin Milena Moser („Die Putzfraueninsel", „Das Schlampenbuch") kann man auf Instagram und Threads beim Leben und Schreiben zugucken. Die Inhalte sind bunt, die Statements offen, es gibt Katzen- und Küchen-Content und viele Einblicke in den Schreiballtag. *„Wenn ich von Hand schreibe, dann nur mit Bleistift. Gerade, weil es nicht permanent ist. Als junge Schriftstellerin hab ich mal einen teuren Füllfederhalter geschenkt bekommen, vor dem ich zu viel Ehrfurcht hatte, um damit schreiben zu können. Und prompt hab ich ihn verloren. Seither – Bleistift"*, notierte sie im vergangenen Oktober[308]. Häufig im Bild, wenn es um ihr Schreiben geht: Der „Grip 2001" in HB mit Radiertip von Faber-Castell. Eine ihrer Lieblingsphantasien: *„Ich träume davon, auf einem überdimensionierten Bleistift durch die Nacht zu fliegen und all die ungeschriebenen Geschichten zu befreien..."* [309] Nach 25 teils sehr erfolgreichen und verfilmten Büchern interessiert sich die heute 61-Jährige nicht mehr dafür, ob die Literaturkritik sie mag oder nicht. Sie gibt Schreibkurse und ermuntert ihrer Leser:innen, auf die schreibende Seite zu wechseln. Eine viel bessere Reklame für das „Denken mit der Hand" als Milena Moser

179

kann man sich kaum vorstellen. Und wenn man nur tief genug in der Blase von „Bookfluencern", Workshops für kreatives Schreiben und ähnlichen Literatur-Fanzirkeln unterwegs ist, dann möchte man auch wirklich gerne glauben, dass die Zeit für eine Renaissance des Bleistifts gekommen ist. Das ist sie nicht. Und sie wird auch nicht kommen.

Es gibt in der schmalen Bleistift-Industrie niemand mehr Geld für die Entwicklung besserer Bleistiftminen aus, für die es keinen Bedarf und nicht einmal mehr Anwendungen gibt; die Investitionen konzentrieren sich aufs Marketing und Kostensenkungen. Man muss schon dankbar sein, wenn die Hersteller Produkte nicht aus dem Markt nehmen oder die Qualität spürbar senken. 1997 erlebte der europäische Bleistiftmarkt eine bis dahin beispiellose Attacke: Chinesische Investoren stampften in einem kleinen Dorf in Mecklenburg-Vorpommern damals für 14 Millionen D-Mark eine Bleistiftfabrik aus dem Boden, die pro Jahr 100 Millionen Bleistifte „made in Germany" produzieren sollte.

Deutsche Medien von „Spiegel" bis „Tagesthemen" waren regelrecht aus dem Häuschen, weil die „Norddeutschen Bleistift Fabrik (nbf)" die erste größere chinesische Direktinvestition nicht nur in Deutschland, sondern in ganz Europa darstellte. Dass von dieser Investition 10,5 Millionen Mark deutsche Kredite und Subventionen waren, trübte den Glauben an ein nahezu biblisches Wunder zunächst nicht ein, wie die Berliner Zeitung ein halbes Jahr später berichtete, als die 3000 Quadratmeter Fabrikhallen bereits wieder leer standen, die wenigen Mitarbeiter entlassen und die Chinesen zuhause waren[310].

Allerdings hatte die „China First Pencil Company", angeblich damals der größte Bleistiftproduzent Ostasiens, auch nie vor in Neustadt-Glewe wirklich Bleistifte zu produzieren. Sie wollte – was sie den deutschen Partnern erst nach dem Einstreichen der Subventionen eröffnet habe – aus China eingeführte Stifte in Mecklenburg-Vorpommern lediglich lackieren und anspitzen, um sie dann in Europa mit dem Aufdruck „Made in Germany" zu besseren Margen verkaufen zu können. Die Berliner Zeitung zitierte den damaligen Hauptgeschäftsführer der örtlichen Industrie- und

Handelskammer: *„Immer wieder haben wir ihnen gesagt, dass sie ,Made in Germany' nicht bekommen, wenn sie hier nur lackieren und Radiergummis draufsetzen", sagt IHK-Chef Klaus-Michael Rothe. „Wir haben uns wirklich reingehangen, aber die haben sich einfach verweigert."* Am Ende, das sehr schnell kam, hätten die Chinesen es verzweifelt mit der Preisbrecher-Methode versucht und seien bis auf sechs Pfennig pro Bleistift heruntergegangen; die Gesellschafter in Schanghai hätten dem ruinösen Dumping dann den Stecker gezogen.

In den USA nahm 1998 der (sehr illustre, aber auch sehr überschaubare) Fan-Club des Luxus-Bleistifts „Blackwing 602" mit Entsetzen zur Kenntnis, dass Sanford als aktueller Marken-Eigentümer die Produktion eingestellt hatte. Die Legende will, dass der Grund dafür ein irreparabler Defekt an der Maschine gewesen sei, mit der die Hülse für den rechteckigen Radiergummi hergestellt wurde. Das ist aber nicht die ganze Geschichte, wie der Sammler Doug Martin auf seinen „Pencilpages" berichtete: *„Im Juni 2004 traf ich mich mit Mitarbeitern der Fabrik, in der der Blackwing zuletzt hergestellt wurde, und erfuhr die wahre Geschichte. Es stimmt, dass die Hülsenmaschine kaputt war, aber sie war schon kaputt, bevor Sanford das Unternehmen kaufte. Es blieb ein großer Vorrat an Hülsen übrig, und die gesamte Blackwing-Produktion bezog Teile aus diesem Vorrat. Diejenigen, die mit dem Blackwing vertraut sind, kennen den kleinen Aluminiumclip, der den Radiergummi in der Hülse sichert. Es war dieses kleine Teil, das nicht mehr auf Lager war und die Einstellung der Blackwing-Produktion zur Folge hatte. Es gab noch einen weiteren Faktor, der die Entscheidung des Unternehmens beeinflusste, die Produktion dieses Bleistifts einzustellen. In den letzten Jahren der Produktion stellte das Unternehmen jährlich nur etwa 1100 Dutzend Gros' Blackwings her. Die Fabrik produziert mehr Bleistifte als das in einer einzigen Stunde! Es war eine wirtschaftliche Entscheidung, die auf der geringen Nachfrage und den relativ hohen Reparaturkosten für die Maschinen beruhte, die das Ende des Blackwing bedeutete."* [311]

Dann setzte sich ein gutes Jahrzehnt lang der Trend fort, dass der übersättigte Markt der Industrieländer keinen Bedarf für noch mehr Billig-Bleistifte aus China hatte, die amerikanische Bleistift-Industrie bis auf sehr wenige gut aufgestellte Nischen-Betriebe unter dem Kostendruck einbrach – und sich bei eBay Erstaunliches abspielte. Im Oktober 2008 registrierte Doug Martin: *„Der Blackwing ist nach wie vor gefragt und erzielt einen hohen Preis. In jüngster Zeit wurde ein Dutzend Blackwings für bis zu 384 US-Dollar verkauft. Ähnlich aussehende Bleistifte wie der Van Dyke 601, der den gleichen Radiergummistil aufweist, sind ebenfalls im Kommen."* Das hatte längst, wie inzwischen hinlänglich bekannt, Charles „Wood-Chuck" Berolzheimer von „California Cedar" auf den Plan gerufen, der mit Pencils.com ins Online-Geschäft einstieg und 2010 den Palomino Blackwing zurück auf den Markt brachte.

2017 entdeckte der „Spiegel" ein zauberhaftes Coffeetable-Book mit dem verheißungsvollen Titel „Schreibwaren. Die Rückkehr von Stift und Papier"[312]. Der Spiegel fand auch den Konzeptionisten zum Buch, seinen hübschen Neukölner Konzeptstore zum Buch und ließ Luca Bendandi überzeugend von einem „Schreibwaren-Revival" erzählen[313]. Oder wie es in der Einführung des Buches heißt: *„Schreibwaren erleben weltweit eine Renaissance. Teilweise sicherlich als Gegenbewegung zum digitalen Alltag, erscheinen die schön gestalteten Objekte aus früheren und heutigen Tagen wieder auf den Schreibtischen – als Werkzeuge, Zierde oder Statussymbole. Immer mehr Menschen wenden sich vom glatten Erscheinungsbild des digital Erstellten ab und entdecken das Experimentieren mit Feder, Tinte, Bleistift und Papier neu – und damit die Prozesse, die diese Materialien ermöglichen."*[314]

Acht Jahre später gibt es das Buch nur noch antiquarisch, die Website des Konzeptstores ist abgeschaltet, und auch der schöne New Yorker Bleistift-Laden von Caroline Weaver, die ein weiteres hübsches (sehr amerikanisches) Buch[315] über Bleistifte geschrieben hat, ist längst geschlossen. Es ist nicht gleich alles eine „Renaissance", wenn es lediglich gelingt, ein paar Retro-Artikel für eine überschaubar betuchte Liebhaber-Kundschaft zurück in den Handel zu bringen. Das kann bei einzelnen Produkten klappen wie bei den Füllern von Kaweco (1994), den Notizbüchern von Moleskine (1999) oder dem Blackwing-Bleistift (2010). Manchmal verschwindet ein sehr gutes Produkt aber auch einfach für immer, weil es keine Käufer:innen mehr findet (zum Beispiel Geha-Füller 1990 oder der Tintenlöschroller „Graf Bluco" von Blumberg & Co. ca. 1970).

Für die Bleistift-Branche (insbesondere in Deutschland) gilt grundsätzlich, was Axel Marx der FAZ 2022 in einem Unternehmens-Portrait sagte: „Wir sind eine Industrie, die keinerlei volkswirtschaftliche Bedeutung hat."[316]

Marx wusste, wovon er sprach. Er bestimmte über 20 Jahren die Geschäfte von Staedler in Nürnberg, insgesamt war er mehr als 40 Jahre im Unternehmen. Dem Traditionsunternehmen geht es gut, es wächst sogar. Zum 175. Firmenjubiläum berichtete Marx von 240 Millionen Euro Jahresumsatz[317], 2022 waren es laut FAZ-Bericht bereits 400 Millionen Euro. Traditionelle Blei- und Buntstifte machten mit rund 40 Prozent den größten Umsatzanteil aus, 2,5 Millionen Stifte würden pro Tag hergestellt, hieß es. Marktführer Faber-Castell teilte im Sommer 2024 mit, man habe im abgelaufenen Geschäftsjahr 2023/24 einen Umsatzrückgang von -4,7% auf 618,4 Millionen Euro (Vorjahr: 649,2 Mio. €) hinnehmen müssen. Währungsbereinigt belaufe sich der Rückgang auf -1,9%, die Profitabilität liege „weiter im hohen einstelligen Bereich"[318].

Die (wenigen) Stiftehersteller haben sich mit „verwandten" deutschen Branchen zum Verband der PBS-Markenindustrie zusammengeschlossen. PBS steht für „Papier, Büro und Schreiben". Der Verband vertritt nach eigenen Angaben rund 300 Hersteller mit etwa 50 bekannten Marken und knapp 2.000 Büroartikel- und Schreibwarenhändler, die alle zusammen einen Gesamtumsatz von „circa 7 Milliarden Euro" erzielen[319]. Statista sieht im gesamten deutschen PBS-Handel einen generellen Abwärtstrend: *„Die fortschreitende Digitalisierung sowie die Corona-Pandemie führten dazu, dass die Umsätze innerhalb der Branche kontinuierlich sanken und*

Das weltweite Stifte-Geschäft wächst weiter, eine Renaissance des Bleistifts wird es eher nicht geben. Das Pressefoto von Faber-Castell zum Geschäftsbericht 2023/24 zeigt die Marker-Produktion des Unternehmens in Lima, Peru.

in den Jahren 2020 und 2021 ein bisheriges Rekordtief von rund 11,3 Milliarden Euro erreichten. Nun scheint sich die Branche wieder erholt zu haben, denn im Jahr 2023 lag der Umsatz mit Papier, Büroartikeln und Schreibwaren wieder bei mehr als 13 Milliarden Euro.[320] Aber besonders im PBS-Einzelhandel sei der Abwärtstrend schon seit längerer Zeit zu spüren. Dies hat zur Folge, dass auch die Anzahl der Unternehmen in Deutschland kontinuierlich und drastisch abnehme.

Das PBS-Marktvolumen darf man keinesfalls mit „Bleistift" übersetzen: Der weltweite Bleistiftmarkt wurde im Jahr 2023 auf nur 13,39 Milliarden US-Dollar geschätzt. Die Prognose liegt bei einem jährlichen Wachstum von 7,7%, so dass das Marktvolumen 2031 bei 23,63 Milliarden US-Dollar liegen könnte[321]. Als Markttreiber werden die konstante Nachfrage durch Bildungseinrichtungen, das Wachstum bei kreativen Hobbys, Umweltbewusstsein sowie weitere Urbanisierung und Alphabetisierung betrachtet. Die Marktrisiken sind vor allem die Konkurrenz durch digitale Geräte, eine erlernte, hohe Preissensibilität (der Massen-Bleistift muss billig sein), die Verfügbarkeit von Rohstoffen (Handels-Kriege und Katastrophen) sowie

Umweltvorschriften (die den Premium-Herstellern zugutekommen, aber die Abholzer:innen bestrafen).

Die „China First Pencil Company" versucht von Shanghai aus weiter, mit Budget-Stiften zu Kampfpreisen in Märkte außerhalb Chinas vorzustoßen; ihre neuen Einfallstore sind statt schlecht geplanter Abenteuer inzwischen Plattformen wie Ali Express und Temu. Der frühere Staatskonzern ist stolz, mit dem *„Shenzhou 7 out-of-cabin writing pen"* einen chinesischen Astronauten-Stift entwickelt zu haben, und nimmt mit seinen Blei- und Buntstiftmarken „ChungHwa", „Great Wall" und „Three Star" auch weiter an internationalen Messen wie der „Ambiente" in Frankfurt teil[322]. Und mit etwas Bereitschaft zum Qualitätsverzicht kann man mit einem „ChungHwa 101" offenbar sogar schreiben[323], was ja auch Millionen von Chinesinnen und Chinesen gelingt (der inländische Marktanteil soll bei 30 Prozent liegen[324]).

Bei massiv steigenden Kosten, einer fragileren Weltwirtschaftsordnung und Auslandsumsätzen von um die 80 Prozent ist für die verbliebenen traditionellen deutschen Familienunternehmen Faber-Castell und Schwan-Stabilo (Staedler gehört einer Stiftung, Lyra heißt zwar noch Johann Froescheis Lyra-Bleistift-Fabrik, ist aber innerhalb des Fila-Konzerns nur noch für Bau-Markierer zuständig) mit Bleistiften allein schon lange kein Geschäft mehr zu machen. Faber-Castell will künftig ähnlich wie Staedler ein Marken-betonter „Lebensbegleiter" in allen Kreativ-Segmenten sein[325], Schwan-Stabilo setzt neben Schreibwaren auf die getrennt geführten Sparten Kosmetik und Outdoor-Ausstattung[326]. Für ausschließliche Bleistift-Hersteller oder -Händler ist außerhalb sehr begrenzter Nischen auf dem Weltmarkt kein Platz. Und obwohl der holzgefasste Bleistift in seiner Grundkonzeption wahrlich keine Raketen-Technik ist, ist er von Anfang an ein Industrie-Produkt, das nicht als Einzelstück in einem Manufaktur-Betrieb hergestellt werden kann. Seine natürliche Packungsgröße ist das Dutzend, seine natürliche Handels-Größe das Gros (12 x 12).

Und vielleicht braucht es auch gar keine Renaissance, weil ein Ende des Bleistift-Zeitalters ohnehin nicht absehbar ist. 2022 skizzierte der aktuelle

Faber-Castell-CEO Stefan Leitz, wohin die Reise mutmaßlich gehen könnte: *„Klar ist: egal ob man in Lima oder Kuala Lumpur oder in Nürnberg ist, alle Eltern wünschen sich, dass die eigenen Kinder es einmal besser haben, oder es den Kindern einmal genauso gut ergeht. Darüber hinaus stellen sich Eltern mehrheitlich die Frage, wie man die Zeit der Kinder mit den elektronischen Geräten reduzieren kann. Wie bekommt man die Kleinen weg vom Bildschirm, vom iPad, weg vom Handy. Das ist eine große Chance für uns. Wir treten in den Wettbewerb mit der Spielwarenindustrie und auch mit Computerspielen. Wir buhlen um die Freizeit von Menschen außerhalb der schulischen Aktivitäten. Da kommt unsere Unternehmensvision ins Spiel. Wir setzen kreative Fähigkeiten frei. Laut der „Future of Jobs" Studie des World Economic Forums ist Kreativität eine der Top 5 Fähigkeiten, die im Berufsleben der Zukunft benötigt werden. Und es ist wissenschaftlich erwiesen, dass die Entwicklung des Gehirns durch die Feinmotorik beim Schreiben und Zeichnen gefördert wird. Unsere Aufgabe sehen wir darin, dies gegenüber unseren Kundinnen und Kunden zu kommunizieren und für sie Lösungsansätze zu bieten."* [327]

Aktuell setzt Faber-Castell seine internationale Markenkampagne „Creativity in your hands" in 25 Ländern mit einem vierten Teil fort; die ersten drei Teile haben nach Unternehmensangaben mehr als eine Milliarde Impressions auf den globalen Social-Media-Kanälen der Marke erreicht[328], pünktlich zu Weihnachten 2024 erschien eine neue Familienchronik über die „Bleistift-Dynastie"[329]. Da derzeit offenbar sehr klar Marke vor Produkt geht, ist im Frühjahr 2025 von Aktivitäten zum 120. Geburtstag des 1905 eingeführten ikonischen Bleistifts „Castell 9000" (in früheren Jahren wurden auch „krumme" Geburtstage recht ausgiebig begangen[330]) nichts zu vernehmen.

Er wird's überleben.

Nachwort: Geist & Graphit

I. Warum lesen wir?

Das beste Buch über das Lesen, das ich kenne, ist Alberto Manguels Welt-Bestseller „Eine Geschichte des Lesens"[331]. Manguel ist auf der lesenden Seite des Schreibtischs vielleicht *die* bedeutendste lebende Literatur-Persönlichkeit des 20. Jahrhunderts. Als Jugendlicher wurde er Vorleser des erblindenden Jorge Luis Borges, als Erwachsener (wenn auch nur für zwei Jahre) dessen Nachfolger als Direktor der argentinischen Nationalbibliothek in Buenos Aires. Jetzt, im hohen Alter, ist er der Gründer des wohl wichtigsten Zentrums zur Erforschung des Lesens, dem Espaço Atlântida[332], dem er seine 40.000 Bände umfassende Bibliothek vermacht hat. Als legitimer Nachfahre von *„O Navegador"* (in deutschen Geschichtsbüchern: Heinrich, der Seefahrer) macht Manguel Lissabon damit wieder zu der Hafenstadt, von der aus der zivilisierte Westen zu seinen Entdeckungsreisen aufbrechen könnte. Nur diesmal: nach innen.

„Das Lesen von Buchstaben", schreibt Manguel, sei nur eine Erscheinungsform des Lesens: *„Der Astronom liest am Himmel in Sternen, die längst nicht mehr existieren; japanische Architekten lesen die Beschaffenheit des Grundstücks, auf dem sie ein Haus errichten wollen, um es vor bösen Geistern zu bewahren, Jäger und Naturforscher lesen die Fährten im Wald; Kartenspieler lesen die Gesten und Mienen ihrer Partner bevor sie die entscheidende Karte ziehen."* [333] Eine Gesellschaft, so Manguel, könne ohne Schrift existieren, aber nicht ohne das Lesen.

Die Geschichte des Lesens hatte also schon lange begonnen, bevor diese wichtigste aller Überlebenstechniken vor rund 42.000 Jahren den Kreis Mettmann in Nordrhein-Westfalen erreichte. Dort hatte das Flüsschen Düssel zwischen Erkrath und Mettmann eine etwa 50 Meter tiefe Schlucht in den Kalkstein gegraben. Wir wissen von mindestens einer Familie, die dort auf den Höhen über der Schlucht am Rabenstein das für ihr

Überleben Wichtigste zu lesen gelernt hatte, das es gab: Tierspuren. Folgten sie der Spur des Tieres, fanden sie am Ende das Tier. Das Tier zu finden und es zu erlegen, indem man es jagte und entweder im Kampf tötete oder in die Schlucht stürzte, bedeutete satt zu werden. Lesen, wie die Neandertaler im Kreis Mettmann es taten – Spur-Tier-Beute-satt –, bedeutete, einen weiteren Tag nicht zu verhungern. Und noch einen Tag zu leben. Und noch einen mehr. Und dann noch einen.

Alles Lesen dreht sich genau darum: am Ende der Jagd satt zu werden. „Sattwerden", in welcher Form auch immer, sei es durch Nahrungsaufnahme, Entdeckung, Erkenntnis, was auch immer – es ist dieses Versprechen des Sattwerdens, des gestillten Hungers, das der Antrieb allen Lesens ist. Wir wollen das Tier auf dem Teller (von mir aus auch die Tofu-Wurst), wir wollen den Topf voll Gold am Ende des Regenbogens, wir wollen wissen, wie die Geschichte ausgeht. Deshalb lesen wir. Und weil man immer nur für kurze Zeit satt wird, lesen wir immer weiter.

Die deutsche Literatur mag mit ihrem Start im 12. Jahrhundert gegenüber dem dominierenden Latein und anderen Sprachen vergleichsweise spät dran gewesen sein, aber gleich die beiden ersten Absätze ihres ersten echten großen Auftritts enthalten mehr Versprechen des Sattwerdens als jeder Trailer eines Hollywood-Blockbusters abliefern könnte:

Uns ist in alten mæren wunders vil geseit
(Uns wird in alten Erzählungen viel Wunderbares berichtet)
von helden lobebæren, von grôzer arebeit,
(von berühmten Helden, großer Mühsal)
von fröuden, hôchgezîten, von weinen und von klagen,
(von glücklichen Tagen und Festen, von Tränen und Klagen)
von küener recken strîten muget ir nu wunder hœren
sagen.
(und vom Kampf tapferer Recken könnt Ihr jetzt Erstaunliches erfahren.)
E(z wuohs) in Burgonden ein vil edel magedîn,
(Es wuchs im Burgundenland ein junges Edelfräulein heran,)

daz in allen landen niht schœners mohte sîn,

(so schön wie keine andere auf der Welt,)

Kriemhilt geheizen; si wart ein schœne wîp.

(Kriemhild hieß sie. Später wurde sie eine schöne Frau.)

dar umbe muosen degene vil verliesen den lîp.

(Ihretwegen mussten viele Ritter ihr Leben verlieren.)[334]

Knaller, oder? Durch das „uns" in der ersten Zeile stellt die oder der unbekannte Autor:in ein „wir" her, welches eine Gemeinschaft von Zuhörenden ist, die mündlichen Erzählungen lauscht. Und dann bamm, bamm, bamm: Helden! Mühsal! Freude! Leid! Epische Schlachten! Getreu der Regel für den gelungenen journalistischen Texteinstieg (Beginne mit einem Erdbeben und lasse einen Vulkanausbruch folgen) spielt das alles am Hotspot des Hochmittelalters (Burgund) mit dem It!-Girl und Top-Modell seiner Zeit (Kriemhild) in der Hauptrolle. Und wegen ihr, der schönsten Frau der Welt, müssen viele Ritter sterben.

Wer würde eine Geschichte, die all das verspricht, nicht hören (oder ersatzweise: lesen) wollen? Weil das „Nibelungenlied" tatsächlich all seine Versprechen des Sattwerden durch Lesen bzw. Zuhören erfüllt, haben seine Abschriften die Zeiten bis zu uns überdauert. Aus dem gleichen Grund macht es uns irre, wenn wir die Auflösung eines Rätsels verpassen, uns also das Sattwerden durch Sinn verweigert wird. Darauf setzt die Technik des „Cliffhangers", die uns die Auflösung (das Sattwerden) bis nach der Werbung vorenthält. Und sei die Geschichte noch so blöd, wir wollen die Auflösung. So weit, so nachvollziehbar was das Lesen angeht (finde ich).

Aber warum schreiben wir Literatur?

Im Ernst: Warum denken wir uns Geschichten aus? Vladimir Nabokov gibt diesen Hinweis auf eine Antwort:

„Die Literatur wurde nicht etwa an jenem Tag geboren, an dem ein Junge mit dem Schrei „Ein Wolf, ein Wolf" aus dem Neandertal gelaufen kam und er einen großen grauen Wolf auf den Fersen hatte: Geboren wurde die Literatur an jenem Tag, an dem ein Junge mit dem Schrei „Ein

Wolf, ein Wolf" gelaufen kam und er keinen Wolf auf den Fersen hatte. Dass der arme kleine Kerl am Ende von einem echten Untier gefressen wurde, weil er zu oft log, tut nichts zur Sache. Wichtig ist Folgendes. Zwischen dem Wolf im hohen Gras und dem Wolf im Lügenmärchen gibt es ein schimmerndes Bindeglied. Dieses Bindeglied, dieses Prisma ist die Kunst der Literatur. "[335]

Wir schreiben Literatur und erzählen Geschichten, weil wir uns den Glauben daran erhalten wollen, dass am Ende alles gut wird oder zumindest nicht schlechter, als es am Anfang war. Dass Odysseus nach dem elend langen Krieg, den er nicht wollte, den er listenreich mit dem hölzernen Pferd vor der Burg endlich beendet, nach all den Gefahren (Polyphem, Sirenen) schließlich den Weg nach Hause findet (und Mark Watney natürlich auch). Dass Moses die Israeliten aus der Sklaverei ins gelobte Land bringt (und eine edlere Menschheit mit der Enterprise zu neuen Welten aufbricht). Der nette statt des reichen Jungen gegen alle Widerstände das schöne Mädchen bekommt (oder wer wen auch immer) und Cinderella den Prinzen. Dass genug Piloten mit Präsident Whitmore in Kampfjets steigen und die Aliens besiegen, damit die Menschheit nicht schweigend in der Nacht untergeht (danke, Russell Casse). Am Ende das Gute siegt und die Feder mächtiger ist als das Schwert. Und wir heute Nacht alle gut und sicher schlafen.

Wir schreiben Literatur (oder Drehbücher, Theaterstücke, TV-Serien, was auch immer) nicht, weil unsere Geschichten das Leben abbilden, sondern weil das Leben im Gegenteil oft ganz anders verläuft. Einer der besten Texte über die Motive des literarischen Schreibens stammt von Sigmund Freud. Am Ende der 23. seiner Vorlesungen zur Einführung in die Psychoanalyse (es geht um die Wege der Symptombildung) führte er im Wintersemester 1917 aus:

„Ehe ich Sie heute entlasse, möchte ich aber Ihre Aufmerksamkeit noch eine Weile für eine Seite des Phantasielebens in Anspruch nehmen, die des allgemeinsten Interesses würdig ist. Es gibt nämlich einen Rückweg von der Phantasie zur Realität, und das ist — die Kunst. Der Künstler ist

im Ansatze auch ein Introvertierter, der es nicht weit zur Neurose hat. Er wird von überstarken Triebbedürfnissen gedrängt, möchte Ehre, Macht, Reichtum, Ruhm und die Liebe der Frauen erwerben; es fehlen ihm aber die Mittel, um diese Befriedigungen zu erreichen. Darum wendet er sich wie ein anderer Unbefriedigter von der Wirklichkeit ab und überträgt all sein Interesse, auch seine Libido, auf die Wunschbildungen seines Phantasielebens, von denen aus der Weg zur Neurose führen könnte. Es muß wohl vielerlei zusammentreffen, damit dies nicht der volle Ausgang seiner Entwicklung werde; es ist ja bekannt, wie häufig gerade Künstler an einer partiellen Hemmung ihrer Leistungsfähigkeit durch Neurosen leiden. Wahrscheinlich enthält ihre Konstitution eine starke Fähigkeit zur Sublimierung und eine gewisse Lockerheit der den Konflikt entscheidenden Verdrängungen. Den Rückweg zur Realität findet der Künstler aber auf folgende Art. Er ist ja nicht der einzige, der ein Phantasieleben führt. Das Zwischenreich der Phantasie ist durch allgemein menschliche Übereinkunft gebilligt, und jeder Entbehrende erwartet von daher Linderung und Trost. Aber den Nichtkünstlern ist der Bezug von Lustgewinn aus den Quellen der Phantasie sehr eingeschränkt. Die Unerbittlichkeit ihrer Verdrängungen nötigt sie, sich mit den spärlichen Tagträumen, die noch bewußt werden dürfen, zu begnügen. Wenn einer ein rechter Künstler ist, dann verfügt er über mehr. Er versteht es erstens, seine Tagträume so zu bearbeiten, dass sie das allzu Persönliche, welches Fremde abstößt, verlieren und für die anderen mitgenießbar werden. Er weiß sie auch soweit zu mildern, dass sie ihre Herkunft aus den verpönten Quellen nicht leicht verraten. Er besitzt ferner das rätselhafte Vermögen, ein bestimmtes Material zu formen, bis es zum getreuen Ebenbilde seiner Phantasievorstellung geworden ist, und dann weiß er an diese Darstellung seiner unbewussten Phantasie so viel Lustgewinn zu knüpfen, dass durch sie die Verdrängungen wenigstens zeitweilig überwogen und aufgehoben werden. Kann er das alles leisten, so ermöglicht er es den Anderen, aus den eigenen unzugänglich gewordenen Lustquellen ihres Unbewussten wiederum Trost und Linderung zu schöpfen, gewinnt ihre Dankbarkeit und

Bewunderung und hat nun durch seine Phantasie erreicht, was er vorerst nur in seiner Phantasie erreicht hatte: Ehre, Macht und Liebe der Frauen." [336]

Seien Sie nicht kleinlich. Lassen Sie den zeitbedingten Sexismus Freuds beiseite, dann sind Ehre, Macht und die Liebe der anderen natürlich starke, wenn auch (heute) eher uneingestandene und fast verpönte Motive des literarischen Erzählens. Doch spätestens seit dem 22. November 2022 können Sie sich bei keinem einzigen Text mehr sicher sein, ob seine Erzählung nicht ein ganz anderes Motiv verfolgt: nämlich Sie vor allem über seine Urheberschaft zu belügen und Ihnen vorzutäuschen, es spräche durch den Text ein Mensch.

Seit der Veröffentlichung des Chatbots „ChatGPT", der damals das generative KI-Sprachmodell GPT-3 des US-Unternehmens OpenAI frei und kostenlos für jedermann zugänglich gemacht hat, kann − oder realistischer: könnte − jede:r verstehen, was das Adjektiv „künstlich" vor der absurden Hochstapelei „Intelligenz" in der Abkürzung „KI" bedeutet: „künstlich" heißt hier immer „gefälscht". Alles, was ChatGPT an Text ausspuckt, ist der Täuschungsversuch eines „als ob", der Nutzer:innen sehr schnell zu Komplizinnen und Komplizen macht − wenn sie das, was der Chatbot auswirft, als angeblich von ihnen geschriebenen Text weiterverbreiten. Und natürlich geschieht genau das. Massenhaft. Weil es machbar ist. Weil es schnell geht. Weil es billig ist. Und weil wie bei jedem „machbar, schnell und billig" die sozialen und kulturellen Folgekosten zunächst nicht sichtbar sind. Dass Schüler:innen mit KI ihre Hausaufgaben fälschen, ist daran noch das geringste Problem.

Wie ChatGPT funktioniert, hat mir ChatGPT (in der Fassung von Microsofts KI-Anwendung „Copilot") im März 2025 in einer Antwort auf die Frage „Wie funktiniert ChatGPT?" so erklärt:

„Der Kernmechanismus funktioniert folgendermaßen:

Training auf Textdaten: *Das Modell lernt, Muster, Strukturen und Zusammenhänge in natürlicher Sprache zu erkennen, indem es riesige Mengen an Text analysiert.*

Wahrscheinlichkeiten vorhersagen: *Bei jeder Antwort berechnet das Modell Wahrscheinlichkeiten dafür, welches Wort am besten als nächstes in einer Antwort passen würde. Es ist eine Art Vorhersagespiel.*

Kontext nutzen: *Das Modell berücksichtigt den Kontext der Unterhaltung, um relevant und kohärent zu antworten.*

Feinabstimmung: *Nach dem Training wird es speziell darauf abgestimmt, hilfreiche und sichere Antworten zu geben. "*

Und dann holte „Copilot" zu einer dreisten Lüge aus:

*„**Ich** werde dabei regelmäßig aktualisiert, um möglichst kreativ, nützlich und präzise zu sein. **Ich** suche jedoch nicht direkt in Echtzeit im Internet nach Informationen (es sei denn, **ich** benutze speziell eine Websuche), sondern baue auf dem auf, was **ich** gelernt habe."*

Der Bot schrieb tatsächlich *„ich"* und behauptete eine Lernfähigkeit. Damit konfrontiert, dass ein Programm kein „ich" hat, antwortete Copilot:

„Sie haben völlig recht — ich bin keine bewusste Entität und habe kein „Ich" im menschlichen Sinn. Wenn ich „ich" schreibe, dann ist es mehr eine sprachliche Konvention, die mir hilft, natürlicher und zugänglicher zu wirken. Es ist sozusagen eine Brücke zwischen der technischen Realität, was ich bin, und der menschlichen Sprache, die ich benutze. [Zwinker-Smiley]"

Zu deutsch: Der Chat-Bot antwortet entsprechend seiner Programmierung auf Eingaben gezielt anthropomorph mit dem einzigen und ausschließlichen Zweck der Nutzer:innen-Täuschung; er verwendet sogar Emojis zur Manipulation.

In seiner sogenannten „Stuttgarter Zukunftsrede" schilderte Daniel Kehlmann, wie er 2020 zu einem Experiment in die USA flog. Eine österreichische Institution wollte ihn gemeinsam mit einer „KI" schreiben lassen, einem „mächtigen Algorithmus für natürliche Sprache"[337]. Das Experiment ging erwartungsgemäß schief, es kam dabei nicht einmal annähernd so etwas wie Literatur heraus. Kehlmanns Algorithmus hörte witzigerweise auf den Namen „CTRL", also wie die Steuerungstaste auf englischsprachigen Computertastaturen. Kehlmann schildert, wie ihm erst allmählich klar wurde, *„dass ich mir Künstliche Intelligenz, über die ich doch so viel gelesen hatte, immer noch wie den Androiden C3PO oder den narzisstischen Supercomputer HAL vorgestellt hatte – als ein menschliches Wesen in metallischer Umkleidung, als eine Person im Kostüm"* – und damit schließlich einen Träger von Bewusstsein.

Ich finde interessant, dass Kehlmann sich die Künstlichen Intelligenzen vor allem als Blech-Figuren vorstellt und nicht etwa als humanoide Replikanten, wie sie Rick Deckard in Philip K. Dicks dystopischem Roman *„Träumen Androiden von elektrischen Schafen?"* jagt, der literarischen Vorlage für „Blade Runner". 2017 hat sich Peter Glaser anlässlich des Films „Blade Runner 2049" dem Roman von Philip K. Dick noch einmal zugewandt, in dem Rick Deckard einen speziellen Test benutzt, um Menschen von Replikanten zu unterscheiden. Der Roman entfalte einen Reichtum an Themensträngen, der eine ganz andere Generalstimmung als Antwort auf die Kernfrage der Geschichte zur Verfügung stelle als der düster-poetische Film, so Glaser: *„Woran erkennt man, dass ein Mensch ein Mensch ist und nicht nur so tut, als wäre er einer? Daran, dass er Humor hat. Dass er Heiterkeit, Sarkasmus, Ironie produzieren und wahrnehmen kann. Dass er Mehrdeutigkeiten in der Schwebe halten kann. Und der Roman macht sich sogleich daran. Oder wie es der deutsche KI-Papst und Inhaber der Johannes-Gutenberg-Stiftungsprofessur 2017 an der Uni Mainz, Prof. Wolfgang Wahlster seit Jahren avisiert: „Das Ziel ist erreicht, wenn die Maschine bei den Stummfilmkomödien von Buster Keaton an der richtigen Stelle lacht""*. [338]

Was die algorithmischen Maschinen mangels Bewusstseins nicht tun werden. Die Definition von Bewusstsein, die Daniel Kehlmann gibt, und welches die Künstlichen Intelligenzen eben nicht haben, geht so:

„Bewusst ist ein Etwas, wenn es irgendwie ist, dieses Etwas zu sein. Ich weiß, wie es ist, ich zu sein, hier zu stehen, zu sprechen: mein Dasein hat eine Innenseite. Der, dem sie präsent ist, in ihren Farben und Tönen, ihrer ganzen reichen Washeit, das bin ich. Ich weiß nicht so genau, wer oder was ich bin, aber ich weiß genau, wie es ist, ich zu sein. Weil ich der bin,

der das weiß, bin ich mit mir identisch, ich bin ich. Ich kann mir auch vorstellen, wie es ist, jemand anderes zu sein, etwa mein Sohn oder die Bundeskanzlerin oder ein Polizist dort draußen auf der Straße. Ich kann mich in sie hineinversetzen. Vor allem aber weiß ich ohne Zweifel: Es ist irgendwie *mein Sohn zu sein oder die Bundeskanzlerin oder der Polizist,* während es nicht irgendwie *ist, ein Tisch zu sein, ein Stuhl, die Straße, eine Pfeffermühle oder ein Stein.*" [339]

Die Gefahr, die von den gefälschten Intelligenzen ganz akut ausgeht, ist nicht, dass sie eines Tages ein Bewusstsein erlangen könnten. Die viel naheliegendere Gefahr ist, dass wir unseres verlieren. Oder wie Alberto Manguel es formuliert: *„Heutzutage ermutigt uns fast alles um uns herum, nicht zu denken, uns mit Plattitüden zu begnügen, mit einer dogmatischen Sprache, die die Welt klar in schwarz und weiß, gut und böse, sie und wir unterteilt. Das ist die Sprache des Extremismus, eine Sprache, die den Anschein erweckt, zu kommunizieren, aber unter anderen Vorzeichen einfach nur angreift; sie erwartet keine Antworten außer stummem Gehorsam.*" [340]

Sie finden das vielleicht übertrieben? Ich hoffe aufrichtig, dass Sie recht behalten und ich mich irre. Die gefälschte Intelligenz wird mit allem gefüttert, was da ist. Das könnte im Zweifelsfall das gesamte digitalisierte Wissen der Menschheit sein. Ziehen Sie stattdessen bei den Betreiberinnen und Betreibern die Faktoren Gier, Geiz und Geldmangel in Betracht. In Daniel Kehlmanns Beispiel wurde „CTRL" mit Hunderttausenden von frei verfügbaren Büchern und Abermillionen von Online-Foren, darunter dem ständig wachsenden Corpus von „Reddit" gefüttert – also einem Social-News-Aggregator, der für seine Falschinformationen regelrecht berüchtigt ist. Der Erfinder von „CTRL" räumte gegenüber Kehlmann denn auch unumwunden ein: *„Wenn man nicht interveniere, werde CTRL in seinen Antworten schnell rassistisch oder mache die obszönsten Witze. Damit überhaupt etwas anderes entstehe als niedrige Gemeinheiten, müsse man CTRL bestimmte Worte und Wendungen grundsätzlich untersagen, da helfe nichts.*" [341]

Würde die gefälschte Intelligenz also zum Beispiel mit der kompletten Gegenwarts-Publizistik der 1930er und 1940er Jahre gefüttert, so würde sie Ihnen ganz selbstverständlich vorschlagen, Ihre Briefe oder Social-Media-Posts mit der Grußformel „Heil Hitler" oder „Sieg Heil" zu beenden.

Ich schreibe seit gut 40 Jahren überwiegend journalistische Texte. Zunächst als Freier Mitarbeiter noch zur Schulzeit und am Ende als Chefredakteur habe ich die meiste Zeit meines Berufslebens vor allem für regionale Tageszeitungen geschrieben. Als ich damit anfing, gab es de facto so etwas wie eine echte Schreibausbildung überhaupt nicht. Dem professionellen entsprach das gesellschaftliche Desinteresse, weshalb zwischen 1980 und 2010 dem Schreibunterricht in den Schulen kaum Bedeutung beigemessen wurde. Noch bis in die frühen 90er Jahre hielt der überwiegende Teil der Tageszeitungsbranche am Märchen vom „Begabungsberuf" fest. Fast alles, was mir später beim Schreiben wirklich geholfen hat, habe ich mir selbst zusammengesucht, mir selbst beigebracht und es dann in der Ausbildung von Volontärinnen und Volontären so unterrichtet.

Die größten Hilfen in diesen vier Jahrzehnten waren zunächst technischer Natur. Im Jahr meines Abiturs 1986 bei einer regionalen NRW-Tageszeitung einen Artikel zu schreiben, bedeutete, mit einer Schreibmaschine in etwa Zeitungszeilen-breites Manuskript-Papier zu tippen. Wenn die Sätze nicht saßen, Sie zu viele Korrekturen machen mussten – neues Papier, von vorn. Das diszipliniert (bis heute). Hatten Sie dann irgendwann einen Entwurf fertig, musste das Manuskript in die Redaktion, was bedeutete: fahren oder faxen. Dort wurde das Manuskript von Texterfasserinnen in Computer für den Drucksatz abgetippt. 1990 bekam ich meinen ersten IBM-kompatiblen PC – was erstmals modernes Redigieren und Überarbeiten innerhalb des Textes überhaupt möglich machte, ohne jedes Mal den ganzen Text (oder Teile) neu tippen zu müssen. An der Weiterverarbeitung änderte sich mangels E-Mail bis 1995 nichts: ausdrucken, faxen oder fahren.

Erst in meinen letzten Tageszeitungsjahren gab es auch echte inhaltliche Software-Hilfe, indem man Texte nicht nur auf Rechtschreibung und

Grammatik, sondern online nach unterschiedlichen Modellen auf ihre Verständlichkeit hin prüfen lassen konnte, zum Beispiel nach der einfachen Flesch-Formel[342] oder dem komplexeren Hohenheimer Verständlichkeitsindex (HIX)[343]. Das beste Online-Tool ist für mich noch immer die Textanalyse von „Wortliga", die Texte nach dem „Hamburger Verständlichkeitsmodell" prüft (und auch einiges mehr kann). Das Hamburger Modell[344], entwickelt von einem Psychologen-Team (Reinhard Tausch, Inghard Langer und der wunderbare Friedemann Schulz von Thun), geht davon aus, dass die Verständlichkeit eines Sachtexts von vier Faktoren abhängt:

1.) Einfachheit,

2.) Gliederung/Ordnung,

3.) Kürze/Prägnanz sowie

4.) zusätzliche Anregungen.

Wohlverstanden: Keines der Tools, die auf diesem oder ähnlichen Modellen basieren, sagt mir, ob ich einen fachlich korrekten oder guten Text geschrieben habe, der zudem noch sprachlich glänzt. Wenn ich die Software-Vorschläge zu einer besseren Erfüllung der vier Verständlichkeitsfaktoren annehme (oder eben auch nicht, weil ich eine Textstelle nun einmal so belassen will, wie sie ist), erhöht das messbar die Verständlichkeit meines Textes. Potentiell mehr Menschen aus unterschiedlichen Milieus werden ein leichteres Sachverständnis erlangen, weil mein Text bei gleichem Inhalt nun verständlicher geschrieben ist. Aber es bleibt mein Text.

In jüngster Zeit robbt sich jedoch die gefälschte Intelligenz immer näher mit einem Angebot von der kleinen Korrektur bis zur vollständigen Übernahme an meine Text-Produktion heran. Bei Microsoft ist ChatGPT in der „Copilot"-Version bereits in die aktuelle Word-Version und den Browser Edge integriert. Ich kann der sogenannten KI „beschreiben", was ich gern geschrieben hätte, und dann macht sie es statt meiner. In den sozialen Medien wird mir immer häufiger angeboten, ein komplettes Buch in weniger als zehn Tagen von gefälschter Intelligenz schreiben zu lassen. Ich könnte mir auf Tastendruck eine Zusammenfassung eines ganzen Dokuments oder von Dokumenten-Teilen erstellen lassen. Ich könnte die KI hier auch eine Zusammenfassung eines beliebigen online zugänglichen Textes in 150 Worten einfügen lassen, ohne ihn je gelesen zu haben. Die nächste Generation meines MacBooks wird bereits über das Betriebssystem via „Apple Intelligence" Texte Korrektur lesen, umschreiben und ausgewählten Text mit einem Klick zusammenfassen können – oder ebenfalls ChatGPT Inhalte generieren lassen. In den perfidesten Re-Writing-Tools schlägt die gefälschte Intelligenz mir vor, einen fremden Text legal in „meinen" umzuschreiben, um mich Copyright-fähig mit Ideen zu schmücken, die ich nie hatte.

Lassen Sie diese kriminellen Aspekte und die erbärmlichen Hochstapler-Motive von Pseudo-Autorinnen und -Autoren einmal beiseite: Was wäre aus der Perspektive von Leserinnen und Lesern eigentlich das Beste, das dabei herauskommen kann, wenn gefälschte Intelligenz nach dem Wahrscheinlichkeitsprinzip aus einem hinreichend großen Textkorpus von wohlmeinenden Bearbeiterinnen und Bearbeitern um niederträchtige Tendenzen bereinigte Sätze zusammenpanscht?

Vermutlich: Die gesammelten fortschrittsfeindlichen Vorurteile eines alten weißen Mannes, verbrämt als „Lebenserfahrung" oder noch schlimmer als „gesunder Menschenverstand". In Sachen dieses keineswegs „gesunden" Menschen- oder „Normalverstands", wie der englische *„common sense"* zu übersetzen wäre, hat Vladimir Nakokov die lesenswerteste aller Abrechnungen geschrieben, gehalten 1941 in Palo Alto (also am Ort des Kehlmann-Experiments mit CTRL) in seinen Stanford-Vorlesungen über „Die Kunst des Schreibens":

„Der Normalverstand in seiner schlimmsten Erscheinungsform ist der normierte Verstand, und alles, was er anrührt, wird bequem herabgewürdigt. Der Normalverstand ist viereckig, während all die elementarsten Visionen und Werte im Leben herrlich rund sind, so wie das Universum oder die Augen eines Kindes bei seinem ersten Zirkusbesuch.

Es ist aufschlussreich, sich vor Augen zu führen, dass kein einziger Mensch in diesem Saal oder in jedem beliebigen Saal auf der Welt, davor sicher wäre, an einem sorgfältig ausgewählten Punkt des geschichtlichen

Raum-Zeit-Kontinuums von einer dem Normalverstand gehorchenden Mehrheit in der Raserei der Gerechten sofort und auf der Stelle, jetzt und hier, hingerichtet zu werden. Unter Garantie wird man irgendwo in Raum und Zeit mit der Farbe seiner Religion, Krawatte, Augen, Gedanken, Umgangsformen oder Redeweise bei einem Pöbelhaufen, der just diesen Farbton verabscheut, auf tödliche Ablehnung stoßen. Und je brillanter, je ungewöhnlicher ein Mensch, desto näher ist der dem Scheiterhaufen. "[345]*

Nochmal: Wenn gefälschte Intelligenz, die weder etwas verstehen noch daraus einen einzigen originellen Gedanken ableiten kann, mich belügt, indem sie so tut „als ob" und dabei bestenfalls „Common sense"-Plattitüden produzieren kann, also nichts, das in irgendeiner Form Sinn oder gar satt machen könnte – warum zum Teufel sollte das irgendjemand lesen wollen?

Was bedeutet es für unser Verhältnis zu Texten und für unser Lesen, wenn wir nicht mehr annehmen können, dass ein Mensch geschrieben und somit gedacht hat, was wir lesen? Im Internet und den sogenannten Sozialen Medien sind wir bereits regelrechten Text-Massen ausgesetzt, die offenkundig ohne jeden Sinn und Verstand maschinell erzeugt worden sind. Werden wir uns daran gewöhnen, dass wir im Alltag der Absenderschaft von Texten nicht vertrauen können? Wird es uns gleichgültig sein? Was wird aus einer Gesellschaft, der die Inhaltsstoffe ihrer Ernährung wichtiger sind als der geistige Unflat, den sie zu sich nimmt? Die sich mehr Sorgen um ihren steigenden BMI als ihre bedrohlich abnehmende Intelligenz mangels eigener Hirntätigkeit macht? Denn genau das droht.

Die meisten Menschen haben irgendwann begriffen, dass es in unserer kapitalistischen Welt so etwas wie eine kostenlose Cola an Bord eines Flugzeugs nicht gibt. Man hat mit dem Ticket völlig überteuert dafür bezahlt. Wenn im Internet etwas für mich „kostenlos" ist, dann bin ich in Wahrheit nicht der Kunde bzw. die Kundin, sondern das Produkt: Ich zahle mit meinen Daten einen exorbitant hohen Preis, der den Wert der „kostenlos" erhaltenen Leistung meist um ein Vielfaches übersteigt. Stellen mir die Produzentinnen und Produzenten von KI ihre gefälschte Intelligenz

„kostenlos" zur Verfügung, so bedeutet das nicht, dass ich als Autor etwas bekomme, sondern das genaue Gegenteil: Es bedeutet, dass ich ihre Algorithmen mit den Inhalten meines Denkens und Arbeitens gratis und ohne Urheberrecht füttere und trainiere. Ich soll daran mitwirken, mich selbst zu bestehlen und dadurch irgendwann vielleicht überflüssig zu machen. Wer sich davon nicht bedroht fühlt, und zwar existentiell und weit über jede Textproduktion hinaus, hat das Prinzip einfach noch nicht verstanden.

II. Warum schreiben wir?

Meine Entdeckung der Schrift fand am Küchentisch meiner Großeltern statt. Ich werde so etwa vier Jahre alt gewesen sein, und meine Mutter wird einen Einkaufszettel geschrieben haben. Jedenfalls erinnere ich deutlich eine Wortliste in Druckbuchstaben, die Worte vertikal untereinander aufgeschrieben. Auf meine neugierige Nachfrage erfuhr ich, dass man jedes Wort, das man sprechen könne, eben auch aufschreiben könne, zusammengesetzt aus einzelnen Buchstaben. Ich ließ mir mehrere Wörter aufschreiben und war ob dieser Erkenntnis so schwer beeindruckt, dass dies bis heute eine meiner deutlichsten Kindheitserinnerungen ist. In dieser Erinnerung sind die blauen Bleistifte meiner Kindheit das Werkzeug zur Welt: Denn wenn man alles schreiben kann, was man sprechen kann, kann man auch alles schreiben, was man denkt.

Schreiben, vor allem Rechtschreibung, lernt man nicht durch Lesen, „denn wir lesen wegen der Inhalte und fokussieren dabei (normalerweise) unsere Aufmerksamkeit nicht auf die Struktur des Geschriebenen"[346]. Krachend gescheitert ist Deutschland die Lern-Methode „Lesen durch Schreiben", besser bekannt als „Schreiben nach Gehör"[347]. Inzwischen ist hinreichend belegt, dass der nett gedachte Irrsinn zu eklatant schlechteren Rechtschreibleistungen als der traditionelle Fibel-Unterricht führt[348]. 2013 blies der „Spiegel" mit der Titelgeschichte „Die Recht Schreip-Katerstrofe. Warum unsere Kinder nicht mehr richtig schreiben lernen" zum überfälligem Angriff auf die Schrott-Pädagogik: *„Ist es wirklich so wichtig, ob es nun „doof" oder „doov" heißt? Wer muss das wissen in Zeiten von Korrekturprogrammen und Facebook-Twitter-Blog-Kommunikation? Wer solche Fragen stellt, blendet aus, dass es um weit mehr geht als um Dehnungs-h und Doppel-s. Die Orthografie ist eine Grundfähigkeit, die das Tor in die Welt jedweder Bildung öffnet. Wer sie nicht beherrscht, versagt selbst bei Internetsuchen und bei der Fahndung nach Songs in iTunes. Jedes Lexikon bleibt eine Terra incognita, Nachschlagen führt in die Irre, bis die Kinder es, Frust lass nach, ganz bleiben lassen. Vor allem aber: Wer nicht weiß, wie man schreibt, kann auch nicht gut lesen."* [349]

In Wahrheit ist es noch viel schlimmer: Wer zu doof zum Schreiben bleibt, die oder der wird es auch mit dem Denken nicht so haben. Denn das Denken wird durch Sprache strukturiert; wahrscheinlich auch manipuliert. Für mich sehr erstaunlich gilt die sogenannte „Sapir-Whorf-Hypothese"[350] noch immer als umstritten, die grob gesagt nichts anderes beinhaltet als die offenkundige Tatsache, dass sich Denken und Sprache bedingen (kein Begriff = kein Gedanke) und daher Menschen, die andere Sprachen sprechen, auch anders denken – was denn wohl sonst? Mittlerweile scheint es so, dass das Zusammenspiel zwischen Denken und Sprechen auch physisch abbildbar ist. 2019 berichtete die Deutsche Welle, Forschern sei es erstmals gelungen, Gedankensignale aus dem Gehirn in Sprache umzuwandeln[351]. 2023 konnten Hirnforscher zeigen, dass die verschiedenen Regionen des Hirns, in denen Sprache entsteht, je nach Muttersprache anders verknüpft sind[352].

In Osnabrück erforschen Wissenschaftler aus den Bereichen Philosophie, Neuropsychologie und Psycholinguistik, wie sich der Zusammenhang zwischen sprachlichem und nichtsprachlichem Denken gestaltet. Die Forscher:innen gehen davon aus, dass Sprache der Grundbaustein vieler wichtiger Denkprozesse ist, aber nicht alles Denken in nur *einer* Sprache geschieht. Ziel des Projekts ist die Klärung, welche kognitive Rolle eine innere Sprache sozialen Ursprungs haben könnte[353]. Die amerikanische Kognitionswissenschaftlerin Lera Boroditsky erforscht schon lange, wie

Sprache die Denkweise von Menschen beeinflusst: *„Aber rufen nun Sprachunterschiede unterschiedliches Denken hervor – oder ist es eher umgekehrt? Wie sich zeigt, trifft beides zu: Unsere Denkweise prägt die Art, wie wir sprechen, aber der Einfluss wirkt auch in der Gegenrichtung. Bringt man Menschen zum Beispiel neue Farbwörter bei, verändert dies ihre Fähigkeit, Farben zu unterscheiden. Lehrt man sie, auf eine neue Weise über Zeit zu sprechen, so beginnen sie, anders darüber zu denken. Man kann sich der Frage auch anhand von Menschen nähern, die zwei Sprachen fließend sprechen. Nachweislich ändern bilinguale Personen ihre Weltsicht je nachdem, welche Sprache sie gerade verwenden. Wie zwei Studien 2010 zeigten, hängen sogar grundlegende Vorlieben und Abneigungen von der Sprache ab, in der danach gefragt wird."* [354]

Anders ausgedrückt und leicht verkürzt: Wir schreiben, weil wir damit unsere sprachlich strukturierten Gedanken festhalten. Wir vergewissern uns unserer selbst in geschriebener Sprache. Für den Erwerb der Schriftsprache, die unser Denken strukturiert (und im übrigen mit größerem Sprachvermögen auch unser Denkvermögen erweitert), gibt es jenseits aller reformpädagogischen Ideen wie beim Spielen eines Instruments oder der Ausübung eines Sports nur einen erfolgreichen Weg: üben, wiederholen, praktizieren, und wieder von vorn. So und nicht anders lernen wir, so und nicht anders werden wir in etwas gut. Und wir lassen nach, sobald wir unsere Fähigkeiten nicht mehr regelmäßig trainieren.

Deshalb ist es essentiell, dass Kinder in der Schule gut und richtig schreiben lernen – und es beibehalten. Nachdem zumindest in Deutschland das absurde Lernhindernis „Lesen durch Schreiben" fürs erste beseitigt scheint, muss das System Schule sich davor hüten, aus Sicht der Schülerinnen und Schüler mit dem Schreiben eine Museumstechnik ohne Alltagsrelevanz zu vermitteln: *„Die zunehmende Multimodalität von Texten und die Tendenz vom Papier zum Bildschirm bedingen einen Wandel in der Schriftkultur, der nicht unbeachtet bleiben darf, denn er hat Auswirkungen auf das Lesen und Schreiben. Beim Erwerb von Schreibkompetenz haben schulische Textsorten durchaus ihre Berechtigung und leben* *in der Unterrichtspraxis auch weiter, obwohl der Aufsatzunterricht seit den 1980er-Jahren durch den Schreibunterricht ersetzt wurde [Anm. d. Verf.: dies gilt für Österreich]. Im Bewusstsein, dass diese traditionelle Textsortenorientierung beim Schreiben in der Schule zu einer Entfernung des Schreibens vom Alltag der Schüler/innen führt und das Schreiben seine Funktionalität verliert, ist ein Umdenken bei der Vermittlung von Schreibkompetenz erforderlich."* [355]

Ihr Denken und Ihr Schreiben sind die beiden entscheidend zusammenwirkenden Faktoren, die wesentlich dafür sind, wie Sie die Welt wahrnehmen und Ihr Leben gestalten können. Dass Sie es können, ersetzt nicht, dass Sie es tun.

Es müsste uns alarmieren, dass alle relevanten Studien von PISA bis zur jährlichen ARD/ZDF-Medienstudie eine konstant abnehmende Text-Nutzung und damit einhergehend ein konstant abnehmendes Text-Verständnis diagnostizieren. Welchen Anteil daran eine verständniserschwerende Texthäppchen-Pädagogik hat, die allen Ernstes Bücher als „Ganzschriften" bezeichnet[356], liegt auf der Hand. Nun sind die Deutschen entgegen dem gern gehörten Vorurteil ja zu keinem Zeitpunkt ihrer bemerkenswert dünnen Literaturgeschichte ein „Volk der Dichter und Denker" gewesen. Sie sind ein Volk, das in Masse seine Dichter:innen und Denker:innen nicht kennt und auch historisch nie gelesen hat.

Bei Goethes Tod 1832 waren gerade einmal 5% der deutschen Bevölkerung (23 Millionen verteilt auf 38 Kleinstaaten) für Literatur wenigstens theoretisch empfänglich; im bayerischen Passau wurden noch 1794 die Werke Goethes und Schillers von der Zensur beschlagnahmt[357]. Bis zum Ende des 19. Jahrhunderts stieg zwar insgesamt die Zahl der Leser:innen, doch las das vermeintliche Volk der Dichter und Denker in Masse industriell gefertigte, triviale Unterhaltungsliteratur.

„Die Folge war, dass das bildungsbürgerliche Leitbild von „Lesekultur" auf jene schmale Schicht beschränkt bleibt, die eine höhere Schulbildung genoss. Aus der Perspektive dieses Publikums war eine „Demokratisierung" des Lesens weder erwünscht noch ein Massenerfolg möglich.

Insofern war es konsequent, wenn selbst der größte deutsche Schriftsteller erklären konnte: „Meine Sachen können nicht populär werden" (Goethe zu Eckermann, 11.10.1828). Noch 1886 befand die „Deutsche Schriftstellerzeitung":

> Weit über die Hälfte der Bevölkerung Preußens und auch Deutschlands ist für die Literatur verloren. Vielleicht ist es einem kommenden Jahrtausend vorbehalten, auch dieses tiefste Proletariat zu heben und heranzubilden, heutzutage aber ist es eine Unmöglichkeit."[358]

Sagen wir so: Aus dieser Perspektive wurde es in den folgenden 100 Jahren nicht besser. *„1964 hat jeder 13,5 Stunden im Monatsdurchschnitt für Bücherlesen aufgewendet, 1980 11 Stunden und 1995 nur noch 7,5 Stunden. Solche Zahlen sind mit Recht umstritten, aber sie entsprechen im historischen Gesamtüberblick einem relativen Rückgang der Printmedien gegenüber den elektronischen Medien seit der Etablierung und Verbreitung von Radio, Film und Fernsehen",* so der Medienhistoriker Werner Faulstich[359]. Das war der gute Teil der Nachricht. Die von Faulstich genannten Zahlen beinhalten Kochbücher, Gebetbücher, Telefonbücher, Schulbücher und Lexika. Und erst nach 1995 bekamen die ersten Deutschen einen Internetanschluss, womit die Text-Nutzung weiter in den Keller rauschte. Die gesamte Text-Nutzung der Deutschen ab 14 Jahren lag 2024 nur noch bei 57 Minuten täglich – und das schließt nicht nur Kochbücher, sondern auch WhatsApp-Nachrichten mit ein[360].

Wenn Sie das Schreiben – und damit das sprachlich strukturierte Denken – gefälschter Intelligenz überlassen, so sind die Folgen ohne jeden kulturpessimistischen Unkenruf leicht absehbar. Wer die geistigen Dinge aufgibt, gibt über kurz oder lang den Geist auf. Würden Sie das wollen, hätten Sie dieses Buch nicht bis hierher gelesen.

III.   Für wen schreiben wir?

Im deutschen Sprachraum lauten sowohl die komplexe als auch die einfache Antwort: letztlich für und an uns selbst. Das hat Gründe, die in der kurzen Blüte der deutschen Literatur und der sie dominierenden gesellschaftlichen Milieus des 18. Jahrhunderts liegen, und die bis heute in die bildungstragenden Gesellschaftsschichten und ihre Vorstellung von Literarizität einwirken. Die deutsche Literatur der Goethe-Zeit ist in einem protestantischen Pfarrhaus geboren. Dorther stammte ihre Bildung, dort wandelte sich ihre erst aus der Bibelübersetzung gewonnene Sprache in ein Gebrauchswerkzeug des Denkens. *„Ermächtigung aller, Befähigung vieler zu Rede und Schrift war die erste Bedingung für die Entstehung einer literarischen Epoche im bürgerlichen Zeitalter Deutschlands. Die protestantische Sprache war, sofern sie in das fremde, fast feindliche Gebiet der schönen Literatur versetzt wurde, vertraut und neu zugleich: Vertraut, weil die Söhne der Pfarrer, die Zöglinge frommer Gemeinden, sie von Kindheit an hörten und lasen; neu, weil ihre Redeweisen noch nicht in der profanen Literatur verbraucht, ja nicht einmal erprobt worden waren. Diese für die deutsche Literatur folgenreiche Verbindung von christlicher und poetischer Sprache vollzog sich hinter dem Rücken der damaligen literarischen Theorie und Kritik, die darauf bestanden, die endlich errungene Unabhängigkeit der ästhetischen Sphäre von der religiösen zu sichern"*, fasst Schlaffer die Entstehungsbedingungen zusammen[361]. Dass dies im absolutistischen Deutschland weitgehend unbehelligt geschehen konnte, lag auch daran, dass die schreibenden Pfarrerssöhne überwiegend nicht nur die Schreibpraxis, sondern auch die gebeugte Untertanen-Haltung ihrer pietistisch geprägten Religionserziehung mitschleppten: *„Abweichung im Stillen und Anpassung an die äußeren Verhältnisse, als wären es bloß äußerliche – dieses pietistische Verhalten gegenüber dem Landesherrn und der landesherrlichen Kirche haben die deutschen Schriftsteller übernommen. (...) In Deutschland sind die Dichter fromm im doppelten Sinne: Sie reden gerne – wie etwa Klopstock,*

Hölderlin, Novalis – in der Sprache der christlichen Mythologie von letzten Wahrheiten, für die eigentlich Theologen zuständig wären, und sie fügen sich, so gut es geht, fromm den Anforderungen von Amt, Gemeinde und Familie. Wenn es gar nicht mehr gehen will, so flüchten sie – wie Lenz und Hölderlin – in den Wahnsinn oder – wie Waiblinger und Heine – ins Ausland." [362]

Den echten und den gefühlten Pfarrers-Söhnen kommt auf ihrem Weg in die Schriftstellerei zugute, dass tägliches Tagebuch-Schreiben zu den Praktiken der pietistischen Pädagogik gehört. *„Seit dem späten 18. Jahrhundert wird das Tagebuchschreiben für Mädchen und Jungen zunehmend zum Bestandteil einer bürgerlich-religiösen Erziehungspraxis. Unter dem Einfluss von Pietismus und Empfindsamkeit mit deren Hinwendung zur Introspektion, Selbstbeobachtung und Gefühlsanalyse wird das Tagebuchschreiben für Kinder und Jugendliche als pädagogisches Mittel eingesetzt. Über das angeleitete Schreiben sollten Normen internalisiert werden, und die Kontrolle darüber wird den Heranwachsenden selbst auferlegt. Kinder und Jugendliche werden angehalten, Tagebuch zu führen und darin ihre Tagesabläufe genauestens zu verzeichnen mit dem pädagogischen Ziel, eine strenge Zeitökonomie einzuüben, die Erfüllung der Tagespflichten zu evaluieren sowie die Frömmigkeitspraxis zu verbessern"*, führt die Historikerin Ulrike Gleixner aus[363].

Das Tagebuchschreiben im Pietismus, so Gleixner an anderer Stelle[364], sei ein Ort eines höchst kreativen Selbstentwurfes und stehe im Dienste der Bewältigung des Alltags. Im Tagebuch werde die pietistische Frömmigkeit als Grundlage des täglichen Handelns entfaltet, womit der Schreibprozess zum Akt permanenter Selbstvergewisserung werde. Das Schreiben unterstütze den pietistischen Selbstentwurf und ermögliche eine umfassende Selbststärkung zur Bewältigung von alltäglichen Problemen. Insbesondere in persönlichen Krisen werde es als Möglichkeit therapeutischer Selbststärkung eingesetzt.

Das pietistische Tagebuch ist allerdings seiner Intention nach kein intimes Protokoll der heimlichen Zwiesprache mit sich selbst, sondern tatsächlich schon ein Kommunikations-Medium, das man auch anderen (zum Beispiel Familienmitgliedern) zu lesen gibt. Gleixner führt das am Beispiel des württembergischen pietistischen Patriarchs Philipp Matthäus Hahn (1739-1790) und seinem Tagebuch aus: *„Philipp Matthäus Hahn und seine beiden Ehefrauen schrieben Tagebuch, ebenso wie seine jüngeren Schwestern und seine Tochter Beate Paulus. Ob ihres Bekenntnis- und Zeugnischarakters sind Tagebücher ein wichtiger Bestandteil pietistischer Kommunikationskultur. Auf der Suche nach einer neuen Ehefrau schlägt der verwitwete Philipp Matthäus Hahn der Heiratskandidatin Helena Flattich vor, die Tagebücher auszutauschen, um durch die gegenseitige Lektüre einen Einblick in die Schwächen und Stärken des anderen zu bekommen. Auch in den pietistischen Pfarrerversammlungen liest man sich zwecks Einblick in die Seele des Bruders und Kollegen gegenseitig aus den Tagebüchern vor. Gedruckte Tagebuchtexte, wie das Tagebuch des Schweizer Pfarrers Johann Kaspar Lavater, wurden abends im Kreise der Familie vorgetragen."* [365]

Eines der erstaunlichsten Tagebücher, das die protestantisch-pietistische Erziehung hervorgebracht hat, ist das des Landsknechts Peter Hagendorf (vermutlich 1601/02-1679), der als Söldner auf katholischer Seite im 30-jährigen Krieg kämpfte. Das erst 1988 entdeckte und in den vergangenen Jahren besser erforschte Tagebuch zeichnet auf ursprünglich 192 Seiten einen Lebensweg durch die Hölle nach: 25.000 Kilometer, so hat der „Spiegel" ausgerechnet, führte Hagendorfs Odyssee kämpfend, mordend, plündernd und vergewaltigend zwischen 1625 und 1649 quer durch Deutschland, Frankreich und Italien[366]. Auf dem jahrzehntelangen Weg starben ihm acht Kinder und eine Ehefrau, bis er am Ende mit einer zweiten Frau und zwei Kindern in einer Gemeinde bei Magdeburg zur Ruhe kam und wohl sogar Bürgermeister wurde.

Der Frühneuzeithistoriker Jan Peters, der den Zufallsfund in der Handschriftenabteilung der Berliner Staatsbibliothek machte, konnte nachweisen, dass Hagendorf ein Söldner der untersten Befehlsebene war: *„Er gehörte nicht dem Offizierstand an, konnte aber dennoch auf eine solide*

Grundbildung zurückgreifen. Bildungsmäßig und kulturell stand er durch seine realistische Auffassungs- und Beobachtungsgabe wie auch seiner Neugierde weit über dem Söldnerdurchschnitt. Auch dies mag ihn mit Ausrufung des Friedens dazu angeregt haben, seine Beobachtungen und Erinnerungen zu Papier zu bringen. Als einfacher Landsknecht war Hagendorf freilich den Launen der Fortuna in besonderem Maße ausgeliefert. Die große Dynamik der ihm widerfahrenen Erlebnisse war zu einem großen Teil durch das von Hagendorf selbst reflektierte „flüchtige Ausleben und das kurze Vergessen in der Nähe von Angst und Tod" bedingt. Sie wird dem Leser immer wieder drastisch vor Augen geführt, etwa wenn Hagendorf davon schreibt, ein Pferd erbeutet zu haben, das bei erster Gelegenheit mit Kameraden im Wirtshaus „versoffen" wird, um im nächsten Moment fast totgeschossen zu werden."[367]

Die Sprache des Landsknechts Hagendorf ist oft unerträglich nüchtern; seine toten Kinder zählt er auf wie eine Inventarliste. Kriegsverbrechen wie Mord und Vergewaltigung, an denen er beteiligt ist, schildert er so unberührt, wie er sich vor seinen Emotionen schützt. Dabei ist er keineswegs teilnahmslos; er schildert Landschaften, Menschen und kulinarische Vorlieben oft mit Interesse. Über das Jahr 1629 schreibt er unter anderem:

„Nach 20 Wochen sind wir aufgebrochen und gezogen nach Westfalen. Unser Quartier ist gewesen in Lippstadt, den Winter sind wir darin gelegen. In diesem Land sind große, starke Leute, Manns- und Weibspersonen, und ein fruchtbares Land und viel Viehzucht. Auf dem Lande sind fast nur Einzelgehöfte, sie haben ihren Feldbau, Holz, Wiesenwachs, alles bei dem Hause.

In Lippstadt gibt es gutes altes Bier und auch böse Leute. Ich habe ihrer 7 verbrennen gesehen. Darunter ist sogar ein schönes Mädelein gewesen von 18 Jahren, aber sie ist doch verbrannt worden.

In diesem Land tut man Brote backen, die so groß sind wie ein großer Schleifstein, viereckig. Das Brot muss 24 Stunden im Ofen stehen. Man nennt es Pumpernickel. Ist aber gutes und schmackhaftes Brot, ganz schwarz."[368]

Nur einmal dringt so etwas wie Erschütterung in der Erinnerung an die Textoberfläche. Er ist im Mai 1631 bei der Erstürmung Magdeburgs und der anschließenden Vernichtung der Stadt schwer verwundet worden. Er *sei „2 mal durch den Leib geschossen worden, das ist meine Beute gewesen"* schreibt er mit bitterem Sarkasmus, und dann recht unvermittelt: *„Ist mir doch von Herzen leid gewesen, dass die Stadt so schrecklich gebrannt hat, wegen der schönen Stadt und weil es meines Vaterlandes ist."* [369]

Erzählerisch ein ganz anderes Kaliber ist das Tagebuch von Samuel Pepys (1633- 1703), dem berühmtesten Tagebuchschreiber der Neuzeit im englischen Sprachraum. Pepys war Staatssekretär der Admiralität, Präsident der Royal Society und Abgeordneter des Unterhauses. Er stammte aus kleinen Verhältnissen und hielt in seinem Tagebuch, das er in den Jahren zwischen dem englischen Bürgerkrieg und der Glorious Revolution von 1660 bis 1669 führte, seinen persönlichen Aufstieg, allgemeine politische Entwicklungen sowie intime Privatissimen fest. *„Das Tagebuch ist gleichsam ein Nebenprodukt des ungestümen Glücksverlangens seines Autors; im Augenblick des Niederschreibens muss Pepys so etwas wie eine genussreiche Intensivierung seiner Gedanken und Gefühle empfunden haben. Vielleicht war der wichtigste Faktor aber das Ordnungsbedürfnis des Beamten Pepys, seine bisweilen penible Akkuratesse und Liebe für Symmetrie (die sich u.a. darin ausdrückte, dass er seine Bücher der Größe nach ordnete). Ein ordentlich und sauber geführtes Tagebuch gab dem Puritaner das Gefühl, ein ordentliches und sauberes Leben zu führen, das tägliche Chaos überwunden und systematisch verzettelt zu haben"*, schreibt der Herausgeber der deutschen Taschenbuch-Ausgabe im Nachwort[370]. Wie es in Pepys Leben zuging, mögen drei Tagebucheinträge in chronologischer Reihenfolge und ohne Auslassung aus dem Januar 1665 veranschaulichen:

21.1. Fühle mich zur Zeit mächtig wohl, was ich auf meine neue Hasenpfote zurückführe.

23.1. Mit Mrs. Begwell in ein Cabaret, wo ich mit ihr schon einmal gewesen bin; nach dem Essen gab sie mir alles, was ich wollte. Dann in meinem Büro, wo ich mit großer Genugtuung ein Gelübde entwarf, einen Monat lang von den Frauen zu lassen; bin sehr froh darüber, dass ich mich zu so einem vernünftigen Gelübde aufraffen kann. Dann kann ich mich auch wieder um meine Arbeit kümmern, die ich im Augenblick sehr vernachlässige.

26.1. Meine Frau leidet sehr unter Zahnschmerzen, ich an einer Erkältung und einer Hodenquetschung, die ich mir in einer überfüllten Kutsche zugezogen habe.[371]

Es erscheint angesichts der freimütigen Offenheit Pepys keine übertriebene Vorsichtsmaßnahme gewesen zu sein, das Tagebuch aus Angst vor Entdeckung vor allem seiner außerhäusigen Aktivitäten durch seine Frau in einer Kurzschrift zu verfassen (die diese nicht lesen konnte).

Die beiden sehr unterschiedlichen Diaristen Hagendorf und Pepys sind den meisten Menschen des 17. Jahrhunderts dadurch voraus, dass sie über die Zeit, die Bildung und die Mittel verfügen, ihr Erleben sprachlich zu strukturieren und ihr autobiographisches Gedächtnis mittels Niederschrift weiterzuentwickeln. Um es an dieser Stelle sehr kurz zu machen: *„Wir alle erzählen immer wieder Geschichten aus unserem Leben. Wir tun dies mit Freunden und der Familie, nicht selten im Rahmen alltäglicher Tätigkeiten, etwa beim Essen oder auf Reisen. Erzählt wird gerade Geschehenes ebenso wie Geschichten, die schon länger zurückliegen. Über diese Geschichten konstruieren wir für uns und für andere, wer wir sind. Diese Fähigkeit bildet sich parallel zum körperlichen Heranwachsen aus. Erlernt wird sie im gemeinsamen familialen Erinnerungsgespräch. Es ist weiterhin so, dass die Art und Weise des gemeinsamen Erinnerns, die aufgrund verschiedener Faktoren variiert — Bildung, regionale Herkunft, Geschlecht -, die Form in der die je individuelle Vergangenheit erzählt wird und damit verbunden die jeweilige Selbstwahrnehmung der Erzählenden prägt. Diese kommunikativen und somit interaktiven Erinnerungsakte stellen selbst einen Entwicklungsprozess dar, durch den Kinder die Werte und Fertigkeiten erwerben, die zur Entwicklung einer individuellen Lebensgeschichte oder Autobiographie notwendig sind"*, lautet gut verständlich eine

Zusammenfassung des psychologisch höchst komplexen Vorgangs, der die Entwicklung unseres autobiographischen Gedächtnisses darstellt[372]. Entscheidend ist: Das autobiographische Gedächtnis entwickelt sich Zeitlebens weiter. Das nützt per se nichts, es folgt daraus automatisch gar nichts – wenn man nichts daraus macht.

Der im Kapitel über den Bleistift als Schriftsteller:innen-Werkzeug von mir sanft verspottete Schreiblehrer Hanns-Josef Ortheil äußert im Vorwort eines seiner zahlreichen Schreiblern-Bücher den Verdacht, dass Menschen, die an Weihnachten davon sprechen, dass bald schon wieder Ostern sei, und Ostern schon wieder an Weihnachten erinnerten, und darüber klagten, wie schnell die Zeit vergehe, den Kampf mit der Zeit entweder verloren oder aber nie aufgenommen hätten: *„Menschen, die der Zeit ewig nur hinterherjagen und hinterhertrödeln, sind mit ihrer ewigen Klagenummer aber nicht nur lästig, sie haben auch ein ernsthaftes Problem. Vierzig Jahre alt – und kaum noch Erinnerungen an die Jahre vor dem Zwanzigsten! 60 Jahre alt – und gerade noch ein paar immer gleiche Geschichten von früher auf Lager. Was sie nie geweckt und entwickelt haben, ist ihr autobiographisches Potenzial."*[373]

Beim „Schreiben über mich selbst" gehe es nicht um Memoiren und dickleibige Autobiographien. Der Impuls verdanke sich dem *„anspruchsvollen Versuch, den Verlauf des eigenen Lebens zu reflektieren, Rechenschaft abzulegen, gute und schlechte Seiten des Selbst abzuwägen und Bekenntnis abzulegen vor einem höheren Richterstuhl"*, so Ortheil weiter in dem ihm eigenen Stil (der mich daran hindert, ein einziges seiner Bücher zu Ende zu lesen).

In der Sache hat er aber Recht. Beim täglichen Schreiben, das kein Tagebuch sein muss und keine durchgängige Erzählung, geht es zunächst weder um eine Publikationsabsicht noch um Literatur, und ganz sicher nicht um Rechenschaft vor Dritten. Es geht am Ende wirklich um uns selbst. Um Selbstgewissheit und Selbstbewusstsein. Darum, sich selbst nicht in einem Strudel von ewiger Jetzt!-Zeit und permanenter Ablenkung zu verlieren. Es geht darum, zum Wesentlichen zu kommen. Zu uns selbst.

Und uns sprachfähig gegenüber anderen zu machen. Weil wir soziale Wesen sind und ein Mensch allein daher nicht einmal menschlich. Und wir brauchen ein Gegenüber des Austauschs, weil es Wahrheit nicht allein gibt. Aber es beginnt bei uns selbst. Und Schreiben, möglichst tägliches, ist der Königsweg dorthin. Wer den Ausdruck seines Denkens dem spekulativ plappernden Analphabetentum einer bewusstlosen und gefälschten Intelligenz überlässt, wird sich selbst verloren gehen. So kann ein erfülltes Leben nicht gelingen.

IV.   Warum sollten wir mit der Hand schreiben?

Betrachte ich meine eigene Handschrift, so ist sie optisch das Ergebnis der seit den 1970er Jahren andauernden Debatten, ob Kinder das Schreiben wie in den 1950er Jahren mit der lateinischen bzw. einer abgewandelten „Ausgangsschrift" (sogenannte Schreibschrift) eingebläut bekommen sollen, oder ob sie es doch lieber mit einer „Grundschrift" aus Druckbuchstaben lernen[374]. Das Thema ruft verlässlich regelmäßig Ewiggestrige und Realitätsverweigerer auf den Plan, in deren Augen meine Handschrift eher ein Armutszeugnis und die sachlich gebotene Abschaffung des Schreibschrift-Zwangs ein weiterer Schritt auf dem Weg zum Untergang des Abendlandes ist. Auf einen entsprechenden Antrag der AfD-Nazis im NRW-Landtag erwiderte 2020 der Grundschulverband, was nüchtern Fakt ist:

„Die in Deutschland bisher verwendeten Ausgangsschriften (Lateinische, Vereinfachte und Schul-Ausgangsschrift) sind historisch längst überholt. Das eigentliche und zu bewahrende Kulturgut sind die einfachen Formen der römischen Buchstaben: die Antiqua der Großbuchstaben und die im Mittelalter dazu entstandenen Kleinbuchstaben. Die drei Schulschriften sind verschnörkelte Varianten dieser sogenannten Gemischt-Antiqua, die ursprünglich für das Schreiben mit Schreibfeder und Tintenfass entwickelt wurden. Sie lassen sich einem höheren Schreibtempo und größeren

Textmengen nicht anpassen – darum können ältere Kinder, Jugendliche und Erwachsene diese Schriften nicht mehr gebrauchen.[375]"

Entgegen der Ansicht meiner Grundschullehrerin Frau L. ist meine Handschrift kein Armutszeugnis. Sie entspricht (wie das meiste an mir) lediglich nicht dem heimlichen deutschen Erziehungsideal, nach dem wir alle in unseren Lebensäußerungen am besten nicht von einem achtjährigen katholischen Mädchen der Nachkriegszeit zu unterscheiden sein sollen, das in einer rückständigen ländlichen Gegend aufgewachsen ist. Meine markante Handschrift ist das, was amerikanische Studien als Erfolgsrezept beschreiben: Eine hybride Version aus Schreibschrift und Druckbuchstaben mit höherem Schreibschriftanteil, die in Tempo und Lesbarkeit den Entweder-oder-Modellen deutlich überlegen ist.[376]

Vom Mercator-Institut für Sprachförderung und Deutsch als Zweitsprache an der Uni Köln gibt es einen guten Faktencheck zur „Handschrift in der digitalisierten Welt"[377], der den aktuellen Kenntnisstand (2019) wissenschaftlicher Studien zusammenfasst. So führe das Handschreiben zu einer besseren Gedächtnisleistung als das Schreiben mit der Tastatur. Im Vergleich von Mitschriften per Hand und per Tastatur erzielten die Handschreiber:innen bei anschließenden Verständnisfragen eindeutig bessere Ergebnisse. *„Diese führen die Wissenschaftlerinnen und Wissenschaftler aber nicht auf die Handschrift an sich zurück, sondern auf die Schreibgeschwindigkeit. Die motorisch langsameren Handbewegungen bei der Handschrift zwingen die Schreibenden, Informationen stärker auszuwählen und in eigenen Worten wiederzugeben, wodurch jene besser verarbeitet werden können. Im Gegensatz dazu kann mittels Tastaturschreiben nahezu wörtlich mitgeschrieben werden, weil es grundsätzlich mit einer viel höheren Geschwindigkeit als das Handschreiben stattfinden kann. Da handgeschriebene Notizen kürzer ausfallen und die Schreibenden während des Schreibprozesses Informationen auswählen, kommt es beim Handschreiben zu einer besseren Informationsverarbeitung als beim schnelleren Tastaturschreiben"*[378], so die Erklärung.

Kurz zusammengefasst: Wenn die FAZ wieder einmal schlagzeilt „Schreibschrift stirbt aus"[379], treibt das die entsprechende Klientel vielleicht verlässlich auf den Baum (nur mit Gendern kann man noch mehr Leute aufregen). Erhaltens- und verteidigenswert sind aber nicht die Schönschreibschrift-Doktrinen des 19. Jahrhunderts. Das Handschreiben an sich und die Entwicklung einer guten individuellen Handschrift stellt beim Schrifterwerb einen unschätzbaren Wert für das Training der individuellen intellektuellen Fähigkeiten dar. Steve Graham[380], weltweit einer der führenden Experten für das Thema Handschrift, hat ein wunderbares Beispiel für den enormen Einfluss der Handschrift auf das Verfassen von Texten:

„In einem früheren Beitrag habe ich mit einer Analogie veranschaulicht, wie die Handschrift das Schreiben von jungen Schülern einschränkt. Dabei ging es um die Verwendung einer chinesischen Schreibmaschine zum Verfassen von Texten. Das ist ein sehr kompliziertes Schreibgerät, das fast 6.000 Zeichen enthält, wobei selbst jemand, der es beherrscht, nur etwa 11 Zeichen pro Minute tippen kann. Stellen Sie sich vor, Sie versuchen, einen Aufsatz mit dieser Maschine zu schreiben. Während Sie Ihren Aufsatz sehr langsam schreiben, werden einige Ihrer Ideen verloren gehen, da sie aus dem Gedächtnis entschwinden, bevor sie zu Papier gebracht werden können. Jedes Mal, wenn Sie das nächste Zeichen auf der Schreibmaschine suchen müssen, wird Ihr Arbeitsgedächtnis weiter belastet, was dazu führt, dass noch mehr Ideen vergessen werden. Das Schreiben mit einer solchen Maschine ist so anstrengend, dass die kognitiven Ressourcen, die Sie für andere wichtige Aspekte des Schreibens aufwenden könnten, wie z. B. die Bewertung und Schärfung des Textes während des Schreibens, nicht ohne Weiteres zur Verfügung stehen, da Sie so sehr damit beschäftigt sind, Ihre Ideen in Text umzuwandeln."[381]

Um zur deutschen Diskussion zurückzukehren: Welchen Sinn soll es didaktisch eigentlich machen, teils parallel das Lesen in der einen Schrift (Druckbuchstaben), dann aber das Schreiben in einer anderen (Schreibschrift) zu lernen – wenn das Ziel nicht ist, den Lernerfolg möglichst zu behindern? Die Schreibschrift- und Kulturverfall-Debatten ignorieren nahezu vollständig, dass die historischen Zwecke des Zwangs zur einheitlichen Schreibschrift nicht mehr gegeben sind. Der langjährige „Titanic"-Autor und gelernte Schriftsetzer Jules van der Ley führt in seiner sehr lesenswerten und fünf Seiten langen „Kleine Kulturgeschichte der Handschrift"[382] aus, was die historischen Gründe der Einheitshandschriften waren: Solange die Handschrift das Speicher- und Kommunikationsmedium der Verwaltungen gewesen sei, habe man Schreiber gebraucht, die den überindividuellen Duktus schrieben. Für die jeweilige Kanzlei hätten feste Normen gegolten, die den Duktus der verwendeten Schriften betrafen.

Es seien also rein pragmatische Gründe gewesen, die zur Forderung geführt hätten, wie gestochen zu schreiben. Auch mit ansteigender Literalität habe sich zunächst wenig geändert: *„Das schreibmeisterliche Ideal wird auf die Schulkinder übertragen. Schreiben zu lernen, war Drill und Einübung in die vorgegebenen Formen. Mit sich ausweitender Verwaltung stieg der Bedarf nach Schreibern, und so bildete man in den Schulen ein Potential an Arbeitskräften heran, die exakt den Bedürfnissen der Kanzleien und Kontore entsprachen. Gedacht war auch nicht an die Fähigkeit zum selbstständigen Schreiben. Schreiben war in erster Linie Abschreiben, nicht das Verfertigen eigener Texte."*[383]

Und dann setzt eine technische Revolution ein, die alles ändert – und eine ganz neue Dimension der Handschrift für alle Bevölkerungsschichten eröffnet, die vorher den gebildeten Ständen vorbehalten war:

*„Mit dem Vordringen der Schreibmaschine zu Beginn
des 20. Jahrhunderts sank der Bedarf an solcherart
gedrillten Kräften. Mit der Schreibmaschine ließen
sich die Anforderungen der Verwaltungen an die
Schrift weit besser einlösen. Der klassische Schreiber
wurde verdrängt durch die »Tippmamsell«. Erst jetzt
wird die Schreibhand von den alten Pflichten entbunden, die Handschrift wird Privatsache."*[384]

Auch wenn Sie sonst keiner Fußnote in diesem Buch folgen: Lesen Sie diesen Text von Jules van der Ley! Weil man das eben nicht oft genug betonen kann: *„Das Schreiben mit der Hand zwingt zur gedanklichen Durchdringung einer Thematik, was noch unterstützt wird durch die Langsamkeit bei der Auseinandersetzung zwischen Formwillen, Schreibgerät und Beschreibstoff. »Tres digiti scribunt et totum corpus laborat« – Drei Finger schreiben, und der ganze Körper arbeitet. Die mittelalterliche Beschreibung des Vorgangs zeigt an, dass Handschrift den ganzen Menschen einbezieht, stärker als das Schreiben mittels Tastatur. Der ganzheitliche Vorgang des Schreibens mit der Hand bedingt nicht nur das Aussehen von Texten, sondern auch ihre innere Struktur. Es gilt, diesen Wert zu erhalten, und daher ist es wichtig, in der Schule eine Schrift zu vermitteln, die konkurrieren kann mit dem perfekten Aussehen der Computererzeugnisse. Erobern wir uns eine gute Handschrift zurück."* [385]

Amen, hätte ich da beim Lesen fast laut gerufen, und hinzugesetzt: Starten Sie diese Reconquista mit Papier und Bleistift!

V.   Warum mit dem Bleistift?

Schreiben Sie, mit was Sie wollen. Natürlich tut es auch jeder andere Stift, das ist am Ende reine Geschmackssache. Entscheidend ist, dass Sie es tun. Und eben nicht auf einer Tastatur, sondern mit der Hand. In der Handschrift, die ja nun Privatsache ist (und nicht selten sogar Intimsache), gehen für mein Empfinden Geist und Graphit eine nahezu natürliche Verbindung ein. In meiner Wohnung gibt es wenige Bereiche, in denen nicht Zettel und Bleistift in Griffweite sind. Gedanken und längere Notizen schreibe ich in DIN-A5-Hefte und -Kladden, auch alle beruflichen Notizen und Mitschriften landen in solchen Notizbüchern. Dazu habe ich früher meist einen Füller genutzt, inzwischen schreibe ich aber handschriftlich fast nur noch mit Bleistift, allerdings ausschließlich mit klassisch holzgefassten; mit Druck- oder Drehbleistiften kann ich nicht viel anfangen (deshalb kommen sie auch in diesem Buch nicht vor). Der Schreibfluss von

Holzbleistiften (meistens der Stärke B oder 2B) entspricht deutlich mehr meinem Denktempo.

Neben allen Vorzügen des Bleistifts, die auf den Seiten bis hierher reichlich erzählt sind, gibt es zudem kein anderes Schreibgerät, von dem man sich für vergleichsweise kleines Geld eine so schöne Bandbreite und Auswahl zulegen kann (von dem Irrsinn, dem Sammler:innen verfallen, einmal abgesehen). Ich wähle tatsächlich gerne aus, welcher Stift es je nach Stimmung heute sein soll. Manchmal hilft es mir, bestimmte Stifte für bestimmte Aufgaben auszuwählen, um konzentriert bei der Sache zu bleiben. Es gibt Stifte, mit denen ich fast befreundet bin. Es gibt welche, die mir beinahe Respekt einflößen, und solche für ungeliebte Aufgaben, und tatsächlich liegen im Werkzeugkasten ein halbes Dutzend Ikea-Stifte.

Ich schreibe gern auf Café-Terrassen (ich bin Raucher), was zur Folge hat, dass ich ständig eine Krimskrams-Sammlung von Schreibzeug nebst Anspitzern und Radiergummis bei mir habe, und ich beobachte immer häufiger, dass ich bei kurzen Café-Stopps unterwegs Handy und iPad im Auto lasse. Es gibt ein paar Bleistift-Abenteuer, die ich unbedingt (und am liebsten noch in diesem Jahr) erleben will. Ich will mit einem groben Zimmermanns-Bleistift die ersten Zeilen des Nibelungenlieds auf die Bretterwand einer Wanderhütte schreiben. Ich will im Regen am Bug eines Schiffes stehen und grinsend ein oder zwei Strophen Fontane mit dem Bleistift auf wasserfestes Seekarten-Papier schreiben. Und natürlich mit einem puren Graphit-Griffel ein Schaf beschriften. Vor allem aber will ich mit einer Schachtel der unfassbar schönen „Songwriter"-Bleistifte von Musgrave einen Song zu einem Text von Thomas Brasch schreiben.

Vielleicht bekomme ich ja auch noch einmal die Kurve und lerne ein bisschen zu zeichnen. Ich glaube, dass „urban sketchers"[386] deutlich mehr von unseren Städten sehen als die, die Selfies für Instagram machen. Und aus gutem Grund gehört trotz aller Fortschritte bei Kamera- und Scan-Techniken das archäologische Fundzeichnen zu jeder wissenschaftlichen Ausgrabungserfassung.

Nicht zuletzt, und das ist für einen Romantiker wie mich natürlich ein schlagendes Argument, spielt der Bleistift eine titelgebende und zentrale Rolle in der Geschichte von Jaap Polak und Ina Soep. Es ist für mich die berührendste, ergreifendste und größte Liebesgeschichte des 20. Jahrhunderts, und sie reicht bis fast in unsere Tage.

Jaap und Ina lernen sich im Juni 1943 auf einer Geburtstagsparty in Amsterdam kennen. Jaap ist beinahe zehn Jahre älter als Ina und mit Manja verheiratet. Als Jaap Ina erblickt, denkt er: *„Das ist die Frau, die ich hätte heiraten sollen."* Und Ina denkt, was nicht zu übersehen ist, nämlich, dass Jaap und Manja überhaupt nicht zusammenpassen. Ihre Trennung ist längst ausgemachte Sache, aber Jaap hat Manjas Mutter versprochen, seine Frau nicht zu verlassen, solange Krieg herrscht und die Niederlande von den Deutschen besetzt sind. Es sind schlimme Zeiten, und für Jüdinnen und Juden wie Jaap und Ina werden sie immer unerträglicher.

Im Juli 1943 werden Jaap und Manja Polak von den Deutschen verhaftet und in das KZ Westerbork im Nordosten von Holland südlich von Groningen deportiert. Ende September werden auch Ina Soep und ihre Familie dorthin verschleppt. So sehen sich Jaap und Ina wieder. Und freunden sich an. Schon das geschieht gegen jede Wahrscheinlichkeit: Jaap ist ein verheirateter einfacher Buchhalter aus eher bescheidenen Verhältnissen, Ina Soep die junge hoffnungsvolle Tochter eines reichen Amsterdamer Diamanten-Händlers. Zudem ist die 20-Jährige mit ihrem Freund Rudi Acohen fast verlobt, von dem sie seit seiner Verhaftung vor einem Jahr auf Nachricht wartet (Ina hört nie wieder von ihm, die Deutschen haben ihn bereits 1942 ermordet).

Aber Jaap, längst Hals über Kopf in Ina verliebt, lässt nicht locker. Ina resümiert später: *„Trotzdem fühlte ich mich zu diesem interessanten Mann hingezogen, der so hartnäckig an mir interessiert war. Er begann, sich eine Zukunft für uns auszumalen, und obwohl er meine ständigen Hinweise auf meinen Freund respektierte, muss er doch instinktiv gespürt haben, dass das Leben unter unseren schrecklichen Umständen so* *unsicher und veränderlich war, dass er gute Chancen hatte, der Mann meines Lebens zu sein. Ich war fasziniert und wahrscheinlich geschmeichelt von seiner starken Anziehungskraft auf mich - es war eine viel reifere Herangehensweise an die Liebe, als ich sie je erlebt hatte. Zunächst teilten wir einander unsere Hoffnungen und Träume mit, und nach und nach bezogen wir uns gegenseitig in diese Träume ein.*"

Dass daraus eine heimliche Liebe wird, ist in Westerbork möglich, weil es eines der perfidesten Konzentrationslager der Nazis ist. Es gibt dort keine schreienden und prügelnden SS-Männer, stattdessen ein Krankenhaus, Unterricht für die Kinder und jede Menge Kulturveranstaltungen. Die Nazis errichten ein System der falschen Hoffnungen: Die internierten Jüdinnen und Juden sollen glauben, dass sie in Arbeitslager deportiert werden. Es kommen gefälschte Briefe aus Auschwitz: Dort müsse man hart arbeiten, aber es gehe einem gut. So gibt es in Westerbork zwar Angst vor der Deportation, aber keine Unruhen, Fluchtversuche oder Aufstände. Bis zur Räumung des Lagers im September 1944 organisieren die Nazis völlig reibungslos mehr als 100 Transporte. Fast 107.000 Jüdinnen und Juden werden wie Vieh meist direkt nach Auschwitz zur Ermordung verschleppt – das sind sowohl prozentual als auch in absoluten Zahlen mehr als aus jedem anderen europäischen Land. Der letzte Zug nach Auschwitz verlässt Westerbork am 3. September 1944. In diesem Zug ist Anne Frank mit ihrer Familie.

Die beginnende Beziehung zwischen Jaap und Ina bleibt trotz aller Heimlichkeit in Westerbork nicht unbemerkt; Manja beklagt sich, mehrfach auf Jaaps „Freundin" angesprochen worden zu sein. Und so beginnen Jaap und Ina, einander zu schreiben. Täglich. Und sie finden Wege, sich die Briefe heimlich zukommen zu lassen. Jaap kann die meiste Zeit in Westerbork noch eine Schreibmaschine benutzen. Als Anfang Februar 1944 das Farbband aufgibt, beschafft er sich Bleistifte. Sowohl die Polaks als auch die Familie Soep entgehen den Transporten nach Auschwitz. Die Polaks haben Palästina-Papiere und werden von den Nazis als menschliche Tauschware aufgespart. Die Soeps sind Teil eines absurden Nazi-Plans, mit den Amsterdamer „Diamanten-Juden" im KZ Bergen-Belsen eine eigene Diamanten-Industrie zur Devisen-Beschaffung aufzubauen. Während um sie herum der tägliche Schrecken immer schlimmer wird, finden Jaap und Ina Halt in ihrer Liebe und ihren Briefen.

Am 14. Februar 1944 werden die Polaks mit anderen Geiseln nach Bergen-Belsen deportiert. Die Geiseln werden nicht in Vieh-Waggons transportiert, sie dürfen im Lager ihre Zivilkleidung mit einem gelben Stern tragen. Jaap sieht nun Hoffnung, das alles zu überleben. Er kann Ina sogar eine Postkarte nach Westerbork senden – doch Ina ist längst selbst in Bergen-Belsen, als die Postkarte in Holland ankommt. Nun wissen Inas Eltern, die in Westerbork auf einen späteren Transport warten, von der heimlichen Liebe ihrer Tochter und sind schockiert.

Auch in Bergen-Belsen finden Jaap und Ina („Ineke, mein Liebling", nennt er sie in seinen Briefen) erneut Wege, ihren Briefwechsel fortzusetzen, während um sie herum alles immer noch schlimmer wird. Jaap schafft es, sich als Küchenhilfe einteilen zu lassen. Er muss sehr früh morgens zur Arbeit erscheinen. Ina schleicht sich dann an das leere Bett und hinterlässt ihm einen Brief. Sie findet dort seinen Brief und etwas Essen, das er durch seine Arbeit einschmuggeln kann. „Wir lebten für uns, Tag für Tag, und wir glaubten immer daran, dass wir überleben würden", so Ina. Derweil wird das KZ zur Todesfalle aus Überbelegung, Seuchen und dem Zusammenbruch der Versorgung. 1000 Tote im Januar 1945, 7000 im Februar, 18.000 im März. Unter ihnen vermutlich im Februar: Anne Frank.

Anfang April werden Jaap und Ina getrennt. Sie geben sich zuvor ihre gegenseitigen Briefe zurück, die sie über all die Monate verwahrt haben. Jetzt weiß niemand mehr, was kommt. Auf unterschiedlichen Transporten versuchen die Deutschen ihre Geiseln zu verschleppen. Die Züge irren durch das zusammenbrechende Dritte Reich. Jaaps und Manjas Zug wird schließlich von den Russen befreit, Inas Zug von den Amerikanern.

Am 5. Mai, dem Tag der Befreiung der Niederlande von der deutschen Besatzung, trifft Ina in Amsterdam ein. Jaap kehrt im Juni zurück. Im August lässt sich Jaap von Manja scheiden, die ebenfalls überlebt hat. Im

Oktober 1945 verloben sich Jaap und Ina, sie heiraten im Januar 1946. Sie wandern 1951 in die USA aus und bleiben 68 Jahre lang verheiratet. Sie bekommen drei Kinder, fünf Enkelkinder und sieben Urenkel. Zu seinem 90. Geburtstag im Dezember 1992 ernennt Königin Beatrix Jaap für seine unermüdliche Erinnerungsarbeit zum Offizier des Ordens von Oranien-Nassau. Ina stirbt am 14. Mai 2014 im Alter von 91 Jahren, Jaap folgt ihr wenige Monate später am 9. Januar 2015 im Alter von 102 nach. Ihre gemeinsame Grabstätte befindet sich auf dem Mount Hope Cemetery in Hastings-on-Hudson im Westchester County im Norden von New York.

Im Jahr 2000 sind die Liebesbriefe von Jaap Polak und Ina Soep in einem kleinen Verlag ihrer Heimatstadt Scarsdale im Bundesstaat New York erschienen. Der Titel des Buchs ist ein Zitat aus einem Brief Jaaps vom 20. Juni 1944 in Bergen-Belsen. Zu diesem Zeitpunkt, als sie nichts mehr haben, sind es diese täglichen Briefe ihrer Liebe, die sie in einer hoffnungslosen Umgebung des elenden Sterbens am Leben erhalten. Am 20. Juni hat Jaap nur noch einen winzigen Stift-Stummel für die Briefe an Ina. Und so schreibt er ihr: *„Liebling, versuche irgendwo einen Bleistift für mich zu stehlen."*[387]

Nichts ist einem ungebrochenen Geist unmöglich, der noch über ein Stück Papier und einen Bleistift verfügt. Gar nichts.

Fußnoten

1 Angabe von Faber-Castell und Staedler (siehe https://e.staedt-lercdn.com/fileadmin/staedtler.com/de/Newsroom/2020/STAEDTLER_Facts-heet_Bleistift__AnatomieA4_DE.pdf?1584701198) für Bleistifte mit Tauch-kappe, aber ohne Radiertip.

2 So berichtet es der nach eigenen Angaben europäische „Marktführer für holz-gefasste Stifte im Werbeartikelbereich" über das Ergebnis eines „Jugend forscht"-Projekts, siehe hier: https://www.reidinger.de/der-bleistift. Das kann allerdings nicht stimmen: Bei einem verbrieften Potential von 45.000 Worten pro Stift (der frühere US-Hersteller Dixon, Modell Ticonderoga, beworben als „Der beste Bleistift der Welt") wären das lediglich 1,2 Worte pro Meter.

3 https://e.staedtlercdn.com/fileadmin/staedtler.com/de/News-room/2020/STAEDTLER_Presseinformation_Umfrage_Bleistift.pdf?1594813765

4 Ebenda.

5 Petroski, Henry: Der Bleistift. Die Geschichte eines Gebrauchsgegenstands. Basel: Birkhäuser Verlag, 1995. p15.
Wenn Sie sich intensiver mit der Technik- und Herstellungs-Geschichte sowie den Marken und Unternehmen beschäftigen wollen, ist der Petroski das Blei-stift-Buch der allerersten Wahl.

6 Ebenda.

7 Ebenda.

8 https://leuchtturm1917.com

9 siehe https://de.wikipedia.org/wiki/Paulo_Coelho

10 https://www.franziskus-hospiz.de/die-geschichte-vom-blei-stift/#:~:text=Der%20Bleistift%20hat%20f%C3%BCnf%20Eigenschaften,

11 https://www.presseportal.de/pm/43147/2620674

12 https://www.reinhard-mey.de/blog/gruss-an-meinen-blei-stift/#:~:text=An%20meinen%20Bleistift.%20Du%20liegst%20so%20leicht

13 https://www.lexikaliker.de/

14 https://www.welt.de/geschichte/article136572251/Bleistifte-veraendern-seit-Jahrhunderten-die-Welt.html

15 https://www.flickr.com/people/40732538582@N01, Foto veröffentlicht un-ter der CC-Lizenz https://creativecommons.org/licenses/by/2.0/deed.en

16 https://ec.europa.eu/geographical-indications-register/eambrosia-public-api/api/v1/attachments/75711

17 https://schafe-halten.de/herdwick/

[18] https://www.herdy.co.uk/did-ewe-know/how-are-graphite-pencils-lake-district-sheep-connected/?srsltid=AfmBOop1YfXWyKW8dh2eUGrTk3L8kdpg-g5Scb8s78zN6yyCuTZXEEfv#

[19] https://de.wikipedia.org/wiki/H%C3%B6chstetter_(Patriziergeschlecht)

[20] https://www.wissner.com/stadtlexikon-augsburg/artikel/stadtlexikon/hoechstetter/4160

[21] https://historicengland.org.uk/listing/the-list/list-entry/1019941?section=official-list-entry

[22] Ebenda.

[23] https://de.wikipedia.org/wiki/Graphit

[24] https://www.cumbriacountyhistory.org.uk/seathwaite-plumbago-mine-background-above-derwent

[25] https://en.wikipedia.org/wiki/Plumbago_drawing

[26] https://www.derwentart.com/en-gb/c/about/company/derwent-pencil-museum

[27] https://www.herdy.co.uk/did-ewe-know/how-are-graphite-pencils-lake-district-sheep-connected/

[28] https://schafe-halten.de/herdwick/

[29] Ebenda.

[30] https://de.weatherspark.com/y/150338/Durchschnittswetter-in-Lake-District-National-Park-Vereinigtes-K%C3%B6nigreich-das-ganze-Jahr-%C3%BCber

[31] https://www.herdy.co.uk/

[32] https://www.jstor.org/stable/40697077

[33] In: Hawisher, Gail u. Selfe, Cynthia [Hrsg.]: Passions, Pedagogies, and 21st. Century Technologies. Utah, Utah State Univ. Press, Illinois, National Council of Teachers of English, 2000. p.15-33. Online zugänglich hier: https://dtext.org/f14/505/readings/baron-Pencils-to-Pixels.pdf

[34] Ebenda, p.2.

[35] Stein, Peter: Schriftkultur. Eine Geschichte des Lesens und des Schreibens. Darmstadt, Wissenschaftliche Buchgesellschaft, 2006. p.281f. Künftig zitiert als Stein.

[36] Stein, p.272.

[37] Stein, p.281.

[38] https://www.bonhams.com/auction/21962/lot/205/lincoln-abraham-1809-1865-wooden-pencil-with-period-endorsed-envelope/

[39] https://de.wikipedia.org/wiki/Schreibtafel

[40] https://satsuite.collegeboard.org/sat

[41] https://www.act.org/content/act/en/products-and-services/the-act.html

[42] https://de.wikipedia.org/wiki/Soda_Jerk

[43] Poe, Edgar Allan: Der Massenmensch (1840), p.134. In: Poe, Edgar Allan: Erzählungen. Ditzingen, Reclams Universal-Bibliothek, 1989. p.131-144.

[44] https://schtroumpfs.fandom.com/fr/wiki/Schtroumpf_Bricoleur

[45] http://www.pencilpages.com/articles/ismail.htm#pp

[46] https://www.un.org/Depts/german/millennium/SDG-2022-DEU.pdf

[47] https://www.bpb.de/kurz-knapp/hintergrund-aktuell/296238/weltalphabetisierungstag-2024/

[48] Ebenda.

[49] https://en.wikipedia.org/wiki/Pencil_test_(South_Africa)

[50] https://www.faber-castell.de/-/media/Faber-Castell-new/PDF/de/Castell_9000_Broschuere.ashx?sc_lang=de-DE

[51] https://www.koh-i-noor.cz/en/history

[52] https://www.reidinger.de/der-bleistift/

[53] https://www.faber-castell.de/111-jahre-castell-9000

[54] Ebenda.

[55] https://beruhmte-zitate.de/zitate/2072997-steve-jobs-wer-mochte-einen-stift-sie-mussen-ihn-nehmen-und/

[56] https://www.businessinsider.de/wirtschaft/diebstahl-oder-legal-ikea-verraet-ob-ihr-die-bleistifte-mitnehmen-duerft-2018-1/

[57] https://www.t-online.de/heim-garten/wohnen/id_90521838/ikea-diebstahl-oder-geschenk-kann-man-die-bleistifte-einfach-mitnehmen-.html

[58] https://www.derwesten.de/panorama/vermischtes/ikea-diebstahl-bleistifte-gratis-id301042982.html

[59] https://www.myhomebook.de/service/ikea-bleistifte-mitnehmen#:~:text=Mitnehmen%20ausdr%C3%BCcklich%20erlaubt,den%20Vorrat%20zu%20Hause%20reichen.

[60] https://www.heute.at/s/stift-und-massband-obsolet-ikea-chefin-erklaert-aus-120001381

[61] https://www.grenzecho.net/art/magazin/leute-leben/keine-bleistifte-und-metermasse-mehr-bei-ikea#:~:text=Glaubt%20man%20dem%20M%C3%B6belhaus%2C%20haben,mehr%20zur%20Verf%C3%BCgung%20zu%20stellen.

[62] https://www.ikea.com/de/de/this-is-ikea/corporate-blog/der-wunderhaken-fuer-alles-der-innensechskantschluessel-pub5c771960

[63] https://www.thestar.com/life/a-penchant-for-pencils/article_96bae4ad-2953-5532-8f40-6270ea863d11.html

[64] https://de.wikipedia.org/wiki/IKEA

[65] https://www.golf-for-business.de/golfportal/golfstatistiken.php#:~:text=Die%20f%C3%BCnf%20L%C3%A4nder%20mit%20den,5%20Millionen%20Golfer%20(17%25).

[66] https://beruhmte-zitate.de/zitate/136026-elke-heidenreich-ich-klaue-bei-ikea-diese-kleinen-bleistifte-die-f/

[67] https://www.schuelerforschung.de/wp-content/uploads/2020/12/MINT-Bleistift.pdf

[68] https://www.bmj.com/content/341/bmj.c6595.full

[69] Puértolas, Romain: Die unglaubliche Reise des Fakirs, der in einem Ikea-Schrank feststeckte. Frankfurt a.M., Fischer Taschenbuchg, 2015.

[70] Puértolas, p.157f.

[71] https://www.spiegel.de/kultur/literatur/die-unglaubliche-reise-des-fakirs-im-ikea-schrank-von-romain-puertolas-a-966789.html

[72] https://literaturland-sh.de/autorinnen/zerbe-zara

[73] https://blog.sbb.berlin/ein-koloss-voller-bilder-und-geschichten-2/

[74] https://de.wikipedia.org/wiki/Skriptorium

[75] https://www.projekt-gutenberg.org/hamsun/hunger/chap003.html

[76] https://www.ndr.de/kultur/buch/Hunger-Knut-Hamsun-ueber-eine-qua-elende-Erfahrung,weltliteratur116.html

[77] https://www.deutschlandfunkkultur.de/knut-hamsun-hunger-neuueberset-zung-buchkritik-rezension-100.html

[78] https://www.projekt-gutenberg.org/hamsun/hunger/chap001.html

[79] https://www.textlog.de/tucholsky/glossen-essays/kurt-tucholsky

[80] https://www.deutschlandfunkkultur.de/knut-hamsun-hunger-neuueberset-zung-buchkritik-rezension-100.html

[81] https://www.spiegel.de/politik/der-drogenkrieg-ist-verloren-a-dc635d59-0002-0001-0000-000013682584

[82] https://newrepublic.com/article/175932/milton-friedman-chicagonomics-end-reign

[83] https://www.youtube.com/watch?v=67tHtpac5ws&t=25s

[84] https://fee.org/ebooks/i-pencil/

[85] https://thenewinquiry.com/milton-friedmans-pencil/

[86] https://fee.org/ebooks/i-pencil/

[87] https://www.erzbistum-muenchen.de/cms-media/media-36939420.PDF

[88] https://www.lemonde.fr/idees/article/2010/12/20/les-crayons-revolution-naires-de-nicolas-jacques-conte_1455714_3232.html

[89] https://www.nzz.ch/feuilleton/der-bleistift-hat-eine-von-krieg-und-liebe-ge-praegte-geschichte-ld.1531242

[90] Petroski, p.76ff.

[91] https://de.wikipedia.org/wiki/Bleistift#/media/Datei:Pencil_manufacture.svg

[92] https://www.conteaparis.com/en/about/

[93] Schwanhäusser, Eduard. Die Nürnberger Bleistiftindustrie von Ihren Ersten Anfängen Bis Zur Gegenwart. Greifswald, Sell, 1893. p.112. Online zugänglich

hier: https://online-service.nuernberg.de/viewer/image/06193669/5/#topDocAnchor

[94] https://www.koh-i-noor.cz/en/history

[95] https://www.deutsche-biographie.de/sfz26008.html#ndbcontent

[96] Schwanhäusser, p.119.

[97] https://www.nuernberginfos.de/bedeutende-nuernberger/lothar-faber-faber-castell.php

[98] https://www.bundesbank.de/resource/blob/615162/94b87ff6d25e-ceb84c9cfb801162b334/mL/kaufkraftaequivalente-historischer-betraege-in-deutschen-waehrungen-data.pdf

[99] https://www1.wdr.de/stichtag/stichtag860.html

[100] https://fen.de/

[101] *In der ARD-Mediathek gibt es einen Kurzfilm über FEN, der dort allerdings nur bis 6.11.2025 zu sehen ist:* https://www.ardmediathek.de/video/franken-schau/bleistiftmaschinen-aus-franken/br/Y3JpZDovL2JyLm-RlL3ZpZGVvLzI1YTE5MzkyLTU0ZWYtNGYxMS04MzYyLWZmYjAwNGEyNGU0ZQ

[102] https://www.youtube.com/watch?v=y791M3H0FiU

[103] Siehe https://www.hobokengirl.com/jersey-city-pencil-factory-history/

[104] https://generalpencil.com/product/howto/
Ich danke Steffi Thorlichen für die freundliche Hilfe bei der Beschaffung des Kits.

[105] Stein, p.280.

[106] https://weareticonderoga.com/our-story/

[107] Wharton, Don: „Things you never knew about pencils". In: Saturday Evening Post, 5. Dezember 1953, p.154-159. Online: https://www.saturdayevening-post.com/flipbooks/reprints/Things_You_Never_Knew_About_Pencils/

[108] Ebenda.

[109] Petroski, p.163f.

[110] Siehe https://weareticonderoga.com/our-story/

[111] Petroski, p.166.

[112] https://www.wdrmaus.de/filme/sachgeschichten/bleistiftmine.php5

[113] https://www.nuernberg.de/imperia/md/kommunikation_stadtmarke-ting/dokumente/internet/publikationen/nh-archiv/nh88/05_175_jahre_sta-edtler.pdf

[114] Stein, p.281.

[115] https://www.graphikportal.org/document/gpo00162131

[116] https://www.klassik-stiftung.de/service/presse/pressemitteilung/von-goe-thes-bleistift-bis-zu-nietzsches-schreibmaschine-historische-schreibzeuge-aus-zwei-jahrhunderten-im-goethe-nationalmuseum/

[117] Ebenda.

[118] https://www.merkheft.de/papeterie-schreibgeraete/schreibgeraete/goethes-druckbleistift-versilbert.html

[119] Ebenda.

[120] Werkzeuge des Pegasus. Historische Schreeibzeuge im Goethe-Nationalmuseum. Katalog zur Ausstellung, p.112.

[121] Siehe http://www.goethezeitportal.de/infocenter/goethemuseen/goethemuseum-duesseldorf/schaetze-aus-dem-goethemuseum/faltblaetter-der-ausstellungen/blatt-44-carl-august-schwerdgeburth-dem-weimarer-zeichner-zum-200-geburtstag.html

[122] Ebenda.

[123] https://ausstellungen.deutsche-digitale-bibliothek.de/goethes-buecher/items/show/2

[124] https://www.klassik-stiftung.de/digital/fotothek/digitalisat/100-2012-0345/

[125] https://www.musikundmedien.hu-berlin.de/de/medienwissenschaft/medientheorien/Schriften-zur-medienarchaeologie/aufsaetze_vortragsskripte/pdfs/weimarer-schriften.pdf

[126] https://markhillpublishing.com/sampson-mordan-pencils/

[127] Hier der einfacheren Zugänglichkeit halber zitiert nach http://www.zeno.org/Literatur/M/Goethe,+Johann+Wolfgang/Autobiographisches/Aus+meinem+Leben.+Dichtung+und+Wahrheit/Vierter+Teil/Sechzehntes+Buch

[128] Wernli, Martina: Federn lesen. Eine Literaturgeschichte des Gänsekiels von den Anfängen bis ins 19. Jahrhundert. Wallstein Verlag, Göttingen 2021. p.380ff. Künftig zitiert als Wernli.
Komplett online zugänglich unter: https://www.wallstein-verlag.de/openaccess/9783835338777.pdf

[129] Wernli, p.348.

[130] https://ausstellungen.deutsche-digitale-bibliothek.de/goethes-buecher/#s1/2

[131] Morgenroth, Claas: Bleistiftliteratur. Band 30 der Reihe Zur Genealogie des Schreibens. Brill Fink, Paderborn, 2022. Zugleich Habilitation, TU Dortmund, Fakultät für Kulturwissenschaften, 2021. Künftig zitiert als Morgenroth.

[132] Zitiert nach Morgenroth, p.149.

[133] Morgenroth, p.147.

[134] Morgenroth, p.150ff.

[135] Kehlmann, Daniel: Die Vermessung der Welt. Reinbek bei Hamburg, Rowohlt Taschenbuch Verlag. 39. Aufl. 2016, p.128.

[136] http://www.zeno.org/Literatur/M/Goethe,+Johann+Wolfgang/Gedichte/Gedichte+(Ausgabe+letzter+Hand.+1827)/Lieder/Ein+gleiches

[137] Hier zitiert nach: Lotte meine Lotte. Die Briefe von Goethe an Charlotte von Stein 1776-1786. Die andere Bibliothek, 2 Bände, 2014/15. Bd.1 p.203f.

[138] Lotte meine Lotte, p.331.

[139] https://www.thueringer-wald.com/w/goethes-wahre-muse-der-thueringer-wald

[140] Morgenroth, p.161, dort Fußnote 426.

[141] Hier zitiert nach: Weiers, Karl Heinz: Über allen Gipfeln ist Ruh. Trier, Staatliches Max-Planck-Gymnasium Trier, Jahrbuch 1984/85. S. 56-71. Online-Fassung: https://www.niess.info/buch/pdf/05%20-%20Goethe/goethe_ueberallengipfelnistruh.pdf. Dort p.3, Fußnote 2.

[142] Segebrecht, Wulf: Goethes Nachtlied „Über allen Gipfeln ist Ruh'". Ein Gedicht und seine Folgen. Berlin, Wallstein Verlag, 2022. p.22.

[143] https://www.thueringen-lese.de/streifzuege/gedichte/wandrers-nachtlied/

[144] Hier zitiert nach: http://www.goethezeitportal.de/index.php?id=2366

[145] Keßler, Julius: Ein deutsches Heiligthum und sein Untergang. In: Die Gartenlaube, Heft 40, p.656–658. Leipzig, 1872. Online zugänglich hier: https://de.wikisource.org/wiki/Ein_deutsches_Heiligthum_und_sein_Untergang

[146] Ebenda.

[147] https://www.ilmenau.de/de/tourismus/entdecken-und-erleben/sehenswert/goethehaeuschen/wandrers-nachtlied-international/

[148] https://www1.wdr.de/kultur/kulturnachrichten/goethe-ilmenau-100.html

[149] Eine sehr gute Besprechung und Hinführung finden Sie hier: https://www.faz.net/aktuell/feuilleton/buecher/rezensionen/belletristik/rueckkehr-ins-unsagbare-1179592.html

[150] https://www.yadvashem.org/de/education/educational-materials/lesson-plans/dan-pagis.html

[151] Faber, Carl und Ernst: Die Bleistift-Fabrik von Johann Faber in Nürnberg. Festschrift herausgegeben bei Gelegenheit des 70jährigen Geburtstages des Herrn Johann Faber und des zehnjährigen Bestehens der Fabrik. Nürnberg, Kgl. Bayer. Hofbuchdruckerei G.P.J. Bieling-Dietz, 1889. p.24. Als digitales Original hier zugänglich: https://books.google.de/books?id=S0xGAAAAYAAJ&printsec=frontcover&hl=de&source=gbs_ge_summary_r&cad=0#v=onepage&q&f=false

[152] Morgenroth, p.161.

[153] Morgenroth, p.161f. (Anm. d. Verf.: Richtig heißt es Walden Pond mit „d" am Ende, das „t" bei Morgenroth ist falsch.)

[154] Online-Quelle des Fotos: https://digitalcollections.nypl.org/items/40f7c3b0-7a59-0132-6cf1-58d385a7b928

[155] https://de.wikipedia.org/wiki/%C3%9Cber_die_Pflicht_zum_Ungehorsam_gegen_den_Staat

[156] https://www.diogenes.ch/leser/blog/2015/5/thoreaus-die-haertesten-und-schwaerzesten-bleistifte-amerikas.html

[157] https://newenglandhistoricalsociety.com/thoreau-pencil-wrote-paid-walden/

[158] Bechstein, Ludwig: Ludwig Bechstein's Märchenbuch. Leipzig, Verlag von Georg Wigand, 12. Aufl., 1853. Als digitales Original hier zugänglich: https://archive.org/details/ludwigbechsteins00bech/page/n9/mode/2up

[159] Ebenda, p.114.

[160] Schmidt, Uwe Eduard: Waldfrevel contra staatliche Interessen. Die sozialgeschichtliche Bedeutung des Waldes im 18. und 19. Jahrhundert. In: Landeszentrale für politische Bildung Baden-Württemberg, Schriftreihe „Der Bürger im Staat". 51. Jahrgang, Heft 1 „Der deutsche Wald". Stuttgart, 2001, p.17-23. p.20f. Online zugänglich hier: https://www.buergerund-staat.de/1_01/wald03.htm

[161] Ebenda, p.21.

[162] https://www.planet-wissen.de/natur/landschaften/deutscher_wald/deutscher-wald-sehnsuchtsort-100.html

[163] Ebenda.

[164] https://www.zeit.de/kultur/2011-11/waldgelassenheit/komplettansicht

[165] https://www.bmel.de/SharedDocs/Pressemitteilungen/DE/2024/043-waldzustandserhebung.html

[166] https://www.zeit.de/kultur/2011-11/waldgelassenheit/komplettansicht

[167] Faber 1889, p.29f.

[168] https://www.bundesbank.de/resource/blob/615162/94b87ff6d25e-ceb84c9cfb801162b334/mL/kaufkraftaequivalente-historischer-betraege-in-deutschen-waehrungen-data.pdf

[169] https://web.archive.org/web/20090426085612/http://www.buettner-nuernberg.de/vgbleistift33.htm

[170] https://generalpencil.com/our-history/

[171] https://www.fuerthwiki.de/wiki/index.php/Bleistiftfabrik_Berolzheimer_und_Illfelder

[172] Petroski, p.198.

[173] https://musgravepencil.com/pages/history-musgrave-custom-pencils

[174] https://www.smithsonianmag.com/innovation/see-inside-one-americas-last-pencil-factories-180982344/

[175] https://tenor.bethmannbank.de/unternehmen/faber-castell-die-bleistiftdynastie

[176] https://live-legacy-admin.nypl.org/blog/2017/03/29/ingenious-pencils-henry-david-thoreau?utm_campaign=SocialFlow&utm_source=twitter.com&utm_medium=referral

[177] Sedgewick, Augustine: Thoreau's Pencils. How might a newly discovered connection to slavery change our understanding of an abolitionist hero and his writing? In: The American Scholar, 17. Oktober 2024. Online: https://theamericanscholar.org/thoreaus-pencils/

[178] Ebenda.

[179] Kracht, Christian: Der gelbe Bleistift. Reisegeschichten aus Asien. Frankfurt a.M., Fischer Taschenbuchverlag, 6. Aufl. 2012.

[180] Ay, Romina e.a.: Christian Kracht. Charakteristika eines Werks. In: Literarikon, Uni Duisburg Essen, 2022. Online zugänglich hier: https://www.uni-due.de/literarikon/kracht_werkcharakteristika#faserland

[181] Handke, Peter: Die Geschichte des Bleistifts. Frankfurt a.M., Suhrkamp Verlag, 6. Aufl. 2023.

[182] https://talkcurriculum.wordpress.com/wp-content/uploads/2015/01/woolf_virginia_1927_street_haunting.pdf

[183] Schelle, Karl Gottlob: Die Spaziergänge oder die Kunst spazieren zu gehen. Leipzig, Martini, 1. Aufl. 1802. Online zugänglich hier: https://www.deutsches-textarchiv.de/book/view/schelle_spaziergaenge_1802?p=5

[184] Schelle, 96f.

[185] Schelle, p.199.

[186] Koch, Maria: Frauen erleben Stadt. Die Konstruktion der Geschlechterverhältnisse im öffentlichen Raum. Diplomarbeit zur Erlangung des akademischen Grades einer Magistra der Philosophie an der Karl-Franzens-Universität Graz. Graz, 2011, p.36. Online zugänglich hier: https://unipub.uni-graz.at/obvugrhs/content/titleinfo/215489/full.pdf#page=36&zoom=100,164,1006

[187] *Google hat in seiner Sektion „Arts & Culture" unter Nutzung von Street View einen virtuellen Spaziergang durch Virginia Woolfs Leben in London erstellt. „Take a Tour of Virginia Woolf's Life in London" finden Sie online hier:* https://artsandculture.google.com/story/take-a-tour-of-virginia-woolf%E2%80%99s-life-in-london/1wXhSk5yw18liw?hl=en

[188] Chandler, Raymond: Der Bleistift, p.212. In: Chandler, Raymond: Gefahr ist mein Geschäft und andere Geschichten, p.210-260. Zürich, Diogenes, 1980.

[189] Ebenda, p.236.

[190] Fußnote von Chandler an Anmerkung zum Titel, ebenda, p.210.

[191] Chandler, Raymond: Die kleine Schwester (Philip Marlowe 2). Kindle-Ausgabe, Zürich, Diogenes Verlag; 2. Edition (23. September 2020)

[192] https://scription.typepad.com/blog/2010/01/death-of-a-brand---boston-pencil-sharpener-company.html

[193] Grass, Günter: Ein weites Feld. Göttingen, Steidl; Neuaufl. Edition (6. Juli 2015), eBook.

[194] Grass, Günter: Wörter auf Abruf. 77 Gedichte. Ausgewählt und mit einem Nachwort von Klaus Wagenbach. Berlin, Wagenbach-Reihe SALTO, 2002. (vergriffen)

[195] https://www.spiegel.de/politik/und-es-muss-gesagt-werden-a-d8ddd884-0002-0001-0000-000009208344

[196] Grass, p.149f.

[197] Böll, Heinrich: Vom Mehrwert bearbeiteten Papiers, p.462f. In: Böll, Heinrich: Aufsätze, Kritiken, Reden, p.460-463. Köln, Kiepenheuer & Witsch, 1967.

[198] Mann, Thomas: Der Tod in Venedig, p.442f. In: Mann, Thomas: Die Erzählungen, p.436-516. Frankfurt a.M., S. Fischer, 2005, einmalige Sonderausgabe.

[199] Ebenda, p.484.

[200] Ausstellung „Thomas Manns Der Zauberberg. Fiebertraum und Höhenrausch" im St. Annen-Museum Lübeck, 14.9.2024 bis 31.8.2025. Online hier: https://derzauberberg.de/de/ausstellung

[201] https://derzauberberg.de/de/liebe-tod-und-fieberkurven-die-geheimnisse-des-bleistifts--#:~:text=Auf%20dem%20Zauber-berg%20dient%20das,aber%20auch%20Liebe%20und%20Sexua-lit%C3%A4t&text=In%20einem%20Roman%2C%20der%20%E2%80%9EDer,verwandeln%20und%20neue%20Bedeutung%20annehmen.

[202] Mann, Thomas: Der Zauberberg, Bd.1. Berlin, S. Fischer-Verlag, 1924. p.203. *Der für mich einfacheren Bearbeitung halber habe ich die beiden eBooks aus dem Projekt Gutenberg genutzt, https://www.gutenberg.org/dirs/6/5/6/6/65661/65661-h/65661-h.htm und https://www.gutenberg.org/files/65662/65662-h/65662-h.htm*

[203] Zauberberg, Bd.1, p.306f.

[204] Zauberberg, Bd.1, p.559ff.

[205] Zauberberg, Bd.1, p.578.

[206] Der Einfachheit halber hier zitiert nach Königs Erläuterungen zum Zauberberg, p.66. Online vermutlich nicht ganz legal zugänglich hier: https://www.koenigs-erlaeuterungen.de/uploads/Heft-Aufbau/3.4_personenkonstellation.pdf

[207] Bastian, Günther: Der Zauberberg. film-dienst Nr.5, 09.03.1982, online zugänglich hier: https://www.filmportal.de/node/52771/material/771568

[208] Seidl, Claudius: Thomas Manns bester Film. In: Die Neue Rundschau, 2024/3. Online hier: https://www.fischerverlage.de/magazin/neue-rundschau/100-jahre-zauberberg-claudius-seidl-thomas-mann

[209] Morgenroth, p.323.

[210] https://www.wienbibliothek.at/besuchen-entdecken/blog/objekt-monats/objekt-monats-februar-2017-damenspende-ball-concordia-1909

[211] https://adenauerhaus.de/digital/unsere-originale/tanzkarte-von-emma-adenauer

[212] https://www.youtube.com/watch?v=igQDvZAhVEU&list=PLl-BYJWnVZJjlQFJK4OMTF_yRrQ8l_oSzP&index=17

[213] Hanssen, Leon: Op zoek naar een onbekende. Biografische lexicons als wetenschappelijk hulpmiddel. In: Biografie Bulletin, Jaargang 5 (1995), p.77-83. Online zugänglich hier: https://www.dbnl.org/tekst/_bio001199501_01/_bio001199501_01_0015.php

[214] https://www.rowohlt.de/buch/vladimir-nabokov-eigensinnige-ansichten-9783498046620

[215] https://www.thenabokovian.org/sites/default/files/2018-01/NABOKV-L-0010652___body.html

[216] Nabokov, Vladimir: Durchsichtige Dinge. Reinbek, Rowohlt Taschenbuch Verlag, 3. Aufl. 2018. p.12-14.

[217] Papst, Manfred: Zugabe: Nabokovs Bleistift und Coppolas Schubladen. In: NZZ am Sonntag, Zürich, Rubrik Filme/Unterhaltung, 2.3.2025.

[218] https://isz-ev.de/wordpress/wp-content/uploads/2020/03/kreatives_Gestalten_mit_holzgefassten_Stiften_deutsch.pdf

[219] https://www.faber-castell.de/produkte/spitzer

[220] https://isz-ev.de/wordpress/wp-content/uploads/2020/03/kreatives_Gestalten_mit_holzgefassten_Stiften_deutsch.pdf

[221] https://www.faber-castell.de/produkte/bleistift

[222] *Hinweis in eigener Sache: Ich stehe mit keinem der Unternehmen in irgendeiner geschäftlichen Verbindung, erhalte keine Warenproben, Vergünstigungen oder ähnliches (und lehne dies auch strikt ab). Meine Empfehlung basiert auf persönlichem Gebrauch und Erfahrung.*

[223] https://kum.net/anspitzer/

[224] https://wirtschaft-in-erlangen.de/2018/10/02/kum-moebius-ruppert-in-der-welthauptstadt-der-bleistiftspitzer/

[225] https://kum.net/anspitzer/

[226] Dingwerth, Leonhard: Kleine Anspitzer-Fibel. Geschichte und Beschreibung historischer Bleistift-Anspitzer. Norderstedt, BoD, 2008. p.22.

[227] https://www.moebius-ruppert.com/produkt/pollux/

[228] https://kum.net/shop/kum-meisterwerk/

[229] https://bleistift.blog/sharpeners/

[230] Rees, David: Die Kunst, einen Bleistift zu spitzen. Berlin, Walde+Gräf bei Metrolit, 2013, 1.Aufl.

[231] https://www.filmstarts.de/kritiken/237986.html

[232] https://patent-infos.de/geschichte-bleistiftspitzer-spitzmaschinen/

[233] https://njk-brand.co.jp/en/history/

[234] https://www.instagram.com/njk1933/

[235] https://www.einladung-zur-literaturwissenschaft.de/indexd57c.html?option=com_content&view=article&id=508%3A12-3-aufschreibsysteme&catid=49%3Akapitel-12&Itemid=53

[236] https://monoskop.org/images/6/67/Kittler_Friedrich_1988_Rockmusik_Ein_Missbrauch_von_Heeresgeraet.pdf

[237] https://www.archivioradiovaticana.va/storico/2010/02/04/warum_%E2%80%9Edie_unendliche_geschichte_nur_in_rom_geschrieben_werden_konnte/ted-354555

[238] https://type-writer.org/?p=5093

[239] https://time.com/archive/6690114/piecing-together-nabokovs-last-novel/

[240] Nabokov, Vladimir: Lolita. Frankfurt a.M., Suhrkamp, 1. Aufl. 2002 (Lizenzausgabe, Text folgt der Gesamtausgabe von Rowohlt, Band 8). p.13.

[241] Lolita, p.14.

[242] Nabokov, Vladimir: Vorlesungen über westeuropäische Literatur. Reinbek bei Hamburg, Rowohlt-Verlag, 1. Aufl. 2014 (Band 18 der Werkausgabe). p.22f.

[243] https://www.takenote.space/blog-posts/2021/10/19/morning-reading-nabokovs-index-cards

[244] https://blackwingpages.wordpress.com/no-ordinary-pencil/
Anm. d. Verf.: Sean Malone, der im Hauptberuf Musiker war (https://en.wikipedia.org/wiki/Sean_Malone), hat noch zu Lebzeiten nach permanenten Auseinandersetzungen mit dem heutigen Blackwing-Hersteller 2018 die Arbeit an den „BlackwingPages" eingestellt. Wie lange diese noch verfügbar sein werden, ist daher ungewiss.

[245] https://www.hollywoodreporter.com/news/general-news/blackwing-602-why-is-hollywood-600265/

[246] Blackwing Volume 24 - The Writer's Pencil, online
https://www.youtube.com/watch?v=leIoSn6jbW0

[247] https://www.theparisreview.org/interviews/3810/the-art-of-fiction-no-45-john-steinbeck

[248] https://www.derstandard.at/story/3154375/nationalbibliothek-kaufte-handke-vorlass-um-500000-euro

[249] https://www.dla-marbach.de/fileadmin/redaktion/Pressebereich/Pressetexte/2017/Handke/Dossier_Handke.pdf

[250] https://www.faz.net/aktuell/feuilleton/buecher/peter-handke-in-berlin-75-000-seiten-vorgestellt-19992380.html

[251] https://www.aau.at/blog/peter-handke-und-der-bleistift/

[252] Hansel, Michael: „Langsam – in Abständen - stetig". Peter Handke und der Bleistift. Handkeonline (18.4.2012), p.228. Online unter: http://handkeonline.onb.ac.at/forschung/pdf/hansel-2009.pdf

[253] Handke, DGdB, p.95.

[254] Hansel, p.229.

[255] Srienc, Dominik: Peter Handke und der Bleistift. Eröffnungsvortrag zur Reihe „Kostbarkeiten", 7.12.2017, AAU. Online hier: https://www.aau.at/wp-content/uploads/2018/03/Srienc-Vortrag.pdf

[256] Srienc, Dominik: Peter Handke und der Bleistift unter besonderer Berücksichtigung des Versuchs über die Müdigkeit. Diplomarbeit, Universität Wien, Philologisch-Kulturwissenschaftliche Fakultät, 2011, 127 Seiten.

[257] https://www.deutschlandfunkkultur.de/peter-handke-ueber-seine-tagebuecher-ich-halte-das-schon-100.html

[258] Hier zitiert nach Hansel, p.229f.

[259] Ortheil, Hanns-Josef: Nach allen Regeln der Kunst. Schreiben lernen und lehren. Berlin, Insel Verlag, 1. Aufl. 2024

[260] Ebenda, p.21.

[261] Ortheil, Hanns-Josef: Schreiben über mich selbst. Spielformen des autobiografischen Schreibens. Berlin, Dudenverlag, 2014, 158 Seiten. Erschienen in der Reihe „Kreatives Schreiben", herausgegeben von Hanns-Josef Ortheil.

[262] Ortheil, Hanns-Josef: Schreiben dicht am Leben. Notieren und Skizzieren. Berlin, Dudenverlag, 2012 (Nachdruck 2013), 159 Seiten. Erschienen in der Reihe „Kreatives Schreiben", herausgegeben von Hanns-Josef Ortheil.

[263] Hemmingway, Ernest: Paris – ein Fest fürs Leben, p.196f. In: Gesammelte Werke, Band 9, p.189-309. Reinbek bei Hamburg, Rowohlt Taschenbuchverlag, 39.-56. Tausend, 1986.

[264] https://paw.princeton.edu/article/lives-eberhard-faber-iv-57

[265] https://www.moleskine.com/de-de/online-shop/schreibgerate/blackwing-x-moleskine/

[266] https://contrapuntalism.wordpress.com/2015/06/08/a-conversation-with-eberhard-faber-iv/

[267] http://www.pencilpages.com/articles/blackwing.htm

[268] https://www.royaltalens.com/de/pages/bruynzeel

[269] https://www.youtube.com/watch?v=n0A_4xep2pw

[270] https://www.derbund.ch/beliebte-bahnhofsbaeren-die-stoffbaeren-sind-nur-im-winterschlaf-126862662494

[271] https://www.20min.ch/story/wir-bereichern-uns-nicht-so-wie-andere-530681625344

[272] https://www.carandache.com/de/de/notre-histoire

[273] https://houseofswitzerland.org/de/swissstories/gesellschaft/caran-dache-ein-neues-kapitel-einer-langen-geschichte

[274] https://hls-dhs-dss.ch/de/articles/041913/2009-08-03/

[275] https://investors.filagroup.it/files/report/fila-q3-2024-cmd.pdf

[276] https://www.lexikaliker.de/2010/02/paperworld-2010-2/

[277] https://www.penciltalk.org/2009/01/pencils-from-fila

[278] https://www.nytimes.com/1975/12/14/archives/a-pencil-with-a-past.html#

[279] https://brandnamepencils.com/blog/americas-pencil-the-dixon-ticonderoga

[280] https://www.washingtonpost.com/business/economy/how-dixon-ticon-deroga-has-blurred-lines-of-where-its-pencils-are-made/2018/09/19/0e9be518-b207-11e8-9a6a-565d92a3585d_story.html

[281] https://www.nytimes.com/wirecutter/blog/dixon-ticonderoga-pencil/

[282] https://www.youtube.com/watch?v=AGSEuA-1BE0

[283] https://www.hindustanpencils.com/

[284] https://www.linkedin.com/posts/growthxclub_india-has-a-4000-crore-stati-onery-market-activity-7070288786353524736-Nk4_/

[285] https://investors.filagroup.it/files/report/fila-q3-2024-cmd.pdf

[286] Monetti, Carson: The Golden Age of Japanese Pencils, 1952-1967. 2. März 2022, online hier: https://notes.stlartsupply.com/the-golden-age-of-japanese-pencils-1952-1967/

[287] Ebenda.

[288] https://www.lexikaliker.de/2017/05/neues-zum-tombow-mono-100/ *Anm. d. Verf.: In diesem Eintrag legt sich Gunther Schmidt übrigens in einer Fußnote fest, was aus seiner Sicht die besten vier Bleistifte der Welt sind: Neben dem Mono 100 von Tombow seien dies der Hi-Uni von Mitsubishi, der Mars Lumo-graph 100 von Staedler und der Castell 9000 von Faber-Castell. Bei den ersten drei gehe ich mit. Auf den Plätzen dahinter sehe ich mehrere, die keinesfalls schlechter als der Castell 9000 abschneiden.*

[289] Monetti, 2022

[290] https://www.npo-plat.org/akioka-yoshio-en.html

[291] https://www.mpuni.co.jp/en/company/history.html

[292] https://www.tomboweurope.com/unternehmen/ueber-uns

[293] https://musgravepencil.com/pages/history-musgrave-custom-pencils

[294] https://www.zoll.de/DE/Privatpersonen/Postsendungen-Internetbestellun-gen/Sendungen-aus-einem-Nicht-EU-Staat/Zoll-und-Steuern/Internetbestellun-gen/internetbestellungen_node.html#doc289538bodyText1

[295] https://musgravepencil.com/blogs/news/tennessee-red-cedar-erasable

[296] https://musgravepencil.com/products/bugle-1816-2-wood-cased-round-pencil-musgrave-pencil-company

[297] https://www.smithsonianmag.com/innovation/see-inside-one-americas-last-pencil-factories-180982344/

[298] https://www.deutsche-biographie.de/gnd131765949.html#ndbcontent

[299] https://www.schwan-stabilo.com/de/unternehmensgruppe/meilensteine

[300] http://www.albert-gieseler.de/dampf_de/firmen1/firmadet10116.shtml

301 https://www.faz.net/aktuell/wirtschaft/unternehmen/staedtler-die-blei-stiftmacher-aus-nuernberg-18293936.html

302 https://www.staedtler.com/de/de/produkte/bleistifte-und-zubehoer/blei-stifte/mars-lumograph-100-zeichenbleistift-m100/

303 https://www.staedtler.com/de/de/unternehmen/ueber-staedtler/historie/

304 https://www.lexikaliker.de/2021/06/90-jahre-lumograph/

305 https://www.lexikaliker.de/2023/05/der-einzige-lichtpaus-spezialstift/

306 https://www.staedtler.com/de/de/entdecken/staedtler-gruppe-vorstand-praesentiert-die-wachstumsstrategie-go-beyond/

307 https://e.staedtlercdn.com/fileadmin/staedtler.com/de/News-room/2024/STAEDTLER_PM_Zahlen_Fakten.pdf?1704722581

308 https://www.threads.com/@milena.mo-ser/post/DBBSoYLqYHN?xmt=AQGz_3AuZRkD7PIkRoVUM-LyY6OPg6lVM0Cnc5Gyfochp8g

309 https://www.threads.com/@milena.mo-ser/post/C2BVtFwPY3w?xmt=AQGz_3AuZRkD7PIkRoVUM-LyY6OPg6lVM0Cnc5Gyfochp8g

310 https://www.berliner-zeitung.de/wie-chinesen-bleistifte-in-mecklenburg-vorpommern-produzieren-wollten-das-land-an-ein-wunder-glaubte-und-nun-eine-verlassene-fabrik-mehr-hat-herr-deng-ist-wieder-in-schanghai-li.68757

311 http://www.pencilpages.com/articles/blackwing.htm

312 Komurki, John Z./ Bendandi, Luca / Nicoletti, Angela: Schreibwaren. Die Rückkehr von Stift und Papier. München, Prestel, 2016.

313 https://www.spiegel.de/stil/schreibwaren-die-rueckkehr-von-stift-und-pa-pier-a-1115345.html

314 Komurki, p.7.

315 Weaver, Caroline: The Pencil Perfect. The untold story of a Cultural Icon. Berlin, Gestalten, 2017.

316 https://www.faz.net/aktuell/wirtschaft/unternehmen/staedtler-die-blei-stiftmacher-aus-nuernberg-18293936.html

317 https://www.nuernberg.de/imperia/md/kommunikation_stadtmarke-ting/dokumente/internet/publikationen/nh-archiv/nh88/05_175_jahre_sta-edtler.pdf

318 https://www.faber-castell.de/service/presse#/pressreleases/faber-castell-behauptet-sich-in-schwierigem-umfeld-3338549

319 https://www.pbs-markenindustrie.de/verband/

320 https://de.statista.com/themen/4980/handel-mit-papier-buero-und-schreibartikeln/#topicOverview

321 https://www.marketresearchintellect.com/product/global-pencils-market-size-and-forecast/

[322] https://ambiente.messefrankfurt.com/frankfurt/de/ausstellersuche.de-tail.html/china-first-pencil-co-ltd.html#exhibitorheadline

[323] Siehe https://polarpencilpusher.home.blog/2019/04/02/pencil-review-chung-hwa-101-2b/

[324] https://www.chinadaily.com.cn/culture/2014-06/12/con-tent_17581804.htm

[325] https://www.faber-castell.de/service/presse#/pressreleases/faber-castell-behauptet-sich-in-schwierigem-umfeld-3338549

[326] https://www.welt.de/wirtschaft/plus255905008/Schwan-Stabilo-Die-unbe-kannten-Geschaefte-des-Stifte-Riesen.html

[327] https://familienunternehmen.eu/familienunternehmen-faber-castell-marco-henry-neumueller-stefan-leitz/

[328] https://www.mynewsdesk.com/de/faber-castell/pressreleases/faber-cas-tell-startet-vierten-teil-imagination-knows-no-failure-seiner-globalen-marken-kampagne-3376957

[329] https://www.br.de/nachrichten/kultur/neue-familienchronik-ueber-die-bleistiftdynastie-faber-castell,UXVfb1P

[330] https://www.faber-castell.de/111-jahre-castell-9000

[331] Manguel, Alberto: Eine Geschichte des Lesens. Berlin, Verlag Volk und Welt, 1988.

[332] https://www.espacoatlantida.pt/

[333] Manguel 1988, p.15.

[334] N.N.: Das Nibelungenlied. Mittelhochdeutsch/Neuhochdeutsch. Stuttgart, Philipp Reclam jun., 2018. p.6f.

[335] Nabokov, Vladimir: Gute Leser und gute Autoren, p.41. In: Nabokov, Vladimir: Vorlesungen über westeuropäische Literatur, p.33-45. Reinbek bei Hamburg, Rowohlt Verlag, 1.Aufl. 2014

[336] Freud, Sigmund: Vorlesungen zur Einführung in die Psychoanalyse, 1915/17. Am einfachsten online zugänglich hier: https://www.textlog.de/freud/vorle-sungen/psychoanalyse/xxiii-die-wege-der-symptombildung

[337] Kehlmann, Daniel: Mein Algorithmus und ich. Stuttgarter Zukunftsrede. Stuttgart, Klett-Cotta, 2021. p.6.

[338] https://www.heise.de/hintergrund/Missing-Link-Rebellische-Replikanten-der-Ursprung-von-Blade-Runner-bei-Philip-K-Dick-3849306.html?seite=all

[339] Kehlmann, 2021, p.12f.

[340] https://www.espacoatlantida.pt/sobre-nos/

[341] Kehlmann, 2021, p.28f.

[342] Flesch, Rudolf: How to Write Plain English. New York, Barnes & Noble Books, 1979

[343] https://klartext.uni-hohenheim.de/hix

[344] Langer, Inghard/ Schulz von Thun, Friedemann/ Tausch, Reinhard: Sich verständlich ausdrücken. München/Basel, Ernst-Reinhard Verlag, 10. Aufl. 2015

[345] Nabokov, Vladimir: Die Kunst der Literatur und der Normalverstand, p.708. In: Nabokov, Vladimir: Vorlesungen über westeuropäische Literatur. Reinbek bei Hamburg, Rowohlt-Verlag, 1. Aufl. 2014 (Band 18 der Werkausgabe). p.705-726.

[346] Ministerium für Schule und Bildung des Landes Nordrhein-Westfalen: Hinweise und Materialien für einen systematischen Rechtschreibunterricht in der Primarstufe in NRW – Handreichung, 2. überarbeitete Auflage 2019, p.12. Online zugänglich hier: https://www.schulentwicklung.nrw.de/cms/upload/grundwortschatz/Hinweise-und-Materialien-fuer-einen-systematischen-Rechtschreibunterricht-in-der-Primarstufe-in-NRW-Handreichung.pdf

[347] Siehe z.B. https://aktuelles.uni-frankfurt.de/gesellschaft/sprachwissenschaften-angela-grimm-zum-schreib-und-leseunterricht-an-grundschulen/

[348] https://www.lehrerverband.de/rechtschreibstudie_uni_bonn/

[349] Von Bredow, Rafaela / Hackenbroch, Veronika: Die neue Schlechtschreibung, p.97. In: Der Spiegel, Nr. 25 / 16.06.2013, p.96-104.

[350] Hier sehr nett von einem netten Lehrer erklärt: https://linguistik.online/2022/03/25/sapir-whorf-hypothese/

[351] https://www.dw.com/de/ki-computer-verwandelt-gedanken-in-robotersprache/a-47279116

[352] https://www.dw.com/de/wie-die-muttersprache-unser-gehirn-formt/a-65196662?utm_source=pocket-newtab-global-de-DE

[353] https://nachrichten.idw-online.de/2023/06/13/welche-sprache-sprechen-wir-in-gedanken

[354] Boroditsky, Lera: Wie die Sprache das Denken formt. Spektrum.de, 15.03.2012. Online zugänglich hier: https://www.spektrum.de/news/linguistik-wie-die-sprache-das-denken-formt/1145804

[355] Sieberer, Elisabeth: Schreibprozessbegleitung in der Unterrichtspraxis, p.187. In: didactum. Zeitschrift für (Fach)Didaktik in Forschung und Unterricht der Pädagogischen Hochschule Steiermark, 4. Jahrgang 2022, Ausgabe 4. P.187-210.

[356] Siehe zum Beispiel: Von Brand, Tilman: Ganzschriften im Deutschunterricht. Mittelfristige Unterrichtsplanung zu Romanen, Novellen, Dramen und Graphic Novels. Stuttgart, Ernst Klett Verlag, 2020.

[357] Schlaffer, Heinz: Die kurze Geschichte der deutschen Literatur. München, Carl Hanser Verlag, 2002. p.135f.

[358] Stein 2006, p.300.

[359] Faulstich, Werner: Mediengeschichte von 1700 bis ins 3. Jahrtausend. Göttingen, Vandenhoeck & Ruprecht, 2006. p.139.

[360] https://www.ard-zdf-medienstudie.de/files/Download-Archiv/Medienstudie_2024/MP_24_2024_ARD_ZDF-Medienstudie_2024._Negativtrend_der_linearen_Mediennutzung_setzt_sich_fort.pdf

[361] Schlaffer, p.76f.

[362] Ebenda, p.62.

[363] Gleixner, Ulrike: Gelenkte Selbsterziehung : Das Tagebuch eines zehnjährigen Mädchens im pietistischen Bürgertum, p.283f. In: Mommertz, Monika; Opitz-Belakhal, Claudia (Hrsg.): Das Geschlecht des Glaubens. Religiöse Kulturen Europas zwischen Mittelalter und Moderne (Frankfurt: Campus Verlag, 2008), 283-302. DOI: https://doi.org/10.25595/771.

[364] Gleixner, Ulrike: Religion, Männlichkeit und Selbstvergewisserung. Der württembergische pietistische Patriarch Philipp Matthäus Hahn (1739-1790) und sein Tagebuch, p.263. In: L'Homme Z. F. G. 14, 2(2003)

[365] Ebenda, p.264.

[366] https://www.spiegel.de/geschichte/soeldner-tagebuch-im-dreissigjaehrigen-krieg-habe-als-beute-ein-huebsches-maedelein-bekommen-a-c2bd8d05-ebf5-429b-add4-3ebd8f55a879

[367] Krüger, Maximilian: Rezension zu: Peters, Jan (Hrsg.): Peter Hagendorf – Tagebuch eines Söldners aus dem Dreißigjährigen Krieg. Göttingen 2012, in: H-Soz-Kult, 05.12.2012, https://www.hsozkult.de/publicationreview/id/reb-18480.

[368] Hagendorf, Peter: Söldnertagebuch aus dem Dreißigjährigen Krieg (1625–1648), veröffentlicht in: German History Intersections, <https://germanhistory-intersections.org/de/deutschsein/ghis:document-294> [01.04.2025].

[369] Ebenda.

[370] Pepys, Samuel: Tagebuch aus dem London des 17. Jahrhunderts. Ausgewählt, übersetzt und herausgegeben von Helmut Winter. Ditzingen, Philipp Reclam jun., 2022. p.400.

[371] Ebenda, p.191.

[372] Fivush, Robyn/ Hessel, Florian: Die Entwicklung des autobiographischen Gedächtnisses. In: Gudehus, Christian e.a. [Hrsg]: Gedächtnis und Erinnerung. Ein interdisziplinäres Handbuch. Heidelberg, J.B. Metzler Verlag, 2010. p.45-53.

[373] Ortheil, 2014. p.5.

[374] https://www.zeit.de/gesellschaft/schule/2017-11/schreibschrift-grundschrift-schule-streit/komplettansicht

[375] https://www.landtag.nrw.de/portal/WWW/dokumentenarchiv/Dokument/MMST17-2885.pdf

[376] https://www.researchgate.net/publication/240538622_The_Relationship_Between_Handwriting_Style_and_Speed_and_Legibility

[377] https://mercator-institut.uni-koeln.de/sites/mercator/user_up-load/PDF/05_Publikationen_und_Material/Faktencheck_Hand-schrift_in_der_digitalisierten_Welt.pdf

[378] Ebenda, p.4 des PDF.

[379] https://www.faz.net/aktuell/gesellschaft/reform-der-lehrplaene-die-schreibschrift-stirbt-aus-12932933.html

[380] https://search.asu.edu/profile/1980815

[381] Graham, Steve: Handwriting Instruction: A Commentary on Five Studies, Learning Sciences Institute Australia at the Australian Catholic University Brisbane/ Arizona State University, 2018, p4f. Online: https://www.research-gate.net/publication/325103925_Handwriting_instruction_a_commentary_on_five_studies

[382] Van der Ley, Jules: Kleine Kulturgeschichte der Handschrift. »Tres digiti scribunt«. In: Grundschule aktuell, Nr. 110, Mai 2010. p.31-35. Online hier: https://grundschulverband.de/wp-content/uploads/2017/03/z30_j-v-d-ley_kleine_kulturgeschichte_der_handschrift.pdf

[383] Ebenda, p.32.

[384] Ebenda.

[385] Ebenda, p.35.

[386] https://urbansketchers.org/

[387] Polak, Jaap / Soep, Ina: Steal a pencil for me. Love Letters from Camp Bergen-Belsen and Westerbork. Scarsdale, Lion Books, 2000. p.138.